本书为浙江省哲学社会科学规划课题（项目编号：14NDJC041YB）成果

# 农民环境权的历史演进及影响

NONGMIN HUANJINGQUAN DE LISHI YANJIN JI YINGXIANG

张祝平 楼海波 ◎ 著

暨南大學出版社
JINAN UNIVERSITY PRESS
中国·广州

**图书在版编目（CIP）数据**

农民环境权的历史演进及影响/张祝平，楼海波著．—广州：暨南大学出版社，2015.11

ISBN 978－7－5668－1655－9

Ⅰ.①农…　Ⅱ.①张…②楼…　Ⅲ.①农民—环境权—研究—中国
Ⅳ.①D922.684

中国版本图书馆 CIP 数据核字（2015）第 251245 号

出版发行：暨南大学出版社

地　址：中国广州暨南大学
电　话：总编室（8620）85221601
　　　　营销部（8620）85225284　85228291　85228292（邮购）
传　真：（8620）85221583（办公室）　85223774（营销部）
邮　编：510630
网　址：http：//www.jnupress.com　http：//press.jnu.edu.cn

排　版：广州市天河星辰文化发展部照排中心
印　刷：佛山市浩文彩色印刷有限公司

开　本：890mm×1240mm　1/32
印　张：8.375
字　数：220 千
版　次：2015 年 11 月第 1 版
印　次：2015 年 11 月第 1 次

定　价：28.00 元

# 前 言

“人作为人，即作为道德上有实践理性的主体，他又是无比高贵的。正因为作为这样的人（人本体）（homo noumenon），他不能仅仅被当作是别人目的的手段，或者甚至是自己目的的手段，而应被珍视为自身的目的。”① 正因如此，“权利”寄附着人们对自身利益的渴求而诞生了，并让我们的生活充满光辉。“农村真穷，农民真苦，农业真危险”，农民的贫穷，根源在于权利的贫穷。关注农民，实质上就是关注农民的权利。中国共产党自诞生起，就一直关注农民的权利问题。中国革命之所以能够取得成功，也正是中国共产党唤醒了农民的权利意识，使农民真正成为自己的主人。新中国成立以来，我国农民的经济、政治、文化权利不断获得并发展，逐步走向法治化、现实化。但整体上看，农民的权利依然是欠缺的、不完整的，与其他社会主体相比，尤其在环境权上还处于相对弱势地位。国务院办公厅转发环保总局等部门《关于加强农村环境保护工作的意见》的通知（国办发〔2007〕63 号）提出：“我国农村环境形势仍然十分严峻，点源污染与面源污染共存，生活污染和工业污染叠加，各种新旧污染相互交织；工业及城市污染向农村转移，危及农村饮水安全和农产品安全；农村环境保护的政策、法规、标准体系不健全；一些农村环境问题已经成为危害农民身体健康和财产安全的重要因

① ［英］戴维·米勒，韦农·波格丹诺主编，邓正来译：《布莱克维尔政治学百科全书》，北京：中国政法大学出版社 2002 年版，第 413 页。

素，制约了农村经济社会的可持续发展。”

伴随着以民为本、科学发展执政理念的深入实践，农村环保工作日益得到重视，逐步纳入国家环保总体战略。2008 年 7 月，国务院首次召开全国农村环保工作电视电话会议，时任国务院副总理李克强出席会议并发表重要讲话，提出了“以奖促治”“以奖代补”政策，中央财政首次设立农村环保专项资金。2011 年，时任国务院总理温家宝在湖南攸县实行城乡环境同治基本做法的材料上批示“要把农村环境整治作为环保工作的重点，摆在突出的位置”。同年，国务院下发了《关于加强环境保护重点工作的意见》。2008—2011 年，中央财政共安排 80 亿元，地方财政和社会投入约 120 亿元，在全国支持了约 1.66 万个村镇开展环境综合治理，4 000 多万农村人口直接受益，整治过的村庄的村容村貌明显改善；同时，支持了河南、湖北、湖南等 26 个省份开展铅、汞、铬、镉、砷等重金属污染防治项目，集中解决了一批危害群众健康和生态环境的比较突出的重金属污染问题，得到广大人民群众的衷心拥护和积极响应。① 2014 年，新修订的《环境保护法》，有关农村、农业环境保护的条文从 1 条增加到 4 条，为实现环境保护的城乡公共服务公平、加强农村环境综合整治和维护农民环境权益提供了有力的法律支持，实现了从城市环境保护向农村环境保护的拓展，从工业环境保护向农业环境保护的跨越。②“环保部和财政部过去通过大力实施‘以奖促治’政策，来带动农村的环境污染整治，主要通过连片整治的方式解决一批农民反映强烈的农村生态环境问题，比如农村饮用水安全问题、

---

① 《30 多项财税举措支撑节能减排　中央财政累计安排 3 380 多亿元资金，共同带动社会投入上万亿元》，《中国财经报》，2012 年 11 月 3 日。

② 鞠昌华：《新环保法为农村环保带来哪些契机?》，网易网，http：//money. 163. com/14/0514/15/9S7D7IA800253B0H. html。

农村污水和垃圾处理的问题。到2014年底，已经累计投入255亿元，大概治理了5.9万个村庄，受益人口约1.1亿人。经过整治的村庄，面貌发生了较大的变化。”2015年3月，国家环境保护部部长陈吉宁在“两会”记者发布会上答记者问时指出，“农村环境问题现在确实是环保工作的一个难点问题，也是一个突出问题。这个问题不仅关系到农民的生产和生活，也涉及整个社会的公平正义”。

为了促进社会的公平正义，也为了“看得见山，望得见水，守得住乡愁”，今后应把农村环保工作摆在整个国家环境治理工作更加突出的位置，特别是要结合大气污染治理和新的“水十条”实施工作，加大农村治理力度，推进城乡环境保护基本公共服务均等化。同时，结合新环保法的实施，加大执法力度，切实防止工业和城市污染源向农村转移。此外，继续推动农村环境的连片整治，重点解决生活污水、生活垃圾、畜禽污染的问题，保证农村供水的安全。最后，要不断地探索和改革农村环境保护制度，加快建立农村环境保护的目标责任制和农村环境基础设施长效机制，落实地方政府在农村环境保护上的责任。

“民众的贫困一般可分为物质贫困、能力贫困、权利贫困和动机贫困四大类，其中容易被人忽视的一大贫困现象是农民的权利贫困。”[①]“中国要强，农业必须强；中国要美，农村必须美；中国要富，农民必须富。”建设美丽乡村、创建美好生活，需要坚持不懈地改善农村环境，促进农民环境权的保护和实现。从历史经验来看，农民的贫困其实就是权利的贫困[②]；什么时候农民的权利得到了维

---

① 参见洪朝辉：《论中国农民土地财产权利的贫困》，爱思想网，http://www.aisixiang.com/data/3874.html。

② 胡星斗：《农民的贫困其实就是权利的贫困》，凤凰网，http://v.ifeng/news/society/201309/0152bbc9-e52a-43fd-bfc9-59f918cab891.shtml。

护，什么时候农村就会繁荣稳定。农村环境的恶化，使农民成为最大的受害者。确立以环境权为中心的环保理念，尽快改变农村恶化的生态环境，确保每一个人生活在健康、安全和舒适的环境中，实际上已成为当代中国建设生态文明、促进社会和谐、顺利实现改革新蓝图的一项十分现实而迫切的重大课题。

作　者

2015 年 10 月

# 目 录

# 第一章　农民环境权的引介

人是自然环境的产物，人与自然和谐相处是社会和谐的本质特征之一。毋庸置疑，工业化社会极大地改变了人们的生产、生活方式，丰富了人们的物质财富。同时，也不同程度地导致了对生存资源的过度掠夺与破坏，并使人与自然的关系成为时代的焦点问题。尤其在中国的广大农村，由于城市化的快速推进和农村环境权益保障的滞后，农民的生存环境呈现恶化之势，近年来受到了社会的广泛关注。农民环境权问题正是农村环境危机和对这种危机及农民生存权问题的反思不断深入的产物。

## 一、农民环境权问题的缘起及其社会效应

环境问题自古有之，但环境危机则是工业革命以后的事。特别是20世纪50年代以来，随着社会生产力的发展和科学技术的突飞猛进，人口数量的激增，人类征服自然界的能力大大增强，对环境的破坏亦触目惊心，而环境对人类的无情报复也更加显露出来。环境危机由此成为世界各国共同关心的全球性问题。据统计，目前人工制取的化合物的种类已超过500万种。在这些化学品中，有毒化学品的年产量已达400万吨。多种有害物质进入人体及其他生物体内还会产生潜在的和远期的危害。人类活动排放的废弃物数量庞大，已越发超出环境自净能力，从而影响全球的环境质量。据估计，20世纪70年代，全世界每年排入环境的固体废物超过30亿吨，废水6 000亿~7 000亿吨，废气中仅一氧化碳和二氧化碳就近4亿吨。大量废弃物排入环境，使大气和水体的组成起了变化。据联合国有关

部门估计，土壤由于侵蚀每年损失 240 亿吨，沙漠化土地每年扩大 600 万公顷，有 25 000 种植物和 1 000 多种脊椎动物的种、亚种和变种面临灭绝的危险。当今世界上大气、水、土壤和生物所受到的污染和破坏已达到相当危险的程度。① 正如康芒纳所指出的那样："环境的紊乱是人类的活动引起的，但又在人类身上施加了痛苦的影响。环境危机因此也就不仅是一个生态学的问题，而且还是一个社会问题。"②

在我国广大乡村，自改革开放以来，由于乡镇工业经济的快速发展，特别是进入 21 世纪以来，城市化、工业化快速推进但不完善，农业生态化进程缓慢，城乡的环境污染问题日益突出。以农村水环境问题为例，水环境是生态文明的重要元素之一，直接关系城乡居民的身体健康和经济社会的可持续发展。伴随着城市化的推进和农村现代化进程的加速，一批批规划整齐、设施配套、村域特色明显的美丽新农村让人耳目一新，然而，以水环境为重点的农村生态环境问题日益突出，却也成为一个无可回避的事实。尤其是部分城市郊区农村，往往成为城市低端小型制造业和加工业的转移地、城市流动人口日常生活起居的集聚地、城市生活垃圾及工业废渣的堆放地，水环境面临巨大压力。依据相关专项调查和媒体的大量报道，农村水环境存在以下几个明显问题：①水环境质量下降，污染程度不容乐观；②工业和生活污染严重，污染物中有机污染和氮污染程度高；③村庄总体布局较为混乱，环保基础设施十分薄弱，农

---

① 上述统计数据参见中国大百科全书总编辑委员会《环境科学》编辑委员会、中国大百科全书出版社编辑部编：《中国大百科全书·环境科学》，北京：中国大百科全书出版社 1983 年版。

② 参见［美］巴里·康芒纳著，侯文蕙译：《封闭的循环——自然、人和技术》，长春：吉林人民出版社 1997 年版。

村环境卫生状况有待改善。[①]“(20 世纪) 50 年代淘米洗菜，60 年代洗衣灌溉，70 年代水质变坏，80 年代鱼虾绝代，90 年代深受其害”,[②] 这句至今依然流传于广大乡村民众间的顺口溜，其实就是对农村地区水污染状况不断恶化的形象描述。有资料显示，江西省环鄱阳湖区 1 286 万村镇人口，每年产生生活污水近 3 亿吨，绝大部分污水就近直排入河道，最终入湖，排入的氮、磷总量分别达到 29 200吨和 5 840 吨。监测显示，2003 年以后，鄱阳湖水质急剧下降，湖盆全年水质Ⅰ类、Ⅱ类水仅占 47.3%，Ⅲ类和劣Ⅲ类水占 52.7%。[③] 江苏全省地表水有一半以上达不到功能区要求，乡村河道、沟渠水质符合Ⅲ类以上的不到 50%，部分村庄河塘水质完全处于Ⅳ类—劣Ⅴ类范围。[④] 农村水质和水环境持续恶化，不但使农村居民的饮水安全难以保障，而且对农业生产和生存环境造成了较大影响。

究其原因，主要有四个方面：①农村现代化进程加速，城市化生活特征越加明显，而农村环境管理严重滞后，环境基础设施接近空白，成倍增加的生活污水成为影响农村水环境的内生性巨大污染源。②农村生产生活方式的变迁，致使河道溪流结构改变与功能退化，乡村群众对沟塘河水的保洁维护意识淡漠，尤其是村镇的无序开发和村镇企业的废水直排，严重破坏了农村水生态系统。③农业

① 参见冯骞、陈菁：《农村水环境治理》，南京：河海大学出版社 2011 年版，第 52 ~ 54 页。

② 转引自孙中杰：《“癌症村”的由来》，中国质量新闻网，http://www.cqn.com.cn/news/zgzlb/diba/34099.html。

③ 参见徐黎明：《农村水环境治理 还有诸多难题待解》，《江西日报》，2014 年 6 月 16 日。

④ 参见冯骞、陈菁：《农村水环境治理》，南京：河海大学出版社 2011 年版，第 52 页。

生产方式和管理水平落后导致的农业面源污染也是造成农村水环境恶化的重要因素。有数据显示，我国农业生产中，化肥的使用大幅度快速增长，但利用吸收率低，其中氮肥的平均吸收利用率仅为30%～35%，全国有20%～30%的耕地氮养分过量，磷肥的利用率仅为10%～25%，大量的氮、磷营养元素通过地下渗透、农田排水和暴雨径进入河流。[①] 同时，农民施用量也大幅增长，占比高达80%～90%的农药施用量流失在土壤、水体和空气中，造成乡村河道污染、水质恶化。[②] ④集约化养殖、城镇垃圾的转移也是导致农村水环境恶化的不可忽视的一个方面。目前，在一些农村地区建有较大型的畜禽或水产养殖场，虽购置了相应的污染处理设施，污染却往往未能得到有效的控制，尤其是一些小规模的养殖场，根本无能力处理污染物，这对农村水环境产生严重影响，甚至造成污染事故，引起群体性事件。此外，随着城市环境准入条件提高和环境管理加强，农村渐渐成为城市的垃圾场，生活垃圾、工业建筑垃圾、医疗废弃物被转送乡下，造成二次污染，垃圾围路围河在农村许多地区依然普遍存在。[③] 同时，一些规模较小或具一定污染的，难以进入工业园区或被工业园区淘汰的企业，便逐步向农村转移，加剧了农村水环境的恶化，"美丽的乡村，正遭遇垃圾围村、污水横流的尴尬困境"[④]。

在农村环境问题日益凸显的同时，突发性环境事件和群体性环

---

① 参见李长根、杨笋等:《农村环境保护存在的问题及对策研究——基于山东省新泰市天宝镇10个村的问卷分析》,《安徽农业科学》2013年第8期。

② 参见王安全:《农村环境污染现状解析及对策探讨》,四川人大网,http://www.scspc.gov.cn/html/gdll_24/2014/0701/75245.html。

③ 参见薛秀泓:《垃圾围村:农村环保困局待破》,《中国改革报》,2012年2月13日。

④ 参见《警惕城市垃圾向农村转移》,《浙江日报》,2012年2月28日。

境事件频发。据不完全统计，“我国目前有1/4的人饮用不合格的水，有1/3的城市人口呼吸着受到污染的空气，70%死亡的癌症患者与污染相关，因环境污染引发的群体性事件以年均29%的速度递增”①。然而，如同经济增长带来的收入或财富的分配并不均衡一样，生态环境灾难的“分配”也并不均等，而是具有明显的生物学和社会学意义上的“强弱”差异，阶级、阶层差异。②“不同的社会阶层、不同的地域承受着不成比例的环境风险。”③ 伴随着环境的急剧恶化，环境污染问题日益呈现出两大趋势：一是“内殖民趋势”④，二是农村化趋势，“环境不公”的问题日渐突出，并加剧着社会不公。就环境污染的农村化问题而言，“环境不公”至少表现在以下两个方面：

第一，城乡不公。“中国城市的环境，从某种程度上说，是以牺牲农村的环境为代价的。城镇以下，大多没有垃圾填埋场，垃圾围镇、垃圾围村的现象比较普遍。”⑤ 所以，所谓的“垃圾围城”实质是“垃圾围村”，因为农村是“垃圾围城”的最大受害者。同时，由于城市人群环保意识的迅速增强和各地文明城市创建的需要，大批污染企业迁出城市而向乡村转移。根据相关统计，中国农村有3亿多人喝不上干净的水，饮用水中超过60%的污染物超标是非自然

---

① 参见潘岳：《以环境友好促进社会和谐》，《求是》2006年第15期。

② 参见张玉林：《另一种不平等：环境战争与“灾难”分配》，《绿叶》2009年第4期。

③ 参见贾凤姿、杨驭越：《城乡环境公正缺失与农民生态权益》，《大连海事大学学报》（社会科学版）2010年第4期。

④ 所谓环境污染的“内殖民”趋势，是指随着我国东部沿海地区经济社会的发展和环境保护政策的收紧，环境污染由东部向中西部蔓延，并呈加剧之势，体现出“污染接力”的状况。

⑤ 参见辛木：《环境不公是严重的社会不公》，搜狐网，http：//news. sohu. com/20070329/n249051667. shtml。

因素导致的，农村人口中与环境污染密切相关的恶性肿瘤死亡率逐步上升，[①] 农村环境污染也已经影响到生产要素的供给，尤以水污染和土壤污染的影响为最重。据不完全统计，目前全国受污染的耕地约有1.5亿亩；污水灌溉污染耕地3 250万亩；每年1.2亿吨的农村垃圾露天堆放，固体废弃物堆存占地和毁田200万亩，合计约占中国耕地总面积的1/10以上。全国每年受重金属污染的粮食达到1 200万吨，直接经济损失超过200亿元。[②] 然而，长期以来，中国的环境污染治理总体上还是遵循城市中心主义的理念，污染防治投资也几乎全部投到工业和城市。全国4万多个乡镇、约60万个行政村，绝大多数没有环保基础设施，全国农村每年产生90多亿吨生活污水、2.8亿吨生活垃圾，其中大部分都未经处理直接排放；乡镇地区工业废水、废气及工业固废处理率比县及县以上地区分别低36%、42.9%和12%，差距巨大。[③] 农村几近成为环境污染防治的死角。

第二，乡村内部阶层不公。其一，“不同地方、不同人群在环境保护中的权利与义务不对等，弱者承受环境污染之代价，强者坐享环境保护之福利”[④]。从日常生活实践中就可感知，目前乡村社会中的精英阶层多为个体、私营企业主或富裕人群，人均资源消耗量大，生活生产垃圾排放得多，对自然环境的破坏力大；而乡村中的贫困人群多数仍从事简单传统的农业耕作，往往节衣缩食，个体对环境

---

① 《新华网评：农民的“水缸子”也需关注》，新华网，http：//news. xinhuanet. com/comments/2012 -02/04/c_111486327. htm.

② 参见徐清扬、李兴文：《叩问农地污染》，新华网，http：//news. xinhuanet. com/observation/2011 -02/23/c_121111457. htm。

③ 参见钱永涛：《农村环境保护监管亟待加强》，《中国环境报》，2013年4月30日。

④ 参见陈万志：《警惕环境不公加剧社会不公》，新华网，http：//news. xinhuanet. com/politics/2007 -03/28/content_ 5906984. htm。

的破坏力极小或趋于零，在客观上成为乡村环境污染和生态破坏的直接受害者，“强者制造污染，弱者承受污染”其实是一个不争的事实。其二，乡村社会精英阶层因拥有较广泛的社会资源和较雄厚的财力，可以自主选择理想的居住环境，自我改善医疗保障条件，极力补偿环境污染给生活质量带来的损害等；而贫困人群则往往只能听天由命，他们根本没有办法凭借自身能力迁徙到适宜的生产生活环境，更无力应对环境污染带来的健康损害。其三，大量的事实表明，乡村中的弱势人群根本难以享受到当地因环境资源开发或以牺牲环境为代价而带来的收益，反而受累于生态资源过度开发导致的种种生态危机、环境灾难而更加举步维艰或再次陷入困境，进而加剧社会不公或引发社会冲突。近年来，环保部门收到的环境问题投诉以每年30%的速度上升，由严重环境污染引发的大规模群体事件呈多发态势，其中相当数量的污染事件的受害者是农村居民。[①]“环境不公是最为严重的社会不公”，是制约新型城乡关系发展和影响乡村社会和谐稳定的瓶颈要素，这在现代社会中已经渐渐成为人们的共识。

## 二、农民环境权的“边缘”性质

环境权是“环境时代作为人所应当具有的，以人的自然属性为基础，以人的社会属性为本质的人的一种本来就应当享有的权利”[②]。如前文所述，农民环境权问题也正是在农村环境问题不断恶化和农民环境权利严重受损的历史背景下形成的。然而，由于我国

---

① 参见陈万志：《警惕环境不公加剧社会不公》，新华网，http://news.xinhuanet.com/politics/2007-03/28/content_5906984.htm。

② 参见陈泉生：《环境时代与宪法环境权的创设》，《福州大学学报》（哲学社会科学版）2001年第4期。

特有的城乡二元结构，农民的权利在很大程度上被制度性消解，农民作为一个群体，与其他群体相比，很多法定权利缺失或得不到有效保障，成为最引人注目的弱势群体。① 在环境资源权益的分配与实现中，农民依然没有逃脱其弱势群体的命运，他们的环境资源权益常常被忽视和侵犯。众所周知，新中国成立之初，百废待兴，各项建设如火如荼展开，直至20世纪90年代，一直保持着粗放型增长的方式，在经济建设取得显著成就的同时，农村的生态环境遭到了空前的破坏，环境污染问题对农民的身心健康和生命安全造成了极大的危害。当然，各级政府也一直致力于农村环境的改善，并取得了一定的成效，但至今，广大乡村环境恶化的局面还没有从根本上得到改变，具体表现为：一是森林草原破坏严重，土地荒漠化、水土流失加剧，自然灾害频繁，这严重破坏了农民的生存环境；二是城市工业污染的转移严重侵犯农民环境权益；三是农村环境治理缺乏应有的重视和资金投入；四是农村环境立法缺位，环境管理和执法不严；五是农民环境保护意识淡薄，环境参与度低。② 关注当下，我国环境权的落实成效主要表现在城市，而农村生态资源破坏、环境污染加剧对农民环境权的侵害仍然是棘手的问题。农民对政府高度依赖又信任不足的矛盾，乡村脱贫致富的强烈愿望与环境监管能力不足的矛盾，城市中心主义的束缚与农民维权意愿不足的矛盾，使农民环境权的实现困境重重，并直接影响了农村的民生改善、社会稳定与和谐，制约了农村的可持续发展和现代化进程。从当下的学界研究、法律关照与政策支持、社会支持等方面来看，农民环境

---

① 参见胡美灵：《当代中国农民权利的嬗变》，北京：知识产权出版社2008年版，第192页。

② 参见胡美灵：《当代中国农民权利的嬗变》，北京：知识产权出版社2008年版，第192~196页。

权问题依然处于边缘境地。

## （一）学界对农村环境和农民环境权问题的关照明显不足

由于人类对环境的掠夺性破坏，环境问题日趋严重，环境保护问题日益引起国内外学者的关注。环境权作为公民的一项重要权利，最先进行理论观照和研究的应当是在法学界。中国法学界开展的环境权理论研究，始于20世纪80年代初。“《中国社会科学》1982年第3期发表的蔡守秋先生的《环境权初探》一文，是中国法学界系统地研究环境权理论的开端。”① 目前在中国，大多数学者也是将环境权作为一个法学基本概念进行探讨，他们从法理上阐述环境权的概念、含义、特征和作用，从法律上确认、保障环境权，例如吕忠梅的《环境法新视野》、周训芳的《环境权论》、蔡守秋的《环境政策法律问题研究》等。在他们看来，环境权一般指“公民范畴”的环境权，即作为公民个体的自然人和作为公民集合体的人类群体的环境权。在之前众多的文献中，环境权的论述主体更多侧重于全人类或以“城市为中心”的公民个体，涉及“农民”或“农村”的研究甚少。截至2015年9月15日，在“中国知识资源总库”中以“农民环境”为篇名进行文献搜索，结果中仅有163条；其中1994—2005年期间有14条，年平均发表文献数为一篇左右，尤其是1994—1997年仅发表过两篇文章。而“农民环境权”的研究更是寥寥无几，在67条搜寻结果中至今仅有9篇相关的硕士论文，5篇相关主题的会议资料。其中，最早载入的文献是于彦梅（2004）的《关注环境资源权益的弱势群体——农民环境权保护》，该文强调“从我国农民环境权保障现状，提出加强农民环境权保护的法律建议”。根据对国内外文献的查阅和整合，发现学者关于环境的弱势群

---

① 参见周训芳：《环境权论》，北京：法律出版社2003年版，第19页。

体——农民的研究内容有待进一步完善和补充。

### （二）法律关照和政策支持不足

我国目前有关环境权保护的立法已初成体系，主要有《环境保护法》《海洋环境保护法》《水污染防治法》《大气污染防治法》《森林法》《草原法》《矿产资源法》等。但从整体来看，不难发现，上述法律的相关规定是建立在非持续发展模式的基础之上的，呈现出的特点是预防和救济少而管制多，具有鲜明的政府管制型特色。[①] 有关农村环境保护的法律法规很少，只有为数不多的几个部门法中提到了农村环境保护。现行的传统环境法多是以城市为中心和重点的，对农村环境保护的法律法规有且仅有一些原则性规定，缺乏针对性，可操作性不强。2007 年 11 月 13 日，国家环保总局发布《关于加强农村环境保护工作的意见》，正式为促进社会主义新农村建设，进一步就加强农村环境保护工作提出相关意见，明确了农村环境保护的指导思想、基本原则和主要目标，着力解决突出的农村环境问题。环保靠政府，政府靠公众。政府在保护公民环境权中，是真正的管理者、协调者和引导者。在我们农村现行的基层政府环境工作体系中，因财力有限，重经济轻环保的现象屡见不鲜，环境工作决策几乎集权于政府，农民的环境参与权没有得到真正重视，同时，由于农民环保意识和环境素养的欠缺，也几乎没有主动对政府进行监督。[②] 在我国，农村最基层的环保系统是县一级环保机构，县级以下政府基本上没有专门的机构和专职工作人员，环保机构不健全，环保人员数量少、业务不精，这使农村环境管理工作实施难以到位，

---

① 参见许亚绒：《公民环境权的基本人权性质与法律回应》，《陕西教育学院学报》2006 年第 4 期。

② 参见金瑛：《环境行政权与公民环境权的关系研究》，《中国贸易报》，2006 年 1 月 5 日。

各项环保方针政策难以落到实处。对农民环境权益的保护，更是几乎未纳入环境管理工作的职责中。①

（三）社会支持方面欠缺

近年来，因环境问题引发的群体性事件以年均29%的速度递增，环境问题已成为引发社会矛盾、影响经济社会乃至政治稳定的重大问题。② 胡美灵、肖建华在《论新农村建设中农民的平等环境权问题》一文中指出：纵观各地农村集体性暴力抗议环境污染事件，我们发现，这些抗议大多数是一种社会自力救济的行动，并且多数的“暴力”是“善良民众不得已而为之”。他们之所以采取激烈的方式抗争，是因为“先通过反映、陈情、请愿等合法手段，无奈中央与地方环保公权力不彰，使受害居民必须靠‘私力’救济的举动来达到权利救济的目的”。他们认为，在一个“资本挟持环境治理”的年代，这样的悲剧恐怕会反复上演。③ 值得重视的是，环境非政府组织（Environmental Non-Governmental Organizations，以下简称ENGO）在支持社会弱势群体方面正在发挥着越来越重要的作用。国外的实践表明，作为第三部门的环境非政府组织，它较好地填补政府与个人需求之间的空白，能够整合民间巨大的社会资本，促进公民的政治参与，发挥“蓄水池”的作用。当然，大多数研究者认为，我国的ENGO在环保上所发挥的作用还是比较有限的，还需要下力气培育适合我国国情的ENGO，同时要注重借鉴国外ENGO的有益经验，让EGNO成为我国环境保护的一支重要力量。

---

① 参见孟庆瑜、李娜：《论农村环境法律保护中的政府责任》，北大法律网，http：//article. chinalawinfo. com/ArticleHtml/Article－52357. shtml。

② 参见杨冬香：《农民环境权的保护》，《全国环境资源法学研讨会论文集》，2009年。

③ 参见胡美灵、肖建华：《论新农村建设中农民的平等环境权问题》，《山东社会科学》2009年第2期。

## 三、农民环境权的内容涵盖

当前，法律界对公民环境权及其内涵有较多的解读，一般而言，法律层面的公民环境权主要是指公民在环境法上所享有的权利和承担的义务。农民环境权具有环境权的一般性、普遍性，是农民得以生存和发展的前提和基础；同时，又因农民、农村问题的特殊性使其具有自身的特殊性，并构成了农民合法权益的重要内容。我们所讨论的农民环境权，突出的是将农民作为环境权的主体进行重点考察。在此基础上，学者们认为，在讨论农民环境权时，可以由低到高将其分为三个层次：一是享有无害于身心健康和生命安全的环境的权利；二是享有适宜于健康生活的环境的权利；三是享有优美的环境生活的权利。在现实生活中，由于局部地区对环境的过度破坏，除了上述三个层次的环境权外，还生成了一种低于最低环境生活标准的层次，即生活在一种有害于身心健康和生命安全的环境之情形，或一般性危害，或严重危害。尽快改变有害型环境，使每个人过上一种最基本的生存型环境的生活，应该成为环境权益保护的第一要务。[①]

那么，农民环境权具体应包括哪些方面的内容？有不少学者专门撰文进行了探讨和梳理。其中较具有代表性的如：刘超在《理念与构造——农民环境权的保护进路》一文中提出：环境权是个人的权利，保障农民环境权，“必须以资源的开发、利用权为中心，体现作为公共物品的环境对主体的客观价值，在程序上表现为国家环境管理的参与权，实体上则是被赋予民事权利的性质”。并认为农民环境权至少应包括环境资源利用权、环境状况知情权、环境事务参与

① 参见张英洪：《农民权利论》，北京：中国经济出版社 2007 年版。

权和环境侵害保护及赔偿请求权（或环境诉权）等四个方面。[①] 白一之等撰文指出，伴随城镇化的快速发展，农村环境遭到严重的破坏，农民的环境权受到严重侵害，研究和探讨农民环境权的保护问题十分必要和重要，同样认为当受保护的农民环境权至少包括上述四个方面的内容。[②] 曾担任河北省环境保护厅厅长的姬振海撰文指出，环境法益和环境权称为环境权益，它是一个包括一系列子权利的权益群，具体的内容应当包括：环境资源利用权、环境监督权、环境状况知情权、环境事务参与权或环境决策参与权，以及环境侵害请求权。[③] 实际上，所谓的监督权也可以理解为是参与权的重要方面，或者说参与包含了监督。因此，总体来看，学者们对农民环境权问题及其内容的探讨多是基于环境法的立场，对农民环境权益的内容构成的概括也是基本一致的，就目前来看，或许这种立场也是相对恰当、合理、可行的。在此，我们基于学者们已有的研究和自身的理解，再对这些构成方面做一简要的梳理。

### （一）农民环境权益之一：环境资源利用权

环境，是指影响人类生存和发展的各种天然的和经过人工改造的自然因素的总体，包括大气、水、海洋、土地、矿藏、森林、草原、湿地、野生生物、自然遗迹、人文遗迹、自然保护区、风景名胜区、城市和乡村等。农村环境是农民环境权的客体，它主要包括农村的土地、山川、河流、森林、大气等所有与农民生产生活相关的自然形态的存在。农民环境资源利用权，即指农民享有的在不被

---

① 刘超：《理念与构造——农民环境权的保护进路》，《聊城大学学报》（社会科学版）2010 年第 6 期。

② 参见白一之：《城镇化进程中的农民环境权保护的思考》，《农业经济》2014 年第 9 期。

③ 姬振海：《落实科学发展观　捍卫人民环境权》，《河北经济日报》，2009 年 8 月 22 日。

污染和破坏的自然环境中生存和利用自然环境资源的权利。环境权益首先要肯定其主体对环境的利用权，将环境资源利用权确定为一项权利，才可以使义务主体承担义务，也才可以使权利主体的权利滥用受到限制。[①] 当然，我们应当注意到，对于广大农村和生活于其中的农民而言，目前存在的主要问题不是他们对这方面权利的滥用，而是法定权利的严重缺位以及权利意识和权利保障上的不力，[②] 其中较突出地表现于农业生产资源使用方面，如土地使用权益的保护不足、清洁灌溉用水权的保护不足等，进而直接影响到农民对洁净的水、空气等最基本生活资源使用权益的有效保护。

### （二）农民环境权益之二：环境状况知情权

知情权是指知悉、获取信息的自由与权利，包括从官方或非官方知悉、获取相关信息。农民环境状况知情权是农民群众获得和实施以及发展其他方面环境权益的前提和基础，它主要体现于农民依法获取、知悉本国乃至世界的环境状况、国家与区域的经济管理状况以及自身周遭环境状况等相关信息的权利及政策、法律保障能力。《中华人民共和国环境保护法》明确提出："公民、法人和其他组织依法享有获取环境信息、参与和监督环境保护的权利。"有学者将环境信息概括为六个方面：一是环境立法和环境政策信息；二是环境管理信息，包括国家环境管理机构及管理程序方面的信息；三是国家的环境指导；四是环境状况信息，包括国家环境管理结果和环境事故处理结果的信息；五是环境知识，主要是环境科学和环保方法

---

① 姬振海：《落实科学发展观　捍卫人民环境权》，《河北经济日报》，2009 年 8 月 22 日。

② 参见刘超：《理念与构造——农民环境权的保护进路》，《聊城大学学报》（社会科学版）2010 年第 6 期。

的信息；六是环境生产生活信息。① 这些信息既包括国家和地方的环境状况公报、空气质量周（日）报等指向全社会发布的环境信息，也应包括能够满足某特定区域、群体或个体实际生产生活需要以及了解真实情况需要的个别信息，如某个污染企业的排污数据、某区域耕地的污染状况及其作物的实际影响状况数据等，还应包括为农业生产提供特定的环境信息服务等。

农民依法获取和知悉环境信息的实际状况，既有赖于农民这一农村环境治理与享有主体的环境意识和素养，更有赖于政策或法制层面的有效制度设计。显而易见，目前这两方面都存在着欠缺。前者的改进是根本性、决定性的，也是具有长期性的，而就目前而言，后者的改进尤为迫切。为了推进和规范环境保护行政主管部门（以下简称环保部门）以及企业公开环境信息，维护公民、法人和其他组织获取环境信息的权益，2007 年 2 月 8 日，国家环境保护总局通过了《环境信息公开办法（试行）》，并于 2008 年 5 月 1 日起施行。该办法为推进和规范环保部门以及企业公开环境信息，维护公民、法人和其他组织获取环境信息的权益，推动公众参与环境保护提供了法律法规的依据。但遗憾的事，《环境信息公开办法（试行）》依然沿袭了“城市中心、市民主体”的环境治理思维，少有顾及中国农村、农民以及农业的特殊性，对农民享有或获取环境信息的特殊方式和程序缺少应有的法制与政策的关照。因此，可以说，在我国不少农村，农民了解环境信息还基本处于制度空白状态。实际上，这也是导致农民环境参与程度不高、环境保护能力弱的重要原因之一。2015 年 1 月 1 日实施的新的《中华人民共和国环境保护法》对保障公众环境知情权也提出了明确的要求：“各级人民政府环境保护主管部门和其他负有环境保护监督管理职责的部门，应当依法公开

---

① 参见马燕、焦跃辉：《论环境知情权》，《当代法学》2003 年第 9 期。

环境信息，完善公众参与程序，为公民、法人和其他组织参与和监督环境保护提供便利。”同时提出，“县级、乡级人民政府应当提高农村环境保护公共服务水平，推动农村环境综合整治”。可以预期，随着新环保法的全面深入实施，农民环境状况知情权一定会得到较好的实现和发展。

### （三）农民环境权益之三：环境事务参与权

保护环境是我国的一项基本国策，而公众参与是环境保护的一项重要原则。在环境法律中，公众参与权是指在生态环境保护和自然资源的开发利用中，公民享有通过一定的程序或途径参与环境立法，参与一切与环境利益相关的决策和听证，参与环境管理并对环境管理部门以及单位、个人与生态环境有关的行为进行监督的权利。[①] 还有学者将我国法律确定的公众参与环境保护和原则称为“依靠群众保护环境的制度”或“环境保护民主制度”“环境民主制度”等，可见环境参与权并不能简单地看作是法律赋予公民的一项权利，它其实还是推动环境保护的重要制度设计。在农村的具体场域中，农民是环境治理的主体，享有充分的、受到切实保障的环境事务参与权极为重要，同时，参与环境保护还是一项义务，农民必须参与环境公共事务。这种参与既包括我们所熟知的行为参与，即自觉保护环境的参与，还应包括预案参与（在经济环境政策、规划和计划制订中和开发建设项目实施之前的参与）、过程参与（对环境法律、法规、政策、规划、计划及开发建设项目实施过程中的参与）、末端参与（对环境污染和生态破坏发生之后的参与），以及保障有效有序参与的知情机制、表达机制、监督机制、诉讼机制等实

---

① 参见蒋红彬、方慧：《浅论环境法中的公众参与权》，《经济与社会发展》2008 年第 3 期。

体性机制[1]和组成环境保护团体、参与乡村环境保护的宣传教育和实施公益性环境保护行为等方面。

早在 1989 年，当时颁布的《中华人民共和国环境保护法》就明确规定："一切单位和个人都有保护环境的义务，并有权对污染和破坏环境的单位和个人进行检举和控告。"2015 年 1 月 1 日起实施的新的《中华人民共和国环境保护法》再次明确："一切单位和个人都有保护环境的义务。""公民应当增强环境保护意识，采取低碳、节俭的生活方式，自觉履行环境保护义务。"同时，法律也对公民参与环境监督和保护的权利做了明确规定。权利的宣示是前提，但同样重要的是，必须规定和保障实现权利的配套制度与提供外部条件。[2]应当看到，我国的农民参与环境事务的机制远未健全，农民参与环境保护的热情似乎得到一定程度的激发，却缺乏切实有效的途径与方式保障其有序参与环境保护的管理与决策，其中既有乡村社会物质条件准备不足、参与机会缺乏等原因，也有政策制度推进不力、配套不足、方法不当和组织动员失效等方面的原因。

### （四）农民环境权益之四：环境侵害请求权

农民环境权所包含的环境侵害请求权是农民在环境权益受到实际的侵害后向有关部门请求保护的权利。进入新世纪以来，农村环境侵权案件不断增多，并且表现出了原因的多样性和结果的持续性等特点，虽然其存在着私力救济、民事救济、行政救济相结合的多元解决机制，但因难以获得法律服务、难以搜集证据、赔偿难以执

---

① 参见蒋红彬、方慧：《浅论环境法中的公众参与权》，《经济与社会发展》2008 年第 3 期。

② 参见刘超：《理念与构造——农民环境权的保护进路》，《聊城大学学报》（社会科学版）2010 年第 6 期。

行等原因，农村环境侵权救济的效果并不理想。[①] 环境侵害权救济是一种建立在请求权基础上的新型诉权，必须是一种可以通过司法程序进行救济的权利，这是能够给其提供最后保障的权利。[②] 从我国现行相关法律来看，《中华人民共和国侵权责任法》《中华人民共和国环境保护法》等法律仅规定“因污染环境和破坏生态造成损害的”，才能主张侵权救济，并没有规定因污染、破坏环境、侵犯他人环境权就可以提起诉讼。

“没有救济，就没有权利。”对于农村和农民，当环境权面临威胁甚至导致直接的侵权损害时，或沉默不语，或主张救济，而救济从性质上来讲，有的是公力救济，有的是私力救济。当公力救济难以实现时，私力救济就难以避免。然而，我们应该关注的是，私力救济的方式，不同个体之间实力对比悬殊（比如个人与企业），在对环境利益追求与需要上基于最低的生存标准是难分高下的，如果不把可能因为环境侵权出现的纠纷的解决纳入国家正式权力渠道，寻求矛盾稀释和转移途径，可能会引发更大的社会问题。[③] 同时，由于环境权益的城乡不公以及在快速推进的城市化过程中这种环境不公问题的进一步扩大和外显，基于环境侵权问题的复杂性和环境正义的考量，我们有责任为环境权保护的相对弱势群体——农民，提供一套有利于他们的制度设计。在这个意义上，环境诉讼或许就是最为合理的选择，即通过建立专门的环境诉讼制度，对农民的环境权

---

① 参见任嘉宁：《农村环境——侵权救济体制及其完善》，《法制与经济》（下旬刊）2014 年第 2 期。

② 参见刘超：《理念与构造——农民环境权的保护进路》，《聊城大学学报》（社会科学版）2010 年第 6 期。

③ 参见刘超：《理念与构造——农民环境权的保护进路》，《聊城大学学报》（社会科学版）2010 年第 6 期。

进行司法救济，使得农民环境权成为一项可诉权利和可获得权利。[①]

## 四、农民环境权问题的特殊性及其时代意义

农民环境权因农村生存环境危机而备受关注，农民环境权也因“农民”这一中国社会中的特殊重要群体而更受关注。一定意义上说，正是由于农村、农民的特殊性决定了农民环境权问题的特殊重要性。

### （一）关于农民环境权的主体——“农民”的特殊性

“古者有四民。有士民，有农民，有工民，有商民。即士农工商四民。”[②] 古代社会，农民主要指长时期从事农业生产的人。变迁至今，农民概念无论内涵或外延已然发生了显著变化，需要从多维角度予以界定，或时间维度、空间维度，或价值维度、领域维度。就时间维度而言，我们今天所说的农民，可以说是城乡二元发展模式的产物，是代表特定群体的一个概念。这一群体与他群体既体现在户籍和居所的区别，也表现为生存依赖的差异。户籍和居所主要体现的是空间的差异，也即一般意义上的农民是有着固定的农村户籍并长期居住在农村的群体；从价值层面来看，农民是以农业生产为主职，以农业收入为主要生活来源的群体。农民环境权中的“农民”，主要应当是指长期生活在农村或以农业生产为主的群体，农业生产是这一群体的生存基础，这就决定了农民与农村自然生态环境的更为直接紧密的关系。我们这里所讨论的农民环境权主体——农民的特殊性，一方面着眼于农民这一群体相较于其他社会群体对农村环境资源使用的更大依赖性，另一方面着眼于农民这一群体在当

---

① 参见吕忠梅：《论环境纠纷的司法救济》，《华中科技大学学报》（社会科学版）2004 年第 4 期。

② 《谷梁传·成公元年》。

下中国社会的相对弱势，并在环境权中依然弱势的格局，这也是更为重要的一个方面。

何谓弱势群体？社会学家孙立平认为这样一个群体具有以下几方面的特点：第一，他们的现实生活是处在一种很不利的状态之中；第二，他们在市场竞争中所处的弱势地位；第三，在社会和政治层面，他们也往往处于弱势的地位。[①] 从新中国成立到改革开放至今，通过“工农产品剪刀差”“收入剪刀差”“土地剪刀差”，广大农民为工业化和城市化的发展做出了贡献，是一定意义上的“旁观者”或“牺牲者”。长期的城乡二元制结构，导致农民的权利很大程度上被制度性消解，相对于城市居民和其他一些群体，农民在很多法定权利方面存在缺失或得不到有效的保障。在环境资源权益的分配与实现中，农民依然没有逃脱其弱势群体的命运，他们的环境资源权益还常常被忽视和侵犯，在城市环境不断改善的同时，城市淘汰产业向乡村的转移和半城市化生活模式的窘境，使得农村的生态环境受到前所未有的威胁和侵害，侵蚀着农民的环境权益。在当下推进新型城镇化和美丽乡村建设中，要使农民不再是旁观者、牺牲者，而是参与者、受益者，就必须缩小三个“剪刀差”，尤其是其中影响最大的“土地剪刀差”[②]，真正维护好、实现好、发展好农民的环境权益。

公民、法人和其他组织都是环境法律关系的主体，也都是环境法律保护的对象。然而，农民相对于法人和其他组织而言，其弱势特征更是显而易见的。比如企业和其他一些经济组织，一般具有雄

---

① 参见谭颜波：《公共政策制定中的弱势群体考量》，民政部政策研究中心网站，http：//zyzx. mca. gov. cn/article/yjcg/zh/200712/20071230009150. shtml。

② 参见侯方明、田国华：《新型城镇化　首要在确权》，《光明日报》，2013 年 7 月 14 日。

厚的资金、人力、资本及组织体系、政策体系的支持，而在我国，农业生产者——农民往往是分散的单独个体，一般不具有与这些组织相抗衡的力量。在农民环境权益遭受侵犯时，他们不具备与企业对抗的能力，法律也并未赋予他们更多救济的权利与途径。新世纪以来，许多城市在进行转型升级，淘汰落后产能，环境准入门槛越来越高，而广大乡村似乎仍给他们存留了巨大的空间。综合各方利益权衡，污染企业向乡村转移似乎是无可厚非的，以至于产生皆大欢喜的情景，即污染企业搬离城市，城市居民可为少受污染和环境逐步改善预期的有效提高而高兴；同时，作为污染企业迁入地的乡村，其生活群体——农民也为有了提高收入、改善生活的机会而满足。然而，在这一过程中，农民的环境权，甚至作为公民宪法权利的平等权、生存权和发展权都受到了侵犯。①

### （二）农民环境权的发生场域——“农村”的特殊性

“农村环境”这一词在我国出现较晚，1993 年的《村庄和集镇规划建设管理条例》对村庄和集镇做过界定，1997 年以后才逐渐强调农村环境保护这一概念，而对于“农村”的概念，至今仍较为模糊，缺乏立法界定。②《辞海》对“农村”的解释为“以从事农业生产为主的劳动者聚居的地方”。从这个意义上说，正是农民的特殊性构成了农村的特殊性。在我国，传统意义上的农村同城市相比，差异性非常明显，比如：第一，人口稀少，居民点分散在农业生产的环境之中，具有田园风光；第二，家族聚居的现象较为明显；第三，

---

① 参见于彦梅：《关注环境资源权益的弱势群体——农民环境权保护》，武汉大学环境法研究所网站，http：//www. riel. whu. edu. cn/article. asp? id = 26181。

② 参见柳琦、曹慧丽：《中国农村环境保护中的农民环境权探析》，《农业考古》2012 年第 4 期。

工业、商业、金融、文化、教育、卫生事业的发展水平较低；第四，地方习俗较浓厚，多数农村有本地的一些约定俗成的习惯风俗；第五，交通不发达，相对城市的交通来说，农村的道路多为泥泞的乡间小路。[①] 其实，城乡之间的差异还远远不止这些。因为农村的业态、区位、人口构成、人口分布以及在区域经济社会文化发展中的地位，决定了中国农村环境以及农村环境的特殊性。碧野蓝天、青山绿水是过往我们对农村美丽生态环境的普遍描述，而今多数已成为我们的记忆，“留得住绿水青山，系得住乡愁”是我们对农村生态环境建设的新期盼。当下，生态环境危机已成中国农村的普遍性问题，“脏、乱、差”在部分区域甚至型塑了一些人对乡村环境的总印象。无疑，农村的环境污染问题已成为中国新农村建设的重要制约因素之一。

相较于城市而言，农村的环境的污染源既有生活污染、农业生产污染，也有工业污染，并呈现出了一些明显的特征：局部点源污染严重，农村面源污染日益加剧；个体公开污染严重，企业污染加剧并具有隐蔽性；污染原因难查，赔偿维权步行维艰；区域特征明显，污染流动加剧等。[②] 农村环境保护法律制度的缺失，农村环境污染监管体系的不到位，以及城市污染源单向性转移并呈加剧之势等城乡不公问题是农村环境问题生成的重要因素，其实也是中国农村的“特殊性”。

另外，在中国农村留存较多的传统思想观念，如“官贵民贱”“官尊民卑”“农村是熟人社会”“理大于法”等对农民的影响深刻，

---

① 《农村》，百度百科，http：//baike. baidu. com/link？url = Pkz4ARRJD_tX1xts6bKg0qmyWRyX_ZHNG0n1XAuIgpum1cn.

② 贺军：《中国农村建设中的环境污染问题及对策》，金融界网，http：//finance. jrj. com. cn/2013/09/23142615875456. shtml。

尤其在经济社会发展相对滞后的传统型村落，农民科学素养和法律知识较为缺乏，权利观念比较淡漠，运用法律维护权利的意识不强。一些农民宁愿信守个人权威，却对法律权威心存猜忌、怀疑。日常生活实践中，农民遇事不是去找法院、仲裁委和调解委员会，而是到党政机关上访的事常有发生，其实也是传统的“找清官申冤”思想的体现。因此，立足农民环境权的发生场域——农村的特殊性，教育、引导和唤醒农民环境权益意识是解决农村环境问题和推进新型农村建设的必要条件。

（三）农民环境权的承载内容——“农业”的特殊性

农民环境权以农村环境为客体。作为事关生存环境的权利，于任何一个社会公众而言，其实现的意义都是无限重大的。对于农民而言，农业是其生存的基础。农业生产的主要特点表现在具有明显的地域性、季节性与周期性，相较于相对人工化的城市生态环境，农村环境的天然优质性是农业生产的基础，农村优质的土地、水源和气候等环境要素是整个农业生产的必需。这就意味着，对农民来说，农村优质的自然环境除了具备生存环境的意义，还具有极其重要的经济意义，是其衣食之源。因此，农民环境权是否能得到保护以及在多大程度上得到保护，不仅关乎农民的生存环境问题，而且还决定着农民生活的物质基础和经济来源，其重要性不言而喻。①

我国至今仍是一个农业国，而自古以来便有“靠山吃山、靠水吃水”“靠天吃饭”的说法，在广大民众的意识之中，这已是一个非常普遍的共识，这反映了在传统的耕作技术以及人民的知识水平条件下，环境、土地、水源对农民生存和命运所起到的决定性作用。然而，农民这一仅有的环境资源权益，也经常遭到诸如工业污染土

① 参见韩迎春、张方成：《论农业生态旅游的可持续发展——基于农民环境权保护的角度》，《生产力研究》2013 年第 8 期。

壤、大气和水体，以及现代农业生产所带来的土壤和水质的恶化，这些都直接侵害了农民的生存权。

通过对文献的梳理，我们注意到，“环境”这个概念原本是个中性词，“靠天吃饭”的初始，人类对环境并无好坏之分，更无“健康”“适宜”等与环境状况相关的描述。而在人类社会的发展过程中，环境逐步从一个中性的概念发展到一个有价值判断的概念，从“靠天吃饭”发展到“良好环境权”，人类社会文明程度的提高，改变了过去长期以来在人与自然的关系中的、以人顺应自然为主要特征的自然界对人类社会的单向支配关系。① 不难发现，在当下，有关环境问题和环境权益的主观化特征日趋明显，环境权利主体的能力、权利主体所处的区域发展水平及其对环境问题的重视程度等，决定着环境权主体在环境面前的能动程度。在此背景下，我们不得不重视这样一个基本事实，即在我国长期存在农村经济发展模式基本上局限于农业、养殖业，以及农民仅是为农业而存在的现象，并因此导致农村的经济发展水平和对环境的重视程度，以及农民应对环境的能力和面对环境问题所能发挥的能动性等方面明显落后于城市和城市居民。

2013 年 12 月，习近平总书记在中央农村工作会议上强调，小康不小康，关键看老乡。一定要看到，农业还是“四化同步”的短腿，农村还是全面建成小康社会的短板。中国要强，农业必须强；中国要美，农村必须美；中国要富，农民必须富。② 关注农民，实质上就是关注农民的权利。中国共产党自诞生起，就一直关注农民的权利

---

① 参见周训芳：《环境权论》，北京：法律出版社 2003 年版，第 153 ~ 154 页。

② 参见习近平：《在中央农村工作会议上的讲话》，新华网，http：//news. xinhuanet. com/mrdx/2013 - 12/25/c_1

问题。中国革命之所以能够取得成功，也正是中国共产党唤醒了农民的权利意识，使农民真正成为自己的主人。党的十八届三中全会吹响全面深化改革的“集结号”，提出了完善和发展中国特色社会主义制度，推进国家治理体系和治理能力现代化的改革总目标，从某种意义上说就是为了更好地保障和发展个人的权利；党的十八届四中全会专题讨论依法治国问题，会议要求形成完备的法律规范体系、高效的法治实施体系、严密的法治监督体系、有力的法治保障体系，形成完善的党内法规体系，这也是环境法治体系建设的题中应有之义，必将极大地推进环境司法的水平和质量，努力实现环境治理的现代化和法治化。从历史的经验来看，农民贫穷实际上是农民权利的贫穷；什么时候农民的权利得到了维护，什么时候农村社会就繁荣稳定。农村环境的恶化，使农民成为最大的受害者。确立以环境权为中心的环保理念，尽快改变农村恶化的生态环境，确保每一个人生活在健康、安全和舒适的环境中，实际上已成为当代中国建设生态文明、促进社会和谐、顺利实现改革新蓝图的一个十分现实而迫切的重大课题。

# 第二章 社会学视野中的农民环境权研究

农民环境权作为农民生存和发展的一项基础性权利，是社会主义新农村建设过程中涉及农民生存状态改善、产业发展以及乡村社会进步诸领域的重要问题。从发生学角度上讲，农民环境权作为一种权利，其创设及功能演进与农村具体社会环境变迁密切相关。环境权问题研究的多元化取向，尤其是向社会学层面的转向与深化，促进了我国对农民环境权的关注，也使得农民环境权问题研究更向制度完善、社会和谐层面拓展。

## 一、农民环境权研究的历史脉络

“权利的伸张可以提供人民所需要的结果，所以，便有了各种类型的权利建设，而建设起来的各种类型的权利也确实为人民赢得了他们所追求的社会效果。”[①] 农民环境权的提出，正是农民对自身生存权与发展权的一种伸张。然而，它有赖于以下两大前提：一是公民环境权理论的发展；二是对农民这一环境权弱势群体的广泛关注。

### （一）国外环境权理论研究的四个阶段

公民环境权理论的发展是农民环境权概念创建的前奏，农民环境权的提出则是以公民环境权的界定为前提的。公民环境权与农民环境权两者是整体与部分的关系：公民环境权在逻辑上包含农民环境权；农民环境权是公民环境权理论聚焦于农村环境问题和农民权

---

① 参见徐祥民、田其云等：《环境权——环境法学的基础研究》，北京：北京大学出版社 2004 年版，第 11 页。

益保障问题的一种体现。基于此，我们有必要先对公民环境权的学术进展和理论发展做简要梳理和历史回溯。

20 世纪 50 年代以来，全球各地环境公害事件频发。1952 年伦敦烟雾事件，4 天内致使 4 000 余人丧生；1953 年日本水俣事件，致使 283 人汞中毒，其中 60 人死亡。1986 年 4 月 26 日，苏联发生切尔诺贝利核泄漏事故，致使土地、水源被严重污染，成千上万的人离开家园，至 1992 年的 6 年间，已有7 000多人死于本事故的核污染。有专家认为，事故的后果将延续一百年。[①] 此类环境公害事件在全球各地频频发生，由此凸显出环境问题的严峻性，迫使人们不得不对环境公害案件进行深入的反思。因而，20 世纪 60 年代之后，环境权概念首先在法律文献中不断涌现，法学理论界则努力尝试着将环境权概念明晰化。对于公民环境权的讨论，正是出于这样的社会历史背景而不断展开的。就整体来看，国际上对于环境权问题的研究大致可以分为四个阶段。

1. 环境权研究的初始阶段：环境权理论的提出与初步实践

1960 年，Dr. S. V. Federal Republic of German 一案中，一位西德医生向欧洲人权委员会提出的关于“把原子废弃物抛入北海是侵犯人权”的控告，标志环境权在公众观念中形成。这一事件的发生，标志着环境权的正式提出。

随着环境权观念的提出与形成，1962 年，美国海洋生物学家蕾切尔·卡森（Rachel Carson）《寂静的春天》一书，进一步促成了公众环境权意识的成熟与发展。在书中，卡森提出，“民权条例对于公民免受私人或者公共机关散播致死毒药危险的忽视，只是因为早先

① 《八大公害文件》，百度网，http：//zhidao. baidu. com/link？url = uzmsi - 6620xcba/NOAHvh1w7hGHbwyuDrr；《1986 年 4 月 26 日苏联发生切尔诺贝利核泄漏事故》，非常日报网，http：//www. verydaily. com/history/eitem - 14022. html。

的公民们受限于他们的智慧与预见能力而已"[1]。也就是说，公众环境权意识的苏醒，就必然产生对环境权的合法诉求。而这种诉求，理应受到自然法理的保护。

1969 年，随着公众环境权意识的进一步觉醒，美国密执安大学 Joseph L. Sax（1969）教授以"公共信托原则"（the Public Trust Doctrine）为依据，提出了公民享有环境权的理论。该学说以"环境公共财产论"为基础，认为在空气、水、阳光等人类生活必需环境要素受到严重破坏的当下，其应该成为全体公民的"共同财产"，因而任何人不得随意对其进行占有、支配和损害。[2]

同年，美国公布《国家环境政策法》（1969），日本公布《东京都防止公害条例》（1969），这两部成文法都明确地提出法律环境权的概念。其中美国《国家环境政策法》中第三条规定，"国会认为，每个人都应当享受健康的环境，同时每个人也有责任对维护和改善环境做出贡献"[3]。而日本的《东京都防止公害条例》则在序言中指出，"所有市民都有过健康、安全以及舒适生活的权利，这种权利不能因公害而滥受侵害"[4]。

不难发现，20 世纪 50 年代以来，在各种环境公害事件的警示下，世界各国特别是先发展地区的公众已越来越多地开始反思自身的行为及其对环境产生的实际影响。而公众这种对自身行为的反思，一方面可以看作是 20 世纪 60 年代公众环境权意识觉醒以及环境权主张提出的原因之一；另一方面也可以看作是公众对公害事件的一种直接反应。自此之后，环境权问题的讨论在 20 世纪 70 年代初达

① 参见 Rachel Carson. *Silent Spring*. Science Press，2015：23。

② 参见 Joseph L. Sax. The Public Trust Doctrine in Natural Resources Law: Effective Judicial Intervention. *Michigan Law Review*，1970：471。

③ 引自美国《国家环境政策法》第三条。

④ 引自日本《东京都防止公害条例》序言。

到了第一次高潮。

2. 环境权研究的第一次高潮：环境权理念逐步推向全球

20 世纪 70 年代初，诺贝尔奖获得者、著名的国际法学者雷诺·卡辛向海牙研究院提交了一份报告，提出要将现有的人权原则加以扩展，以便将健康和优雅环境权包括在内。在这份报告中，他强调人类有免受污染和在清洁的空气、水中生存的相应权利。他认为环境权具体应包括保证有足够的饮水、纯净的空气等，最终保证人类得以在这个星球上继续生存。①

相对而言，日本学者则主要侧重于在环境权的宪法解释方面的探讨。仁藤一等学者围绕法律对于公民环境权利的保护问题，探讨了如何运用法律对破坏环境行为进行排除或防止的问题。比如，仁藤一、池尾隆良（1970）在《“环境权”的法理》一文中指出，“为了从破坏中保护环境，我们具有支配环境、享受良好环境的权利；对于随意污染环境、正在妨碍我们的舒适生活或者想要加以妨碍的人，我们基于该项权利，具有要求排除或者防止这种妨碍行为的请求权利”②。

随着环境权讨论在国际社会的继续“发酵”，环境权问题随之进入了联合国的层面，受到世界各国普遍关注和重视。1972 年召开了联合国“人类环境会议”，会上通过了《联合国人类环境会议宣言》（以下简称《环境宣言》）。《环境宣言》中提出，“人类有在尊严和幸福生活的环境中享受自由、平等和适当生活条件的基本权利，并且负有保护和改善这一代和将来世世代代的环境的庄严责任”③。

---

① 参见吕忠梅、高利红、余耀军：《环境资源法学》，北京：科学出版社 2004 年版，第 71 ~ 72 页。

② 参见“日本律师联合会第 13 届人权拥护大会”上，仁藤一、池尾隆良两位律师做的题为《“环境权”的法理》的报告。

③ 引自《联合国人类环境会议宣言》。

《环境宣言》中有关环境权的论述虽然没有点明公众对健康环境享有的权利，却已经确认了环境权与诸如自由权、平等权等公民权利间不可分割的内在联系。因此，可以说，《环境宣言》的提出标志着环境权在世界范围内的确立。

3. 环境权研究的第二次高潮：环境权在法律层面的确认及其实践探讨

随着全球环境问题的日益凸显，1992 年，“联合国环境与发展大会”召开，“可持续发展理念”成为这次大会的核心理念。这次会议通过的《里约环境与发展宣言》（简称《里约宣言》）再次强调了环境权的问题。其中写道，“人类处于普遍受关注的可持续发展问题的中心，他们应享有以与自然相和谐的方式过健康而富有生产成果的生活的权利”①。类似《里约宣言》等国际法中对环境权的阐释和约定，敦促了各国环境法律体系的完善，包括在宪法中更多体现环境权条款。据统计，20 世纪 90 年代以来，在宪法中规定环境权的国家和地区多达36 个。②

与之相应，环境权问题也得到了越来越多研究者的积极关注。较具代表性的如日本宪法学家、环境权学者阿部照哉，其代表作《宪法与环境权》强调了自由权、生存权作为法理依据对环境权的保护、支持作用。他在书中提出，“幸福追求权为作为自由权性质侧面的环境权提供法的根据，可以阻止今后造成公害的行为，在保持现有环境上起到作用；而生存权为作为社会权性质侧面的环境权提供法的根据，公民可以对于已经污染了的环境要求做出一定的改善行

---

① 引自《里约环境与发展宣言》。

② 姬振海主编：《环境权益论》，北京：人民出版社 2009 年版，第 5 页。

为”①。再如加拿大学者 David Short（1995），他在论文Assessing the Utility of a Human Rights Approach to International Environmental Protection 中，从人权的角度对环境权问题进行阐述。而美国学者 R. Churchill（1998）则在其论文 Environmental Rights in Existing Human Rights Treaties 中进一步强调了从宪法人权条款中援引相关环境权法律依据的重要性。

而与上述学者主要从人权角度出发讨论环境权问题不同，Edith Brown Weiss、Shirley Anne、Levy Diener 等学者则重点从法律实践方面出发，围绕环境权在不同地域、不同情况下的法律实践状况开展研究，主张要对不同地区的环境权问题做出针对性分析，避免环境权讨论过程中的泛化以及脱离实际的问题。比如，Edith Brown Weiss 等（1992）在论文 International Environmental Law：Basic Instrument and References 中从法律实践方面对环境权问题进行研究。另外，依照这一思路，Shirley Anne 和 Levy Diener（2000）的论文 The Environmental Rights Approach under the Ontario Environmental Bill of Rights 从具体地区的具体实践角度对环境权问题的解决做了尝试性探讨。

4. 环境权研究的社会学转向：环境权讨论由法律层面向社会层面深化

环境权问题在法律层面的确立与环境权问题向社会层面的深化，实质上是一个交替发展的过程。由于环境权问题在社会上的广泛讨论，生态政治运动随之蓬勃发展。其中最为著名的便是 1970 年在美国爆发的公民环保政治运动。这一参与者达到 2 000 万的广泛运动，使得环境权的讨论向着树立现代生态平衡意识，建立公正、平等、和谐的社会新秩序方向发展，由此环境权的讨论逐渐向社会学层面

---

① 参见［日］大须贺明著，林浩译：《生存权论》，北京：法律出版社 2001 年版，第 201 页。

深化。

Cullet P. （1995）也强调要将环境权讨论转向社会学层面。他突破了法律层面的局限，将人权问题的讨论深入到社会学层面。因此，在其 Definition of an Environmental Right in a Human Rights Context 一文中他观点鲜明地指出，“即使《斯德哥尔摩宣言》承认了环境与人权的关系，但对于环境权的主张是极为不清晰的”。

与 Cullet P. 观点相似，Francioni F. （2010）从现实出发，认为环境权问题不仅仅是法律层面的问题，单单依靠法律层面的推动，无法使得环境权问题得到妥善解决。因此，在其 International Human Rights in an Environmental Horizon 一文中他提出，“无论是在程序权还是实体权层面推动环境权的发展，深入对环境权的研究，进展都是缓慢的。由于环境权的模糊性，在这个过程中想要设立独立的享有干净的环境的权利既是不必要的，也是没有用处的”①。在此分析框架之下，他强调要对环境权问题做出社会学分析，从社会学角度来综合研究这一问题。

国际社会在环境权问题从法律维度向社会学维度的转向，也促进了我国学者对农民环境权问题的关注，使得我国的农民环境权问题讨论不仅在法律层面进一步，而且向制度完善、社会和谐等层面拓展。

### （二）国内学者环境权理论研究的四个阶段

相对于国外关于公民环境权的讨论，我国关于公民环境权的讨论起步较晚。按地区来分的话，台湾地区的学者从 20 世纪 70 年代末期开始开展公民环境权问题的研究，大陆地区的学者则是从 20 世纪 80 年代初期才开始开展公民环境权问题的研究的。虽然我国关于

---

① 参见 Francioni F.. International Human Rights in an Environmental Horizon. *European Journal of International Law*, Vol. 21, No. 1, 2010: 41 – 55。

公民环境权问题的研究起步较晚，但自从公民环境权研究传入我国后，国内学者对它的研究就在不断深入。

1. 国内环境权研究的准备阶段：环境权研究在台湾地区的兴起

台湾地区在环境权研究上先于大陆地区，而其研究的起始与国际上环境权问题研究的起始有着相似性。两者都起始于由公害问题引起的对于环境问题的关注。如邱聪智（1976）在其《公害与环境权》一文中探讨了公民环境权与公害问题的内在联系，并主张从环境危机追溯环境权问题产生的过程。而这一研究同时也标志着台湾地区的学者开始明确地涉及环境权问题。

此后，台湾地区关于公民环境权问题的相关研究开始逐步兴盛，研究的焦点大多集中于公民环境权与宪法中公民“人权”的关系上，学者们试图从公民“人权”角度寻找环境权的法理依据。如李鸿禧（1985）的《论环境权之宪法人权意义》、骆永家（1987）的《环境权之理念与运用》、林信和（1987）的《环境人权的衍生与实践》、叶俊辉（1989）的《宪法位阶的环境权：从拥有环境到参与环境决策》等，均是从人权问题入手，期望通过围绕宪法赋权来建立环境权的根本法理依据。

20 世纪 90 年代以后，继续沿着这种学术路径，台湾学者关于公民环境权的研究更多转向宪法与公民环境权的讨论。如黄荷婷（1996）的《环境权入宪之研究》、张嘉尹（1998）的《环境保护入宪的问题——德国经验的初步考察》、李建良（2000）的《论环境保护与人权保障之关系》等。这些成果为台湾地区环境权研究奠定了坚实的基础，实际上也是台湾地区公民环境权意识觉醒的一种具体体现。

2. 国内环境权研究起始阶段：大陆地区环境权问题的提出及探讨

从已有研究成果看，多数学者认同：大陆地区对环境权问题的研究最早可以追溯到蔡守秋（1999）对环境政策与环境法律问题的相关研究。从研究层次来看，大陆在环境权研究的起始阶段与台湾有着相当的一致性。两地均从环境权的法律层面入手，探讨环境权的法理依据、实践保护等内容。有学者认为，台湾地区起始于20世纪70年代的环境权问题研究对于大陆环境权问题的研究有着重要的参考作用。总结来看，在起始阶段，大陆学者对环境权问题的讨论，主要围绕在环境权的概念内涵、性质、主体、对象、法律义务五个方面。

蔡守秋（1999）在其著作《环境政策法律问题研究》中指出，环境权是环境法律关系主体就其赖以生存、发展的环境所享有的基本权利和承担的基本义务，即“环境法律关系主体有合理享用适宜环境的权利，也有合理保护适宜环境的义务”①。陈泉生、张梓太（2001）在其著作《宪法与行政法的生态化》中提出，“环境权是环境法律关系主体享有适宜健康和良好生活环境，以及合理利用环境资源的基本权利”②；李挚萍（2003）在其著作《经济法的生态化——经济与环境协调发展的法律机制探讨》中指出，“环境权应界定为环境法律关系主体对其生存环境享有适宜的生态性环境条件的权利”③；邹雄（2005）在其《环境权新论》中认为，“所谓环境权，是指自然人享有适宜生存和发展的良好环境的法律权利”④。不难发现，学者们对环境权概念的讨论存在一定的分歧，争议的焦点主要在于：环境的界定、环境权是否具有法律属性及其是否包括环境资

---

① 参见蔡守秋：《环境政策法律问题研究》，武汉：武汉大学出版社1999年版。

② 参见陈泉生、张梓太：《宪法与行政法的生态化》，北京：法律出版社2001年版。

③ 参见李挚萍：《经济法的生态化——经济与环境协调发展的法律机制探讨》，北京：法律出版社2003年版。

④ 参见邹雄：《环境权新论》，《东南学术》2005年第3期。

源利用权。

3. 国内环境权研究的深化阶段：环境权问题的主体差异之争

环境权主体的确定是研究环境权首先应该解决的问题，即环境的享有者为何人的问题。大体从21世纪初期开始，国内关于环境权主体问题的讨论日渐倾向于环境权主体差异的研究。经对已有文献成果的初步梳理，大致有这样几种观点：①环境权的主体只能包括公民。如吕忠梅（1995）在《论公民环境权》中指出，“环境权的主体包括当代人和后代人”。②环境权主体是人类。如徐祥民（2003）在《从全球视野看环境法的本位》中指出，“环境权的主体是人类，义务主体是人类的分体及这些分体形式的组合”。③环境权主体是公民和国家。如张梓太（1998）在其论文《论国家环境权》中提出：环境权主体在包括公民的基础上，还应该包括国家。④反对国家作为环境权主体的。如吴卫星（2002）在其著作《环境权研究》中明确提出，环境权的主体不包括国家。⑤环境权主体包括公民、组织团体、国家。如徐兴峰（2002）在《环境权——环境法学的基石》一文中指出，“环境权主体广泛，包括公民、单位和国家”。⑥环境权的主体包括公民、组织团体、国家、人类。如陈泉生（1994）的《环境侵害概念初探》，段永清（2002）的《论环境权的性质》，钟娟（2002）的《环境权论纲》，刘蕴增（1996）的《论环境权的性质、特征和内容》，伊媛媛（2002）的《论健全我国公民环境权保护法律体系》，唐树敏（2002）的《论环境权》等都主张或采纳了这种观点。⑦环境权也包括自然体。如蔡守秋（1982）的《环境权初探》和马晶（2001）的《论环境权的确立与拓展》等文章中的观点。⑧质疑自然体享有环境权的。如周训芳（2000）的《论可持续发展与人类环境权》和吴国贵（2003）的《环境权的概念、属性——张力维度的探讨》等都表达了此类主张。

4. 国内环境权研究多元化阶段：环境权对象、性质、义务一致性等方面的讨论

第一，关于环境权的客体的一元论和多元论。一元论者如吴卫星、胡静、吴国贵等，他们认为环境权的客体就是环境要素（环境资源）；多元论者如徐兴峰、张庆椿、陈泉生、林萍、谷德近等，他们则认为环境权的客体范围应当包括环境要素、防治对象和行为或者其他客体、其他权益等。总体来看，多数学者主张或偏向后一观点。

第二，关于环境权性质的讨论。因为环境权性质的研究带有基础性，谈及环境权必涉及其定性问题。通过文献梳理，我们发现，学者们的观点是不一致的，较具代表性的如：有陈泉生（1994）、吕忠梅（1995a，2000b，2003c，2005d）、阳东辉（2002）等学者主张的人权说；徐祥民（2003）等学者主张的人格权说或人类权说；马晶（2001）等学者主张的财产权说等。

第三，关于环境权与环境义务主张的关系。环境权与环境义务的关系问题也是学者们给予较多关注的问题之一，学者们大都主张环境权与环境义务具有一致性，但是他们的研究视角和侧重点不尽相同。主要有以下三种研究视角：①环境权与环境义务是协调统一的，其中以蔡守秋（1982）、陈泉生（1994）、杨孚之（1999）、秦裕华（1999）、吕忠梅（2000）、阳东辉（2001）等学者较具代表性；②环境权利与义务是不对称的，如周训芳认为“环境权是公民委托给政府的权利，因此政府是第一义务主体，公民是第二义务主体，但公民是权利主体”[①]；③环境权是以义务为本位的，如徐祥民（2003）由环境问题的全球化入手，从全球视野思考环境问题，由此得出“人类在环境面前必须自我限制……这种限制在法律的权利义

① 参见周训芳：《环境权论》，北京：法律出版社 2003 年版。

务安排上表现为以义务为本位"[①] 的对待环境危机的基本结论。

### （三）农民环境权研究

由于环境问题的日益凸显和“三农问题”的逐步深入，农民环境权作为环境权的一个下位概念逐渐出现在学界的视野之中。国内学者对农民环境权问题的研究大致有两个方面的走向：一是试图诠释和构建一套农民环境权的概念体系，其研究思路是：基于农村环境保护和农民环境权益的现实需要，对环境权理论的一些基本问题进行多层次、多方面的探讨，以及就相关措施的分析梳理。二是目的在于为农民环境权益的捍卫者及先行者提供理论支持。

#### 1. 关于对农民环境权概念体系的诠释与建构

（1）农民环境权中的“农民”。

随着我国经济转型的深入和城镇化的推进，农民的自主权和社会流动性大大增强。户籍制度的改革中，专业化或兼业化并存且越加明显，农民群体发生了分化，“农民”成为一个宽泛而又不断变迁的概念。对“农民”概念的界定，通常存在三个维度，即职业维度、身份维度和地域维度。

闵芳呈（2008）在《农民环境权法律保护研究》一文中提出：“农民环境权是指农民享有在良好的环境中生存和利用环境资源的权利，并当其环境权利受到侵害时可以获得及时有效的救济的权利。”[②] 该文从职业维度，强调了农民是以土地为生、直接从事农业生产的劳动者，而从事农业生产职业正是世界范围内传统学理共同认可的农民的本质特征。

---

① 参见徐祥民：《从全球视野看环境法的本位》，《环境资源法论丛》2003年第0期。

② 参见闵芳呈：《农民环境权法律保护研究》，兰州大学硕士学位论文，2008年。

吴献萍、胡美灵（2007）在《新农村建设与农民环境权法律保护》一文中认为，农民环境权“是农民享有的在健康、安全和舒适的环境中生产和生活的权利。以户籍制度为边界的农民主体界定，强调了农民是具有农业户口的人口”①。该文正是从农民的身份维度展开对农民环境权法律保护的讨论。

李挚萍、陈春生等（2009）的著作《农村环境管制与农民环境权保护》，立足我国城乡差异，在当代人范围内将公民环境权分为农民环境权和城市居民环境权。文中认为，“农民环境权是指生活在农村的广大农民所享有的、在适宜环境条件中生存的权利。这种界定以地域属性界定农民，强调农民是在农村地区生活的居民”②。

从学者们已有的研究成果看，对“农民”概念的界定可以是多维度的，而其中最常见的是职业、身份、地域三个维度，且大家比较一致地认为三个维度之间存在着交叉、排斥现象，分析农民相关问题时，对“农民”也不宜采用单一维度的指标。

（2）农民环境权的主体。

对于农民环境权主体问题的认识主要有以下两种观点：

一种观点认为，居住地是界定农民环境权主体的主要指标。比如，崔芬丽（2010）在其《我国农民环境权的法律保护研究》中认为：“对于农民环境权的研究是以环境权主体的研究为基础的，当前学者对环境权主体划分的分歧主要表现在非人类主体、后代人和法律拟制主体等方面，但是在公民作为环境权主体方面没有分歧。因此，农民环境权研究在界定环境权主体即农民概念时，应以居住地

---

① 参见吴献萍、胡美灵：《新农村建设与农民环境权法律保护》，《昆明理工大学学报》（社会科学版）2007 年第 5 期。

② 参见李挚萍、陈春生等：《农村环境管制与农民环境权保护》，北京：北京大学出版社 2009 年版。

为主要指标，辅以排除法排除特殊的人群。”①

而崔芬丽的这种观点，其实是对李挚萍（2004）在其《公民环境权的实质及地位再思考》一文中对环境权主体概念界定的一种呼应和沿承。在此文中她指出：“对公民环境权的界定应该本着从事物的本质特征出发，有利于环境权的功能和价值的充分发挥，以及有利于这项权利与其他权利的协调并融入现行权利构架之中的宗旨来进行。公民的环境权是公民对其生存环境享有特定的生态性环境条件的权利。它应该成为环境法权利体系的核心。因此，环境权应界定为环境法律关系主体对其生存环境享有适宜的生态性环境条件的权利。公民环境权则是公民对其生存环境享有适宜的生态性环境条件的权利。强调权利主体对环境的生态功能和生态价值的享受。这项权利包括一系列子权利：清洁空气权、清洁水权、合适的日照权、环境审美权、安宁权、通风权、户外休闲权等。”②

另一种观点认为，农民环境权的主体界定应以区域划分为主要指标。李淑文（2013）在其《环境正义视角下“农民环境权”概念体系的创建》一文中认为：“研究环境和环境权问题更适合以区域划分，因为环境恶化、改善的指标以及环境权现状多是以区域划分的。为了强调农民这一群体具有同质性的地域性环境问题，本研究以居住地作为农民概念界定的标准。然而，虽然农村环境问题具有同质性，以居住地划分作为唯一指标尚有漏洞。但农村环境问题不只是危及以农业生产为主要职业的农民，而是危及所有居住地在此区域的人口。此外，在农村还存在着居住在农村、具有农村户口但主业

---

① 参见崔芬丽：《我国农民环境权的法律保护研究》，南京农业大学硕士学位论文，2010 年。

② 参见崔芬丽：《我国农民环境权的法律保护研究》，南京农业大学硕士学位论文，2010 年。

并非农业生产活动的人们。他们并非典型意义上的农民，但或多或少地存在兼业现象，与农业生产息息相关，与农村环境又有极深渊源，因此将其纳入本研究所谓‘农民’概念。”①

综上所述，有鉴于农民概念定义上存在的维度交叉问题，在界定“农民”这一重要概念时，我们应该打破以“居住地为主要指标”或以“区域划分为主要指标”的固有思维定式，综合学者们的主张，我们认为在讨论农民环境权问题时，可将农民设定为：依法居住在农村的农业人口，不包括长期居于城市的持农村户籍人口以及长期居于农村的无农村户籍人口。

（3）何为农民环境权？

学者们在论述“农民环境权”的概念时，基本都是从环境权的概念引申出农民环境权的概念的。可是由于对环境权概念的界定尚未达成一致意见，学界对农民环境权的概念的界定也莫衷一是。较具代表性的如：

吴献萍、胡美灵（2007）在其《新农村建设与农民环境权法律保护》一文中认为：“农民环境权就是农民有权在舒适的环境中生活的权利。农民环境权包括健康（良好）的环境享有权、环境参与权、环境知情权、环境免害权、环境检举与控告权、环境损害赔偿权、环境请求权、环境诉讼权。”②

余泉（2008）在其《环境权弱势群体——农民的环境权保护》一文中认为：“农民环境权是农民享有的在健康、安全和舒适的环境

---

① 参见李淑文：《环境正义视角下“农民环境权”概念体系的创建》，《农村经济》2013年第8期。

② 参见吴献萍、胡美灵：《新农村建设与农民环境权法律保护》，《昆明理工大学学报》（社会科学版）2007年第5期。

中生产和生活的权利。”[①] 这个概念是建立在认可了吕忠梅教授关于环境权概念的界定的基础上得出的。

杨冬香（2011）则在其《论我国农民环境权的保护》一文中认为：“农民环境权是指农民享有在良好的环境中生存和利用环境资源的权利，并当其环境权利受到侵害时可以获得及时有效的救济的权利。”[②] 由此可见，她基本认可了蔡守秋先生关于环境权的概念的界定。

综上来看，对农民环境权的具体界定上学界还存在争议，但也是有其聚集点的。即学者们对于农民环境权的界定基本上都是围绕着农民的生存权与发展权展开的。从这一角度上看，我们可以认为农民环境权是关于农民生存权与发展权的一项基本权利。

2. 关于农民环境权保护实践方面的探讨

通过概念界定，基本可以做到农村环境现状分析与农民环境权现状分析的基本对应。在环境问题上，农民、农业和农村是相互依托的整体。农业环境问题是导致农村环境恶化的原因之一。农村环境恶化的现状正是农业环境遭破坏和农民环境权受损的背景。农民环境权受损既有农业环境因素，也受农村环境污染等其他要素的影响。而国内学者在农民环境权保护实践方面的探讨主要围绕“对农民环境权益的保护”以及“对侵犯农民环境权益行为的防治”这两个方面，除此之外也有学者从政治、经济、综合视角切入对农民环境权保护实践问题进行研究。

（1）对农民环境权益的关注和保护。

---

① 参见余泉：《环境权弱势群体——农民的环境权保护》，华中师范大学硕士学位论文，2008 年。

② 参见杨冬香：《论我国农民环境权的保护》，昆明理工大学硕士学位论文，2011 年。

从诸多学者的研究来看，学界对农民环境权益的关注主要集中于法制化、制度化与政治化层面，这些研究一般关注农村环境污染的现状、问题、特征等方面，进而提出多种保护措施。

周纪昌（2008）从法制化层面展开对农民环境权益保护的探讨，在《构建农业环境污染突发事件中农民维权的法律支持体系——以淮河流域水污染突发事件的调查为例》一文中，他以淮河流域水污染突发事件的调查为例，提出了构建农业环境污染突发事件中农民维权的法律支持体系的观点，以及在环境污染侵权的预防阶段和环境污染侵害阶段的两种解决方案。王雪娇（2010）则从公益诉讼的角度探讨农民环境权的法律救济问题。通过对现行体制下解决农村污染方法的分析，她提出了建立环境公益诉讼制度的可能性，由此为解决农村环境污染提供更优的法律诉讼途径，使农村环境保护得到最大限度的关注和实现。在其《论农村环境污染的法律救济——以建立完善环境公益诉讼为视角》一文中提出，“农村环境污染问题日益突出，特别是乡镇企业和城市企业向农村转移等带来的工业污染使得农村环境付出了较高的代价”[①]。殷勇（2011）也从城乡环境动态关系角度，探讨了在城市发展过程中，城市污染对农村环境的破坏。由此，他主张构建农民环境权的宪法保护制度。而在其《论农民环境权的宪法保护——以城市污染转移为视角》一文中，他就这一问题进行了合乎现实的探讨。

周帮扬等（2009）则从制度化层面展开对农民环境权益保护的探讨。他主张从农民环境权及其环境权益受损入手，在分析政府在农村环境侵权救济方面缺位的基础上，从健全政府管理体制、完善农村环保规范、强化政府的环境监督职能以及环境行政执法责任制

① 参见王雪娇：《论农村环境污染的法律救济——以建立完善环境公益诉讼为视角》，《农业环境与发展》2010 年第 6 期。

方面来完善政府的环境职能责任机制，以期农民环境权益得到有效保障。

因此，他在论文《论农民环境权保护的农村工业污染防治法律对策——以完善政府环境职能为视角》中提出，“农村工业污染问题的日益突出，严重阻碍了农村经济和农业发展，直接侵害了农民的环境权。由于农民长期处于弱势群体地位，农民的环境权利一直得不到足够的重视，从而使农村和农业发展及农民环境权的保护处于极为不利的境地”①。

而除了从法制化、制度化角度展开对农民环境权的探讨之外，也有学者从社会学出发，以环境正义为基点，从政治化的角度来探讨农民环境权问题。如晋海（2008）就从环境正义的角度表达了对农村环境污染状况的关注和对农民环境权益保护的呼吁。他在著作《城乡环境正义的追求与实现》中提出：“城乡环境问题不仅是法学问题，同时也是哲学、伦理学、政治学和社会学等问题。需探究‘城乡环境不正义’现象的实质以及提出实现城乡环境正义的基本理念、基本原则与实现路径，就必须从哲学、伦理学、社会学、政治学等多维视角，分析城乡环境不正义产生的理论根源。”②

（2）对侵犯农民环境权益行为的关注和探讨。

学者们在论述环境侵权下的农民权益保护问题时，多使用了“农村环境侵权”的概念，并把农村环境侵权从“环境侵权”概念中分离出来，认为农村环境侵权有其特殊性。比如王锋等（2009）从农村环境侵权的角度出发，研究了当前农村中存在的各类环境侵

---

① 参见周帮扬、梅章慧、李娟：《论农民环境权保护的农村工业污染防治法律对策——以完善政府环境职能为视角》，《法治与社会》2009 年第 34 期。

② 参见晋海：《城乡环境正义的追求与实现》，北京：中国方正出版社 2008 年版。

权问题，在分析了不同环境侵权行为的表现、原因、后果等方面后，再针对实施这些侵权行为的不同主体，给出了解决侵权问题的相应措施。在《关于农村环境侵权问题的思考——以江苏省海门市桥闸村为例》一文中，他们提出：“农村各个阶层都或多或少地产生环境侵权行为，虽然方式或手段有所不同，但是最终都侵害了农村居民的环境权利。这种侵权不仅是代内的，还会是代际的。”[①] 再如，于华江、于志娜（2005）另辟蹊径，从存在于农村内部的环境污染侵权行为出发，探讨农村环境侵权问题。在《农村环境侵权行为问题研究》一文中主要论述了农村环境污染的现状和原因，并从法律和政策等角度分析了农村环境侵权问题的解决之道。

（3）从政治、经济、综合等其他关注视角切入。

在农民环境权问题的研究上，除了从上述两个角度对其进行关注外，还存在着从政治、经济、综合等其他视角切入的研究方式。一者，国内一些学者就从政治角度切入，以政府行政职能完善与农民环境权保护的内在联系为对象展开对农民环境权的实践研究。如周帮扬等（2009）围绕政府职能完善问题展开对农民环境权保护的讨论，他们强调政府职能机制完善对农民环境权保护的作用。由此，在《论农民环境权保护的农村工业污染防治法律对策——以完善政府环境职能为视角》一文中，他们提出要通过“健全政府管理体制、完善农村环保规范、强化政府的环境监督职能以及环境行政执法责任制方面来完善政府的环境职能机制”[②] 来使农民环境权益得到有效保障。

---

① 参见王锋、杨阳、郭文芹：《关于农村环境侵权问题的思考——以江苏省海门市桥闸村为例》，《农村经济与科技》2009 年第 6 期。

② 参见周帮扬、梅章慧、李娟：《论农民环境权保护的农村工业污染防治法律对策——以完善政府环境职能为视角》，《法治与社会》2009 年第 34 期。

二者，国内一些学者从经济角度切入，以经济利益对农民保护自身环境权积极性的提升来开展对农民环境权问题的实践研究。如张燕、陈胜（2012）通过引入环境弱势群体和环境权概念，导出农民环境权含义。进而围绕着这一概念分析了发展绿色小额信贷与保护农民环境权的契合之处。在其《绿色小额信贷——我国农民环境权保护之新路径探讨》一文中，他们提出："环境权是农民合法权益的内容之一，是农民得以生存和发展的前提和基础。发展绿色小额信贷是保护农民环境权一种有效的方式。"① 由此他们采用比较分析的方法，从经济人假设出发，剖析了当前我国发展绿色小额信贷的可行性，并从绿色小额信贷支持农民环境权保护三重路径着手，探讨在我国发展绿色小额信贷时将之纳入法制轨道的可能性，并提出了"规范其操作程序和管理制度""构建多元化市场准入监管法律制度""明确监管机构本身的法律地位""建立绿色小额信贷风险控制机制"等法律保障措施。

三者，国内更有些学者综合国内各种对农民环境权保护实践的研究角度，从综合的、整体的角度出发来研究农民环境权的实践保护问题。如盛勇（2010）在考量农民环境权各种维度的基础上，综合生态、文化、法律等多个方面，将农民环境权问题当作一个系统性问题展开研究。在《农民环境权实现的多维度考量》一文中，他提出："部分农村地区环境持续恶化且不被重视是不争的事实。面对如何保护农民环境权这样一个涉及了从制度到现实、从生产到生活、从文化认识到环境伦理等诸多方面的复杂问题，必须进行多维度考量，也唯有对其进行多维度考量，才能实现对农民环境权的有效保护，并最终助益于经济社会的全面可持续发展。因此，在改变农村

① 参见张燕、陈胜：《绿色小额信贷——我国农民环境权保护之新路径探讨》，《全国博士生论坛"现代化进程中的农村与农民问题"论文集》，2012 年。

地区环境现状、切实保护农民环境权这一问题上，应从文化传统、社会经济、法律制度、基层行政举措等多个维度进行综合考量，才能找出行之有效的解决之道。”①

## 二、农民环境权问题的主要研究取向

农民环境权问题研究与环境权问题研究有着不可分割的密切关系。一定程度上可以说，农民环境权问题研究直接脱胎于公民环境权问题研究。因此，农民环境权问题的研究取向很大程度上受到了公民环境权研究取向的影响。就目前来看，我国农民环境权问题的基本研究取向主要还是集中于法律的维度。当然，受制于我国乡村社会发展的特殊性，农民环境权研究除了法律维度这一取向之外，经济维度也是其研究的重要取向之一。在此维度上，学界一般从城乡二元化结构、城镇化进程、新农村建设等角度来展开探讨。除此之外，在农民环境权的研究取向上还存在生态、文化等不同维度，这些不同的维度，对农民环境权问题的研究起着补充完善和相互支撑的作用。

### （一）农民环境权问题的法治化取向

由于我国的环境资源保护立法重心在于城市，对农村环境资源的保护跟不上农村发展的步伐，其环境权也未能得到足够的重视，这是农村环境问题问凸显的主要原因。同时，农民法治思维匮乏、农村环境保护法律条文缺乏实际操作性等问题也是农村环境问题凸显的原因之一。而要改善农村的环境，必须确立以农民环境权为中心的法律保障体系，从立法、执法、司法等多个方面来促进农村环境保护法治化。受此影响，我国学界在农民环境权的研究上，有相

---

① 参见盛勇：《农民环境权实现的多维度考量》，《黑河学刊》2010 年第 1 期。

当数量的学者从法治化的维度切入，开展对农民环境权问题的研究。

着眼我国乡村环境建设的现实，农民环境权的法治化还存在着很多问题。例如，在立法方面，现有的与农民环境权相关的法规还分散在其他各类法律法规中，在实际适用中比较缺乏可操作性；相关部门在执法方面，相关部门的职能设置混乱，经费投入匮乏，在执法过程中往往也不能很好地对农民的环境权益进行有效的维护；在司法方面，采取诉讼手段解决问题所遭遇到的阻碍较多，而往往趋向于采取一种“私了”的方式来解决问题。[①] 农民环境权在实现上的诸多障碍，以及其实现上的重大意义，促使近年来关于农民环境权的研究越来越多，也不断深入。当前，在法治化的维度上，学术界对农民环境权问题的研究主要可以归纳为以下三个方面：

1. *农民环境权问题法治化的法律理论研究*

这类研究的重点，一方面即在于探讨农民环境权在法理上的“合法性”问题；另一方面，目前的研究取向主要还是集中在“宪法赋权”与“环境正义”两个角度。

例如，殷勇（2011）从环境权作为一种主观权利的角度出发，探讨了环境权发挥防御权功能和社会权功能的途径。通过对这一问题的探讨，他强调了“宪法赋权”在构建环境权制度性保障体系上的重要性。在其论文《论农民环境权的宪法保护——以城市污染转移为视角》中，他提出：“环境权不仅是一项法律权利，而且还是宪法基本权利。可以说，环境权是环境时代的宪法产物……应当发挥环境权作为主观权利的防御权功能和社会权功能……尽快在宪法上确认环境权，构建农民环境权保护的立法体系，加强保障农民环境

① 参见刘建新：《安溪县农村饮水安全问题及解决对策》，《水利科技》2010 年第 3 期。

权的行政执法，健全农民环境权的司法救济制度。”①

又如，丘煌、张忠潮（2009）从“环境正义”的角度出发，围绕我国农村生态环境问题与农民身心健康发展问题、生命财产问题的内在联系，阐述农民环境权在乡村社会可持续发展和新农村建设过程中的不可替代性，由此从制度、机制完善方面提出相应对策。在《论环境正义与农民环境权》一文中，他们认为，“社会主义新农村建设的目标是‘生产发展、生活宽裕、乡风文明、村容整洁、管理民主’……因此，农民在享有环境权方面的弱势地位必须得到充分重视，环境权作为一项基本人权，农民也应当享有并得到国家法律的完全保护。所以，要求在法律上确立公民环境权，建立健全农村环境法律体系，建立农村环境信息公开制度，完善农民参与环境决策的机制，建立和完善农村环境公益诉讼制度，是农民环境权实现的主要途径”②。

同样，李淑文（2013）也从“环境正义”的角度出发，展开对农民权利与义务对等性的研究，由此将环境权作为一项法律权利，强调农民环境权实践过程中必须保持农民在权利与义务上的一致性。在其《环境正义视角下“农民环境权”概念体系的创建》一文中，她提出：“农民环境权的提出是基于农村环境问题不断恶化和农民环境权利严重受损的背景。农民承担着与其享有的环境权利不对等的环境义务，这是一种环境不正义的表现。理论界为亟待权利救济的农民创设了一套环境赋权理论。探讨农民环境权的价值和意义在于，通过研究农民环境权现状，分析农民环境权救济行为和救济障碍，

① 参见殷勇：《论农民环境权的宪法保护——以城市污染转移为视角》，苏州大学硕士学位论文，2011 年。

② 参见丘煌、张忠潮：《论环境正义与农民环境权》，《广东农业科学》2009 年第 11 期。

建构农民环境权保障和救济机制，帮助农民在社会地位变迁中提升主体地位，实现公民平等权利，实现环境正义和社会公正。"①

2. 农民环境权问题法治化的法律内容研究

这一方面，学界对农民环境权的内容展开研究，探讨农民环境权是否包括环境使用权、环境参与权、环境知情权、资源环境开发利用权、环境诉讼权等权利。在理清农民环境权所包含内容的基础上，展开对农民环境权现状、保护等其他问题的讨论。

闵芳呈（2008）从法律的角度对农民环境权的现状进行分析归纳，进而总结出了农民环境权目前存在的六大问题：环境权宪法确认的模糊性或缺失、农村环境保护立法的滞后、农村环境信息公开制度的缺失、农民环保意识淡薄、农民通过诉讼途径进行环境维权难以及权力"设租"行为的存在等问题。因此，在其《农民环境权法律保护研究》一文中，她提出，必须在"对农民环境权内容界定的基础上，研究农民环境权实体性权利和程序性权利"②。

同时，她总结道："当前农村环境遭受污染、生态环境遭受破坏，而且还直接影响到农民的生存环境和农村经济的可持续发展，保护农村环境和农民环境权利已成为当务之急。然而农民环境权的保护是一项系统的复杂的工程，不仅仅是制度、经济等要素的问题，而且要进一步从法律层面来寻找出路和突破口，这也是法治建设的必然要求。法治社会是一个尊重、保障权利的社会，法治进程就是整个社会权利意识不断唤醒、权利范围不断扩大并得以保障的过程。因此，认真对待农民权利，包括农民环境权，是社会公平与正义的

① 参见李淑文：《环境正义视角下"农民环境权"概念体系的创建》，《农村经济》2013年第8期。

② 参见闵芳呈：《农民环境权法律保护研究》，兰州大学硕士学位论文，2008年。

内在要求，也是现代法治社会的标志。”[①]

余泉（2008）则从我国特有的城乡二元制结构出发，分析了农民的权利被大幅制度性消解的原因。由此总结归纳了农民群体在环境权行使上存在的三大问题：环境知情权获取渠道少（环境参与权、环境知情权、环境请求权等各方面都保护不足）、参与权缺位、环境污染后环境请求权所表现出来的无奈和被动等，这都体现了农民环境权保护所面临的困境和难题。[②]

因此，在《环境权弱势群体——农民的环境权保护》一文中，他提出：“要切实而深入地保护作为弱势群体的农民的环境权利，就必须对其进行特别的关注和保护。首先，从法律上确认公民环境权，完善针对农村现状的环境立法。其次，改善农村环境执法现状，保证环境法律法规在农村的切实实施；同时加强农民环境参与权和环境知情权的保护；推进农村环境保护新机制的建立。最后，加强环境司法，建立和完善农民环境权利补偿机制，建立环境公益诉讼来保障农民的环境请求权。”[③]

确保农民的环境权的实际享有是一项巨大而繁杂的系统化工程，要达到全面实现农民环境权，实现环境权益保障的公平，需要对农民环境权所含的各项权利做出系统性分析，在理清农民环境权内容的基础上，确保农民能实实在在地享受其受法律保护的环境权利。

3. 农民环境权问题法治化的法律救济研究

农民环境权问题法治化的法律救济研究是农民环境权法律问题

---

① 参见闵芳呈：《农民环境权法律保护研究》，兰州大学硕士学位论文，2008 年。

② 参见余泉：《环境权弱势群体——农民的环境权保护》，华中师范大学硕士学位论文，2008 年。

③ 参见余泉：《环境权弱势群体——农民的环境权保护》，华中师范大学硕士学位论文，2008 年。

研究的一个较大领域，其主要内容包括了农民环境权维护的纠纷解决机制、农民环境权的集体参与机制、生态补偿机制等。当前学者对农民环境权法律救济问题的聚焦，反映出学界对目前农民环境权保护制度与机制的重视，也说明了当前实际操作与具体运用法律制度的迫切性。综合来看，学者们认为农民环境权问题法治化的法律救济主要有以下两种途径：第一，从理论出发，分析我国的立法现状，从法理体系完善角度开展对农民环境权的研究。第二，从现实出发，分析我国典型地区的典型现状或分析城市农村比较区域差异，并由此从实际执法、立法角度来展开对农民环境权的实践。

如吴献萍（2007）在对我国立法现状进行分析的基础上，认为我国公民环境权缺乏法律明确性且在农村环境立法方面存在严重缺陷。由此，从立法环境、管理体制、宣传教育三方面提出了针对性的法律救济措施。在其《我国农民环境权法律保护的不足及其完善》一文中，她提出："第一要完善农村环境立法，更好地维护农民环境权……第二要开展农村环境管理体制改革，增强农村环保执法力度……第三要加强宣传教育，提高农民环保意识。"①

崔芬丽（2010）在分析我国典型地区的典型现状的基础上，将我国的城市化和经济发展模式与托达罗模型相联系，分析归纳在托达罗模型的缺陷、国家环境污染治理投资上的倾斜以及农村环境法制建设的落后等共同作用下，农民环境权受侵害的原因。在《我国农民环境权的法律保护研究》一文中，她以广东省翁源县"癌症村落"为典型案例，提出农民应有"适宜环境享有权、环境状况知情

① 参见吴献萍：《我国农民环境权法律保护的不足及其完善》，《文史博览》（理论）2007年第10期。

权、环境事务参与权、环境侵害请求权方面”[①] 的权利。

冷文涛（2012）则在对比分析城市农村比较区域差异的基础上，展开对农村农民与城市居民的环境权利差异比较，以此为基础开展关于以多种制度、机制改革来保护农民环境权的研究。在论文《环境污染侵权视角下的农民权益保护》中他提出：“农民受自身条件和农村环境特点的限制，相对于城市居民更容易受到环境污染的侵害。农民作为一个特殊群体，在适用这些法律维护自身权益时往往凸显出诸多的不足。为了保障农民权益，减轻农民遭受环境污染的损失，我国应该建立农业保险制度，保障农民收入。通过建立农村集中供水机制和食品检测机制，保障农民的健康权益。还需要通过完善立法来规制城乡污染的转移以及农村环境保护的管理机制，同时加强对受环境污染侵害的农民的救济。”[②]

### （二）农民环境权研究的制度化取向

学界在农民环境权研究的制度化取向上，主要讨论制度建设在维护农民环境权益、确保农民环境权不受侵犯以及维持城乡生态环境平衡等方面的作用。而农民环境权制度上的缺失、农民环境权屡遭侵犯的现状，以及城乡发展不平衡的事实，成为农民环境权制度化取向讨论日趋频繁的重要原因。因此探讨这些问题的产生原因以及解决措施，也成为研究农民环境权问题的一条有效途径。

在维护城乡发展平衡方面，王华梅（2008）从我国特有的城乡二元结构出发，分析我国农民在农民环境权上处于不利地位的根本原因，强调了城乡和谐发展视野下，农民环境权保护的重要性。其

---

① 参见崔芬丽：《我国农民环境权的法律保护研究》，南京农业大学硕士学位论文，2010 年。

② 参见冷文涛：《环境污染侵权视角下的农民权益保护》，湖南大学硕士学位论文，2012 年。

在《城市污染转移视角下的农民环境权保护》一文中提出："我国特有的城乡二元结构，导致农民在经济、政治、文化、社会生活的很多方面都处于不利的境况，农民的很多法定权利缺失或得不到有效的保障，农民成为我国最为引人注目的弱势群体。在环境资源权益的分配与实现中，他们的权益常常被忽视和侵犯。近年来，由于城市环境标准的逐步提高，伴随城市工业污染向农村的转移，其结果是加重了农民在环境资源权益的分配与实现中的弱势群体地位。"①

在维护农民环境权方面，白一之（2014）以城镇化为背景，分析城镇化进程中农民环境权保护的重要性，从而与王华梅（2008）城乡二元结构性农民环境权保护的研究相互参照，共同引导了城乡一体化趋势下农民环境权的保护工作。在《城镇化进程中的农民环境权保护的思考》一文中他认为："伴随城镇化的快速发展，农村环境遭到严重的破坏，农民的环境权受到严重侵害。所以，在推进城镇化建设中，研究和探讨农民环境权的保护问题就显得十分必要和重要。"②

在确保农民环境权不受侵犯方面，蒋华林、陈彪（2009）对农民环境权的研究与白一之（2014）从城镇维度出发的研究相反，他们的研究从农村自身维度出发，探讨新农村建设中保护农民环境权的现实意义，从而与王华梅（2008）在城乡二元结构视野下对农民环境权问题的研究一起，完整地构成一体两面三个维度。在《和谐新农村视阈下的农民环境权现实对接与本体法制化研究》一文中他们指出："在城乡'二元'社会结构下，我国的污染防治投资大部

① 参见王华梅：《城市污染转移视角下的农民环境权保护》，《前进》2008年第8期。

② 参见白一之：《城镇化进程中的农民环境权保护的思考》，《农业经济》2014年第9期。

分投向工业和城市，农村的环境保护长期受到忽视，加之农村地区薄弱的经济实力和落后的环保意识，同弱势产业的农业和弱势群体的农民一样，农村环境问题也处于某种弱势地位。”在对环境权和农民环境权做素像概览与价值评判的基础上，他们提出，化解农村“三弱”，应有对农村环境权本体法律化的科学预设。①

### （三）农民环境权研究的生态化取向

党的十七大报告首次提出要建设生态文明，党的十八大报告中更是强调要把生态文明建设放在突出地位，作为中国特色社会主义事业“五位一体”总体布局的构成部分，农民环境权的建设既响应了生态文明建设，也响应了十八大创建“美丽乡村”的号召，引起了学者们的积极关注。比如，王俊强（2013）、宗芳（2014）等学者围绕农业农村生态文明建设，将农民环境权的研究焦点集中在节约和保护农业资源、改善农村人居环境等方面。

王俊强（2013）从我国农村生态文明以及农民环境权保护的科学理论出发，强调农村生态文明建设作为解决日趋严峻的农村环境资源问题的有效途径，将对农民环境权的保护上升到战略性高度，认为这是我国在国际经济发展大潮中抢占未来竞争制高点的战略选择。在《新农村建设背景下的农村生态环境问题研究》一文中，他对农民环境权与农民民主、城乡一体的关系等做了较为深入的探讨，明确提出保障农民环境权对农村社会和谐稳定发展的促进作用。在文中他提出：“在城市生态建设日趋完善，环境日趋改善的情况下，农村生态环境却正在面临着严峻的挑战。……解决这一问题需要以国家对农村生态环境建设的政策为指导，立足农村目前的生态环境

---

① 参见蒋华林、陈彪：《和谐新农村视阈下的农民环境权现实对接与本体法制化研究》，《北方民族大学学报》（哲学社会科学版）2009 年第 2 期。

实际……加强农村生态环保保障体系和转变农村粗放的经营方式。”[①]

宗芳（2014）将农民环境权的保护与改善民生相联系，认为这是坚持可持续发展的条件。她对农民环境权保护在本质上改善农村生产、生活环境的作用等方面进行了研究探讨，认为农民的环境权保护问题事关占我国人口比例绝大多数的农民的身体健康和生命安全，这是人类生存环境和生态文明的底线所在。在《管窥生态文明建设视域下的农民环境权保护》一文中，她提出，“农村的生态文明程度是衡量整个国家和民族文明水平的标志之一。农村环境是农民赖以生存和发展的自然资源，而农民环境权保护是关系民生发展、保障社会稳定和谐的一件大事。关于生态文明建设视域下农民环境权保护的研究，对我国社会主义新农村建设、全面实现小康社会的宏伟目标具有举足轻重的作用”[②]。

综上所述，学者们普遍认为，对于农民来说，自然资源是其维持生存、生产的基础条件，自然环境是其最基本的物质条件和空间场所的提供者，环境权是其应该享有的健康和生活保障权。在如今部分城市环境改善率持续升高的同时，农村环境状况的恶化却有失控的趋势，为此，加强农民环境权保护对于实现环境公平、发展生态文明、增强国际竞争力等方面具有举足轻重的意义。

### （四）农民环境权研究的文化取向

环境保护作为社会关注的一个焦点话题，有着多维度性，这为从文化维度研究环境权问题提供了必要的前提。不同的社会文化传统会影响对农民环境权的解读与关注，这种对农民环境权的解读与

---

① 参见王俊强：《新农村建设背景下的农村生态环境问题研究》，武汉科技大学硕士学位论文，2013 年。

② 参见宗芳：《管窥生态文明建设视域下的农民环境权保护》，《生态经济》2014 年第 2 期。

关注的影响则可能会进一步间接作用于农民环境权的实现与发展。从文化维度对农民环境权问题进行研究，就是从文化角度对与农民环境权相关的法律进行诠释，从而促使农民环境权能够得到更妥善的保护。

正是基于这样一个立场，农民环境权研究也就出现了“文化取向”，盛勇、余俊等学者的研究成果都体现出了农民环境权研究文化取向的特征。盛勇（2010）围绕传统文化与环境保护的渊源来探讨社会风俗、文化传统对环境保护的影响，主张从文化传统等多个维度对农民环境权问题进行切实保护。在《农民环境权实现的多维度考量》一文中，他提出：“法律是社会生活中长期稳定下来的规则，它与这个社会的风俗习惯和文化价值观念紧密联系，是长期文化传统所塑造的产物，环境保护的相关法律法规同样如此。”①

余俊（2010）则将这种从文化角度研究环境权问题的主张进一步系统化，著有《环境权的文化之维》一书。在书中，他以法学界激烈争论的环境权概念为突破口，通过法律文化的分析方法，主张将文化多样性与环境保护联系起来，这不仅丰富了环境权的内涵和外延，也能够展示不同文化背景中环境权利制度的运行机制。

他在对国外环境权理论进行分析的基础上，对国内环境权理论研究也做了清理，进而指出：“西方环境理论基本呈现出两种趋势：一是越来越注重从人类学、伦理学、生态学等多领域对环境权进行研究；二是越来越强调环境权的可操作性。而国内学者多从环境经济学、环境伦理学等角度对环境权理论进行探讨，且这些探讨仍大多局限于法律层面。”由此他提出：“环境权的文化维度旨在于运用文化诠释方法来研究环境权范畴。法律的文化分析是一种重要的法

① 参见盛勇：《农民环境权实现的多维度考量》，《黑河学刊》2010 年第 1 期。

学研究方法，相对‘权利本位论’‘本土资源论’‘法条主义’等研究范式而言，对环境权进行文化阐释可以更加丰富学界对环境权的理解。”①

（五）农民环境权研究的乡村政治文明取向

农村区域和农村人口在我国占到相当大的比例，农村生态环境的好坏不仅影响到农村地区的生产和农村居民的健康，并且会影响到整个国家的和谐稳定。而农民在环境权益上所遭受的损害，不仅源自经济、文化资源享有上的长期弱势地位，也与农村民主制度不完善、农民政治参与意识缺乏等乡村政治文明方面的问题密切相关。因此，不少学者从乡村政治民主取向展开了对农民环境权问题的研究，重点是从维护农村社会稳定、建设社会主义新农村、构建社会主义和谐社会的角度来对农民环境权保护问题进行探讨。

如冯涛（2007）在其《农村环境保护与农民参与权的制度保护》一文中从农民参与权角度出发，围绕农民参与来对农民环境权保护问题进行研究，从农民民主政治制度建设的角度探讨环境保护的实践措施。在此文中他提出：“农村环境建设是新农村建设不可或缺的内容。而农民是农村环境建设的主体。农民的参与是环境权、市场经济和村民自治背景的必然反映。通过农民参与，能够实现环境正义和环境效益的双重价值。”②

张继鹏（2009）同样主张从乡村政治角度对农民环境权问题进行分析。他主张将农民环境权益放在城乡统筹发展这一背景下进行讨论，在此之中研究完善管理体制、增强民主参与意识等问题。在《我国农村环境管理体系研究》一文中，他提出：“建立健全农村环

---

① 参见余俊：《环境权的文化之维》，北京：法律出版社 2010 年版。

② 参见冯涛：《农村环境保护与农民参与权的制度保护》，《理论与改革》2007 年第 4 期。

境保护管理机制的对策措施……建立从上到下的农村环境保护管理体系，这是推动农村环境保护工作的主体。”①

与前两者不同，李挚萍（2007）虽然也主张从乡村政治角度对农民环境权问题进行分析，但是她强调要以社会转型为背景对农民环境权问题进行讨论。因此，她将农民环境权保护与社会转型过程中的社会和谐稳定相联系，探讨了农民环境权保护在维护社会稳定和谐中的意义。在《社会转型中农民环境权益的保护——以广东农村为例》一文中，她提出：“农村环境质量急剧恶化是中国目前面临的一个严峻问题，不仅对农民健康权和财产权造成巨大损害，而且导致农村返贫率上升，城乡贫富差距拉大，人与自然关系恶化，进而影响到社会的和谐、稳定与可持续发展。”②

## 三、农民环境权研究现状评述与思考

### （一）研究现状评述

基于上述分析和讨论，我们认为，深化对农民环境权问题的研究还存在一些需要统一认识和有待深入的问题和领域。当然，对于其中不少问题，学者们在研究中均已有所意识或提及，比如对于“农民”“农民环境权”的概念界定问题，特别是对于“农民环境权”的属性问题、主体问题等的认识还存在分歧，有必要进一步地厘清；对农民环境权的理论建构存在形而上学的倾向；研究过程中，社会学的转向即对生活于环境中的人——农民和农民群体的关注仍显不足；在对问题的分析中较多的仍只停留于浅层面的法律缺位、

① 参见张继鹏：《我国农村环境管理体系研究》，山东农业大学硕士学位论文，2009 年。

② 参见李挚萍：《社会转型中农民环境权益的保护——以广东农村为例》，《中山大学学报》（社会科学版）2007 年第 4 期。

农民群体素质等方面，对其存在的制度性问题的剖析较少，且缺乏整体性、系统性的观照。

基于社会学的研究视角，近年来，学界直接提及环境弱势群体的研究成果不多，对环境弱势群体的界定也没有形成共识。但学者们在论述“环境正义”和“环境公平”的过程中很早就已意识到了环境资源权益的保护同样存在着弱势群体。在国外，美国布克钦的“社会生态学”（social ecology）是环境正义理论的思想预备，他认为人类社会不平等的政治结构—阶层制是导致环境非正义及一切生态问题的根源，并以此在国外形成了三种主要的研究范式：一是运用社会学的定量研究方法，通过大样本的调查研究来揭示环境非正义的现象（主要是环境的种族正义），并提出政策建议的研究范式；二是关注由环境问题引发的人与人之间关系问题，扩展环境概念维度，进而分析不同的主体在面对环境利益与负担的分配时受到了不公正的对待；三是从“正义”本身的内涵出发，探讨正义与当代环境问题论述之间的关系，认为所有的环境非正义都是不公平分配的结果，要求承认弱势群体在环境问题中的尊严与价值。（Robert D. Bullard，1990；David Schlosberg，2003；大卫·哈维，2003；朱力，2012）。在国外，有学者认为“环境正义”更主要的是强调同时代内在环境利益分配时强势群体对弱势群体行为的不正义现象及其校正。“一个住在被工业污染的河流的农民和一个住在城市中精致小区里的市民，他们对环境恶果的承担是不一样的。”（王韬洋，2003）也有学者指出，从理论上说，每一个人都应该享有基于生存目的需要的环境资源开发利用权，但在社会现实生活中，实际上环境法所需要关注的，是公民中弱势群体所享有的环境资源开发利用权。（周训芳，2004）此外，张英洪的《农民权利论》、张红宇的《中国农村土地制度变迁》、刘云升等的《农民权利及其法律保障问题研究》、蒋月的《中国农民工劳动权利保护研究》、宋世云的《中国农村社会保障制度结构与变迁》、程同顺的《当代中国农村政治发展研究》、胡美灵的《当代中国农民权利的嬗变》等大量研究“三农”问题的专著，都有对农民权益问题的深刻关切和独到见解。但总体来看，国内外学者对农民环境弱势群体的观照仍然不足，对农民环境权问题尚缺乏应有的认知和清晰的界定，对农民环境权的实现和发展的制度维度的分析研究更显不充分。

我国农民环境权的缺陷在制度上是由于制度本身的欠合理性和落差造成。有效实现和发展农民环境权不仅需要价值上的诉求，更需要制度上的设计。党的十八届三中全会吹响全面深化改革“集结号”，提出了完善和发展中国特色社会主义制度，推进国家治理体系和治理能力现代化的改革总目标，从某种意义上说，就是为了健全制度、更好地保障和发展个人的权利。近年来，我国环境污染由城市向农村转移愈演愈烈，造成了农民人身和财产的损害以及巨额的直接或间接的经济损失，但现实生活中往往被人们忽视。环境权的理论和实践的进步主要表现在城市，农村环境污染、资源问题造成农民环境权遭到侵害仍然是棘手的问题。2015 年中央一号文件《关于加大改革创新力度加快农业现代化建设的若干意见》也指出：“我国农业资源短缺，开发过度、污染加重，如何在资源环境硬约束下保障农产品有效供给和质量安全、提升农业可持续发展能力，是必须应对的一个重大挑战。”

“小康不小康，关键看老乡。”农业、农村是社会和率的基础，没有农村的全面小康就没有全中国的全面小康，没有乡村社会的生态和谐，也就没有全中国的生态文明。农村环境的恶化，使农民成为最大的受害者。以完善制度设计为重点，确立以环境为中心的环保理念，尽快改变农村恶化的生态环境和农民环境弱势群体地位，确保每一个人生活在健康、安全和舒适的环境中，实际上已成为当代中国建设生态文明、促进社会和谐、顺利实现改革新蓝图的一个十分现实而迫切的重大课题。

### （二）做好本书研究的一些思考

1. 研究思路

遵从“四个全面”，以推进乡村社会治理现代化为目标，运用马克思主义制度分析研究的方法，在理清农民环境权历史变迁基本逻辑的基础上，围绕制度的设置、制度的变化、制度的突破、制度的改变、新制度的形成和发展展开讨论。并通过对农村环境现状和农民环境权保障及诉求状况的展示，在改革路径、制度设计和政策措施上提出对策建议，以利于农民环境权的实现发展和农村生态环境的改善提升。

2. 研究方法

（1）制度分析法。运用马克思主义的制度分析方法，牢牢地把握制度这一主线，围绕制度的设置、制度的变化、制度的突破、制度的改变、新制度的形成和发展展开讨论，最终达到对农民环境权问题的清晰认识。

（2）逻辑与历史相统一的科学方法。既立足于探究农民环境权问题的产生和发展变迁，又从历史发展的纷繁头绪中理清农民环境权问题在社会历史变迁中带有规律性的东西。

（3）文献资料与案例分析法。文献资料主要来自地方志、官方统计资料以及国家的政策法规等。本研究还将收集大量的国家发布的最新统计数据及专家学者、社会组织的调查资料，剖析若干环境维权典型案例。

（4）田野调查法。选择若干城郊、近郊、远郊村庄，进行抽样调查或个案访谈，对相关的实证资料进行综合分析、概括提炼，力求使研究采用的数据是最新的、确切的，也是比较完整的。

3. 研究与创新

开展研究之初，我们希望能在以下方面有所创新。但是，在研究过程中，我们也认识到基于自身的能力和视野，创新确实不易，故也多是浅尝辄止。

第一，新的视角。目前，各国对弱势群体的环境权益的维护正从理论和实践推动着全球环境正义、可持续发展的实现。然而，学界对环境权的内涵与外延的探讨往往还是基于城市居住的公民的权利，有意无意间把农民排除在外。农民与城镇居民的社会保障权在内容上、水平上以及权利救济途径方面都存在较大差异，实现农民环境权的前提便是让农民的环境权在权利层面得到确认，国家有责任和义务在制度上保障农民基本环境权的实现。本课题研究将以理论和实践相结合，从历史的视角、实证的方法，对农民环境权的当代演变及其影响进行梳理，对其内涵进一步做出界定，对农民环境权的实现提出理论设想和对策建议。

第二，新的观点。①环境权是农民合法权益的重要内容之一。当下，我国环境权的理论和实践进步主要表现在城市，在环境资源权益的分配与实现中，农民依然没有逃脱其弱势主体的命运，对农民的环境权给予重点关注和特别保护是非常必要的。②环境不公是最为严重的社会不公。农民环境权问题本质上是一个社会问题，是社会变迁过程中凸显出的一种社会矛盾，改善农民环境弱势群体地位是构建新型城乡关系和推进乡村治理现代化的关键环节。③当前，农民环境权实现的困境主要体现在：农民对政府的高度依赖又信任不足，乡村脱贫致富的强烈愿望与环境监管能力的不足，城市中心主义的束缚与农民维权意愿的不足等。这直接影响了农村的民生改善、社会稳定与和谐，制约了农村的可持续发展和现代化水平。④农民环境权的缺陷在制度上是由于制度自身的欠合理性和落差促成。解决农民环境权问题不仅需要价值上的诉求，而且需要制度上的设计。着眼当下，重在遏制环境问题中的政治权力与经济开发一体化格局，完善环境信息公开和农民实质性参与机制，塑造环境主体的正义品格，促进乡村经济转型走生态现代化新农村之路。

第三，新的方法。新的思想方法主要体现在多学科交叉，理论解释多元。农民环境权的实现和发展是个复杂的、战略性的社会变迁过程，需要多学科交叉融合研究。本研究将以理论和实践相结合，从历史的视角，在社会学的实证研究基础上，以制度分析为主线，按照系统方法思路，结合制度经济学的路径依赖理论、资源配置最优理论，管理学的公共治理理论和政治参与的相关理论以及国家、市场和社会关系等相关理论，不拘一格地吸收众家观点，进行规范性学术研究。

# 第三章　农民环境权问题的生成和历史演变

“环境权作为一种新型的基本人权被提了出来，并被视为环境时代作为人所应当具有的，以人的自然属性为基础，以人的社会属性为本质的人的一种本来就应当享有的权利。”[①] 它实际上是人类理性的认识，与人类对自由、平等、正义的追求和人类的社会历史实践有着密切的关系。农民环境权的萌动是一种农民对获得当下生存利益与主体人权尊重的需求，是在“最无愧于和最适合他们的人类本性的条件下”，使自然环境更适合于人类的生存与发展的追求，是对农村社会现实生态图景的一种理性回应。

## 一、农民环境问题的演变：以浙北D村一域水环境的变迁为例

新中国成立以来，农村生态环境变迁的历史，大致经历了以下几个阶段：①新中国成立以来的“大跃进”时期。这一时期，国家在农业领域，片面推行“以粮为纲”政策，在急于求成的思想和“向自然界开战”口号的激励下，全国范围内出现了毁林、弃牧、填湖、开荒种粮的现象，生态环境遭遇到新中国成立后第一次集中的污染与破坏，环境问题迅速凸显。②文化大革命十年。这一时期，社会动荡，各项环保措施基本废弛，片面的“以粮为纲”政策再度

---

① 参见陈泉生：《环境时代与宪法环境权的创设》，《福州大学学报》（哲学社会科学版）2001年第4期。

推行，不利于环境保护甚至破坏环境的因素集中涌现，林业发展遭遇第二次大挫折，生态环境持续恶化，到了20世纪60年代末70年代初，部分地区的环境污染和生态破坏已经非常严重。[①] ③改革开放时期。这一时期特别是乡村企业的快速无序发展，导致农村环境恶化。

为了更清楚地把握改革开放后农村经济发展和环境变化的过程，我们对浙北D村一域水环境的当代变迁及其与当地经济社会发展的相关性进行了重点考察。

D村一域处于中国经济改革的前沿区域，随着20世纪80年代初乡镇企业和民营企业的崛起，工业经济得到了快速发展。特别是1992年5月以来，伴随全市“撤区扩镇并乡”政策的实施，镇党委、政府进一步解放思想，扩大改革开放，使D村一域的乡村工业经济进入了新的发展阶段。这一时期，D村所在镇有16家塑料包装企业进行技改扩建，开发美容镜系列，成为全镇创利重点行业，1993年创造的利润占全镇52.53%。另外，由于周边轻纺城的辐射，纺织行业陆续形成规模效应。1991年，全镇域个私企业145家，从业人员435人。到1996年，个私企业达206家，从业人员4 499人。到2000年，全镇有镇属和村属企业376家，职工16 108人，产值293 208万元，税利20 295万元，产值、税利分别比“七五”期末增长15.5倍和17.6倍。据不完全统计，至2008年全镇仅较具规模的化纤织造企业就达116家，仅卫浴制镜及相关配套企业就达130余家。至目前，“农业所占的比例越来越小，而且养殖业居多。工业的比例逐年上升，但是竞争也越来越激烈了……服务业最近几年也

① 参见何亮亮：《向自然界开战：“大跃进”造成巨大的生态破坏》，凤凰网，http://news.ifeng.com/history/phtv/tfzg/detail_2010_12/29/3760381_0.shtml。

在发展，镇上有很多服装店和大型购物超市开起来了”。D 村的经济发展在该镇居领先地位，其工业化的步伐、产业结构布局与全镇基本是一致的。基于我们在 D 村的广泛调查、走访和座谈，近 20 年来，D 村的工业化进程大致可分为三个时段，从中我们也可以大概看到农村水环境问题生成和演变的一些脉络。

第一阶段：D 村工业经济发展的初期（1992—2004 年）。这一时期，D 村经济发展的主要特征是：每个企业都在追求自身的利益最大化，而且往往并不是在合法的条件下去追求利益的最大化。在环境问题上，由于过度关注经济增长，基层政府和村委组织以及村民对环保问题认识不到位，相关的环境保护法规、政策不健全，执行更不到位；同时，工业生产主体缺乏社会责任意识，只追求经济效益而忽视环境保护，“为了自身企业的利益来牺牲与自己看似没有太大关联的环境，当真以为是百利而无一害”[①]。而且，在当时，D 村产业布局的结构单一，几乎都是化纤纺织、制镜包装一类的高污染企业。访谈时，有村干部说，“当时的人们根本没有去在意环境污染不污染的问题，或者说，基本上是奔着以放弃自然环境全力来发展工业经济的方向去的”[②]。

第二阶段：D 村工业企业的井喷时期（2004—2010 年）。这一时期，在 D 村，大量的企业如雨后春笋般奇迹地崛起，不断地创造属于“一个小乡镇的中国传奇”。但我们了解到，这个时期也是 D 村水环境污染最严重的时期，大量的企业诞生（大多数并不是在工商部门注册的正规企业，而是数不清的家庭作坊）。再加上技术的改革，企业的生产效率大大提高，进一步加大了生产对环境的“污染效率”。访谈中，有众多村民略带伤感无奈地述说他们的记忆：就是

① 访谈时，有企业主如是说。
② 访谈时，当地村干部如是说。

在这个阶段，“原本尚还清澈的河流变得乌黑发臭、变得污浊不堪、变得垃圾遍布”①。

第三阶段：D 村企业进入转型升级时期（2010 年至今）。“加快转变经济发展方式”是“十二五”时期最重要的主题词之一，国家的经济政策取向也越来越偏重于环境保护，企业必须限制其污染。创新无疑也成为乡村企业生存下去的根本要素。“为了适应时代的变化，D 村也被推着以科技创新发展来谋求企业转型升级。”② 仅 2013 年，D 村所在镇域企业投入的工业技改资金就达到了 10 亿元以上，“为的便是要使企业进行一场华丽的转型”。同时，政府对环境保护的支持力度越来越大，仅 2013 年，镇域范围各村建设主、支排污排水管道总长度达到 108 288 米，完成预定目标的 105.25%。2014 年以来，按照浙江省“五水共治”③ 的统一部署，D 村和所在镇域全面启动了农村污水治理工作，明确提出了“建成生活污水治理亮点村”的目标。与此同时，“D 村一带的（产业）格局正在洗牌。服务业最近几年也在发展，有很多服装店和大型购物超市开起来了”④。

从 D 村的情况来看，水环境问题的产生和逐步凸显的原因是多方面的，既有制度性因素，也有经济、文化因素。其中，产业结构与空间布局不合理是导致城郊农村水环境恶化的基本原因，体制改革滞后及其不完善是主要原因。基于上述我们对 D 村产业发展轨迹的初步梳理，以制度经济学的视角来看，D 村的村民选择创建发展相关产业之初，确是存在着一种投机主义倾向的。即大家看到别人在挣钱，都不顾一切地纷纷涌向了兴办产业的大潮；再加之传统产

---

① 访谈时，村民如是说。

② 调研时，镇里的治水办的工作人员这样说。

③ 浙江省委十三届四次全会提出，要以治污水、防洪水、排涝水、保供水、抓节水为突破口倒逼转型升级。

④ 访谈时，有企业主如是说。

业基础、周边地区产业群影响，以及个人的偏好、能力、直觉感知等多重因素影响，他们选择了不同的行业来经营，包括化纤织造、制镜卫浴、包装装饰、五金机械、蔬菜食品等。而且，乡村企业兴建之初为图便捷，多是依据自然资源来布局的，“小、散、乱”，居家或沿街、沿河随机而建是其发展初期的基本面貌。同时，限于当地政府和村民对于村落生态环境保护长远考虑的“理性有限”，结果，在“短短十几年间，大量工厂的兴建、乱建将村庄水环境破坏得一塌糊涂”①。

在这当中，我们不能忽视这样一个基本事实，即政府对企业废水废物的排放是正式约束，企业之间默认的对于废水废物的处理方式则是一种非正式制度，而且政府对于企业的具体监管措施又是制度装置。往往企业中自然形成的非正式制度更加节省易用（可以为企业谋取不菲的利益），而正式约束的实行受到很大的阻碍，至于正式约束的实际效果则取决于制度装置的落实程度。长期以来，城乡二元经济结构的影响，直接导致国家各层面“重城市、轻农村”，在政策、制度等方面都向经济发展和城市环境保护方面倾斜，一定程度上造成了对农村环境的忽视，农村的环境物品提供不足，环保政策法规、环保机构、环保人员、环保监测及环保设施、环保资金、环保宣传等供给严重缺乏。同时，市场机制在配置和利用公共物品资源领域处于失灵状态，排污者现期的经济利益大于环境保护者现期的经济利益，加之如前文所述因制度因素导致的政策失灵、监管缺失，于是农村水环境问题的生成和日趋严重也就在所难免了。②

---

① 调研时，有不少的村民都曾这样说。

② 参见严旭阳、张宏艳、王卓然：《农村水环境问题的经济学思考》，《北京社会科学》2009 年第 4 期。

## 二、农民环境权问题的生成逻辑

上述D村一域水环境的变迁，实际上较好地反映了改革开放以来中国农村环境问题发生发展及农民环境权益受损和环境意识逐步觉醒的一般性状况。总体来看，新中国成立以来，我国农村自然环境在“大跃进”时期由无任何环保意识的破坏造成的环境问题的开端，“文革”时期“以粮为纲”的片面追求粮食产量增长的无序，不讲因地制宜对原有生态的不合理开发与运用的加重，改革开放时期国内乡镇高污染、高能耗企业的兴起，国外污染密集型外资企业以邻为壑的做法，这些都进一步加深并且最终破坏了我国农村原本脆弱的生态环境。农民环境权问题也就由此生成并日益凸显。从农民、政府及社会制度、社会伦理等社会层面加以考察，农民环境权问题的生成有其各自的逻辑。

### （一）农民对经济增长的渴求与生态意识觉醒的迟缓

中国农民长期处于社会的较底层，怀有改变生活境遇和提高社会地位的强烈愿望。“日出而作、日落而息”的勤劳美德沿袭至今。然而，中国农民群体总体还是相对保守的，因其保守而弱势，因其弱势而更显保守堵闭，如此循环，似乎仍未得以整体性地有效突围。表现在生产方式上，“靠山吃山，造地先开荒”的传统观念根深蒂固，长期的开垦荒地、乱砍滥伐造成了一系列的生态问题，严重影响到了老百姓发家致富。“越穷越挖、越挖越穷”就像一个魔咒，在不少乡村重复地上演，树木被毁后植被遭到破坏，土地变得疏松，沙土漫天肆虐，容易造成水土大面积流失，发生泥石流等自然灾害。在农作物生产过程中，为了获得高产，滥施化肥农药现象极为普遍，导致虫害的天敌或其他益虫被杀死，植物本身中毒，严重破坏了农田生态平衡，严重污染了乡村生态环境。

“靠山吃山，造地先开荒”体现了传统社会乡村民众对改变自身生存境遇的本能需求。时至今日，依然沿袭，则体现了生产者的急功近利和生态观念的缺失。弊端已然凸显，并逐步将乡村社会推向了新的生存危机的边缘，迫切需要呼唤农民自身生态意识的觉醒。从沉睡到觉醒，并不是那么容易的。就目前来看，农民生态意识的觉醒依然拖着一条沉重的尾巴，显得步履蹒跚。一是缺乏可持续发展意识，对生态环境重开发轻保护、重经济收益轻环境效益、重眼前利益轻长远利益的思想观念和行为惯性依然难在根本上得到有效规制，毁林开荒、毁林开矿等经济行为短期化现象及毁林造墓陋习常有发生。二是受传统小农生产、生活方式和落后观念残留的影响，只顾眼前利益、经济利益，缺乏维护公共环境的公德意识，如村民之间的合作意识、社区意识逐步减弱，他们在注重个人家庭环境的同时逐渐漠视周边的环境卫生。同时，改革也使得农村的勤俭节约、艰苦朴素等传统美德正在被商品经济的注重享受、消费至上的消费主义所消融，一些环境友好型社会的禁忌、乡规民约、民族习惯法逐步淡化甚至消失。在一些非正式制度变迁下，农民的消费欲求提高，自然地加大了环境的负担，加速了环境的劣化。①

### （二）政府以民为本改善农村经济环境的愿景与现实政绩观导向的偏差

十一届三中全会是新中国成立以来党的历史上具有深远意义的伟大转折，对中国农村发展而言，更有其特殊的重要地位和深远意义，可称为我国农村改革开放的开端。十一届三中全会提出："新时期农业和农村政策的首要出发点是在经济上充分关心农民物质利益，

---

① 参见邱立成：《环保治污重心须向农村转移》，江西省人民政府网，http：//www. jiangxi. gov. cn/xgwt/jjlt/201403/t20140310_ 1020934. htm。

在政治上切实保障农民的民主权利，调动我国几亿农民的积极性。”① 更重要的是，它重新确立了党的实事求是的思想路线，农民的物质利益原则和民主权利原则，最终让我们放弃了最初受意识形态禁锢而坚持的“不许包产到户，不许分田单干”，在农民步步紧逼面前步步为营又步步后退，逐步开禁，直至公开全部认可，土地家庭承包经营制度脱颖而出，就此开启了农村改革的全新阶段。② 1982—1986 年出台的五个中央一号文件都是在十一届三中全会精神指引下，围绕农村土地经营制度的改革展开的。其政策的要点侧重于推行家庭承包经营制、改革农产品流通体制、实行政社分设、调整农村产业结构、建立新的农业社会服务体系、加强对农业的投入等方面。但是文件中对农村生态环境的变迁关注不够，一定程度上忽略了在 GDP 巨大增益下的农村环境恶化的问题。

有资料显示，1978—1988 年乡镇企业在全国各地迅速崛起并迎来了第一个发展高峰期。改革开放以后，一方面，联产承包责任制的全面推行使农民的生产积极性及劳动热情空前提高，农业生产迅速增长，为农村非农产品的发展提供了良好的物质条件；另一方面农业劳动生产率的迅速提高又使大量农村劳动力从土地的束缚中解放出来，迫切需要大力发展非农产业予以吸收。在这种情况下，从 1978—1983 年，社队企业在全国各地广泛地兴办了起来。到 1983 年社队企业共吸收农村劳动力 3 235 万人，比 1978 年增长 14.4%；总产值从 1978 年的 493 亿元增加到 1983 年的 1 017 亿元，年均增长速度为 21%。与此同时，农村个体、联户办企业也悄然兴起并逐渐发

---

① 参见董文兵：《从十个中央一号文件看 30 年农村改革》，《中国石油大学学报》（社会科学版）2008 年第 6 期。

② 参见程漱兰、李爽：《理论创新消解“一号文件疲劳症”——2008 年中央一号文件的理论创新与突破》，《人民论坛》2008 年第 5 期。

展壮大。1984 年中央四号文件将社队企业正式改称为乡镇企业，对家庭办和联户办企业及时给予了充分的肯定。国家对乡镇企业采取了更加积极的扶持政策，企业在组织生产、产品销售等方面获得了较大的自主权，乡镇企业进入了第一个全面发展的高峰期。1986—1987 年，仅用两年的时间，就超额完成了“七五”计划的产值目标。到 1988 年企业个数达 1 888 万个，从业人数达 9 546 万人，总收入达4 232亿元，4 年间乡镇企业数平均每年增长 52. 8%，从业人数平均每年增长 20. 8%，总收入平均每年增长 58. 4%。[①] 然而，乡镇企业“工艺陈旧、设备简陋、技术落后、能源消耗高，绝大部分企业没有防治污染设施，加之企业负责人缺乏环保意识，而地方政府又单纯追求 GDP 的快速增长而忽视对其综合治理的政绩观，使污染问题十分突出”[②]。

### （三）城乡二元制度供给失衡与城乡社会“三种再生产”的非一致性

在当前的城乡关系背景下，考察农民环境权问题的生成逻辑必须充分考虑当下中国城乡二元结构这一制度安排要素的影响。城乡二元结构的复合生态系统是由相互关联的若干组成部分所构成的、具有某种特定功能的有机整体。人类赖以生存和发展的复合生态系统，也就是社会—经济—自然生态系统，是由社会系统、经济系统、自然系统组成的一个复合的复杂巨系统。人类活动是复合生态系统演化过程的原动力。复合生态系统演化过程的主要内容，即人口再生产、经济再生产和环境再生产，在城乡之间具有明显差异。因此，

---

① 参见国家统计局：《乡镇企业异军突起》，国家统计局网，http：//www. stats. gov. cn/ztjc/ztfx/xzg50nxlfxbg/200206/t20020605_35964. html。

② 参见许振江：《从中央一号文件看农村生态环境变迁》，《中共四川省委党校学报》2013 年第 1 期。

复合生态系统演化过程中的三种再生产形式具有显著的城乡二元特征，城乡二元结构也影响了复合生态系统演化过程的三种再生产形式，进而对自然环境产生了重要的影响。当前我国人口再生产总体上处于“过渡型”向“现代型”过渡阶段。通过对我国各地区人口自然增长率与城镇人口比例的关系的分析可以推断，我国城市地区具有较低的人口自然增长率，总体上更接近“现代型”的人口再生产阶段，而我国农村地区具有较高的人口自然增长率，总体上处于“过渡型”阶段。这两种人口再生产的不同阶段给城乡所带来的影响是不一样的，农村的经济生产能力较城市的经济生产能力有较大差距，而农村人口的快速增长，对农村整体环境的改善造成巨大的压力。经济再生产是指人类在主观意识的作用下进行的一系列生产、交换、分配和消费活动的过程，这一过程同样体现出城乡二元结构的差异，使得农村环境保护的成本远远高于城市环境保护。而环境再生产是指人类通过劳动向自然界索取并消费环境资源，同时，反作用于自然，改变自然界，通过一定形式将一部分资源返还给自然界，为自己创造新的生存条件的过程。城乡之间环境污染治理投资水平的差异以及由此产生的人类对环境返还水平的差异是我国城乡环境再生产过程二元特征的最主要体现。广大农村地区只得到了环保投资的极少部分，城市对环境资源的补偿明显高于农村地区。①

### （四）生态环境污染的内卷化趋势与环境法律保护的尴尬

农村生态困局的出现很大程度上应归因于在法律法规方面缺少农民环境权的保障性制度。反思农村生态环境恶化的原因，除去自然因素的影响之外，政府决策有失偏颇与农民自身环境意识的缺失也对其产生了不可忽视的影响。国家环保局自然保护司与计划财务司在1998

① 参见李宾、张象枢：《基于城乡二元结构的农村环境问题成因研究》，《生态经济》2012年第4期。

年的调查报告中指出："许多地方政府急于引进项目、引进外资，审批不严格，造成污染行业和产品从国外向国内、沿海地区向内地、城市向农村转移。经济基础薄弱的经济欠发达地区有着非常强烈的发展经济的愿望，同时又缺乏发展技术含量高、污染轻和附加值高的产品，只能被动接受被别人淘汰的项目，包括技术工艺、设备和产品。而发达地区在转移项目时，常常只是转移了生产方式和污染产品，并没有将污染治理技术和设备同时转移，这种转移是将严重的污染转移到郊区和农村。"① 造成这种转移的原因，一方面是城市郊区和农村经济相对滞后，地方领导为能带动地方经济发展，对落户项目审核不严等；另一方面是我国的环境保护立法主要是针对城市，针对农村地区的环境保护立法很不完善，我国的环境保护法律体系是以《环境保护法》为主体的，环境法规、规章为协同的法律体系。目前已有 9 部环境保护法律、50 多项行政法规、500 多项环境标准，还有 200 多件行政规章和规范性文件，但涉及农村环境保护问题的法律法规不多，特别是针对农村环境污染方面的法律更是没有。如有关面源、土壤、畜禽养殖、生活垃圾污染防治等方面的法律法规尚处于空白。随着农村经济的发展，农村环境问题呈现新的特点，现有的法律制度很难适应农村实际，可操作性不强。

我国目前的许多环境法规对农村的污染治理和环境管理的具体情况考虑不全面，困难考虑得不够，立法过于原则，操作性不强。例如《环境保护法》和《水污染防治法》中，对污染物排放实行的总量控制制度对点源污染控制是有效的，但很难解决面源污染问题。在广大农村多数是小型企业，若要对大多数小型企业的污染均实行监控，成本很高，难以实现。再如，《固体废物污染环境防治法》第

---

① 参见国家环保局自然保护司与计划财务司：《控制乡镇工业污染蔓延是确保 2000 年环境保护目标实现的关键之一》，1998 年。

四十九条规定，防治农村生活垃圾污染的具体办法由地方性法规规定。然而地方政府大都未制定相关的地方性法规，使得在实际工作中不好操作。目前的环境法律体系主要关注的是大、中型城市的环境利益和工业污染治理，对于农村环境问题至多只注意到单项资源的被损害或污染、农产品品质等问题，很少顾及农村整体农业生态环境系统的安全，在如何调整农村农业结构与保护农村农业生态环境安全，如何制定与乡镇工业企业环保相适应的制度以及如何有效实施、执行等方面存在缺陷，体现出政府履行环境保护管理职能的缺失。在新农村建设进程中，就如何加强农村的环境规划与管理、严格控制城市环境污染向农村转嫁、蔓延，农村生活污染防治等方面的要求，环境立法中涉及的也不多，至今还没有一部独立的关于防治农村环境污染或保护农村环境方面的法律。有关农村生态环境保护的法律法规分散于《水土保持法》《土地管理法》《水法》《森林法》《草原法》等法律的相关条款中；有关农村生活污染防治的法律法规又分散于《固体废物污染环境防治法》《水污染防治法》等法律中，内容分散且不协调。①

### （五）农村农民在环境权益配置中的长期弱势与政策反哺力度不济

近年来，学界对农民权益保护问题十分关注，但学者们大多从其在经济、政治、文化等方面所处的相对不利地位着手，对于其在环境资源权益分配与享有中受到不平等对待或受到漠视的问题则甚少关注。环境资源权益主体的经济实力、科技水平不同，对自然资源的开发利用程度也存在差异，所以在资源利用与环境权享有上同样也有弱势群体的存在，农民在环境资源权益的分配中正是这样一

① 参见董志凯：《我国农村基础设施投资的变迁（1950—2006 年）》，《中国经济史研究》2008 年第 3 期。

种弱势群体。① 世界各国的经验表明，要实现农业的现代化，必须要有强大的、发达的和完善的现代农村基础设施与之相配套。而基础设施建设是社会剩余产品或资金分配与使用的一个方面，是社会再生产过程的组成部分，致力于农村基础设施建设是政府的职能之一。各级政府的财政投入、政府对基础设施建设的政策组织是完善农村基础设施的关键环节。20 世纪后半叶，农村基础设施建设投资的历程表明，尽管随着国民经济的发展，投资的绝对值在我国农村基础设施投资的变迁阶段（1950—2006 年）不断上升，但是投资的比重不仅没有上升，而且有下降的趋势。分阶段看，投资比重之所以一时呈上升趋势往往来源于遭受灾害后政府的被动应对，缺少顺应反哺农村增加基础设施投资的长远规划。随着农村集体经济的比重下降甚至消失，相当部分农村存在基础设施缺失和管理承办者缺位的问题，以致农村环境水平不仅没有提高反而在下降。21 世纪初，尽管国家不断加大了对农村基础设施建设的投入，但由于历史欠账太多，农村基础设施落后的状况仍然没有大的改观。2000—2004 年，各级财政用于支持农村税费改革的资金累计达到 1 600 亿元，其中中央财政承担了 1 171 亿元，占 73%。财政部统计显示，“十五”期间中央财政的支农资金年均增长 17%。但从财政支农资金占财政支出比重看，国家财政用于农业的支出占财政总支出的比重呈下降状态。据统计资料，“六五”时期为 8.69%，“七五”时期为 9.38%，“八五”时期为 9.75%，“九五”时期为 9.29%，而 2001—2004 年为 8% 左右，政府财政对农业的支持总量仍是低水平的，城乡财政资源配置不对称

---

① 参见于彦梅：《关注环境资源权益的弱势群体——农民环境权保护》，武汉大学环境法研究所网站，http：//www. riel. whu. edu. cn/article. asp? id = 26181。

的状况没有彻底改变。[1]

## 三、农民环境权问题的症结

### （一）“环境库兹涅茨曲线”及其局限性

根据“环境库兹涅茨曲线”假说，环境质量和经济增长之间呈现倒U形曲线关系。即当某个地区经济发展水平较低时，环境污染的程度较轻，但是随着人均收入的增加，环境污染由低趋高，环境恶化程度随经济的增长而加剧；而当经济发展达到一定水平，或者说到达某个临界点（“拐点”）以后，随着人均收入的进一步增加，环境污染程度将逐渐减缓，环境质量也将逐步改善。欧洲国家、美国、日本等发达国家经济发展的自然进程已经较好地证实了这一假说，而迎接“拐点”的到来和实现有效突破的关键在于新技术的普遍使用和产业结构的转型升级等，使得“技术效应和结构效应超过规模效应”[2]。从目前情况来看，以上述D村一域为代表的我国东部沿海大多数地区似乎正在接近环境库兹涅茨曲线的拐点。以D村所在镇域为例，2010年农村常住居民人均可支配收入接近16 000元，2014年农村常住居民人均可支配收入超过26 000元。2013年以来，当地党委政府对工业污染整治的态度十分坚决，群众积极回应支持，当年即关停38家企业，整治提升50家企业，还有大量的企业被列入整治计划或要求搬迁；当年投入工业技改资金10亿元以上，申报区级以上科技创新型企业3家、技术中心2家，新增产学研合作项目2个，申报认定专利60项以上，积极主动地以科技创新发展谋求

① 参见董志凯：《我国农村基础设施投资的变迁（1950—2006年）》，《中国经济史研究》2008年第3期。

② 参见马相东、王跃生：《“环境库兹涅茨曲线”拐点到来了吗》，《人民日报》，2012年10月18日。

企业转型升级，促进工业经济再上新台阶。以上表明，在D村一域，随着村域经济的发展，人们的环境保护意识逐渐增强，政府对环境保护的重视程度越来越高，产业结构布局的优化调整似乎已是大势所趋。

当然，我们还应注意到，“环境库兹涅茨曲线”是有其局限性的。比如，它所反映的仅是一般化环境——收入关系的一种，不足以说明环境质量与收入水平间的全部关系；经济增长与环境改善可以并行，但其前提是在收入水平提高的同时能制定有效的环境政策法规并得以有力地执行；同时，水环境的恶化是多种因素导致的，不同阶段的环境退化与经济增长有着不同的关系。[①] 在我国，特别是广大农村地区，水环境问题的生成与人口压力、自然资源的过度开发、非密集生产方式、低生产率等因素密切相关。近30年来形成的“经济本位”的思维惯性和“政治、经济一体化”的利益格局也不可能在当下就成功突破，不少地方在环境治理中出现的“治理—反弹”怪圈便是极好的佐证。因此，“经济增长并不必然最终带来环境改善，简单地将‘环境库兹涅茨曲线’当作对环境乐观的理由，相信经济增长最终能自动地解决环境问题，则是过于乐观和缺乏理由的”[②]。总体来看，经济增长与环境问题仍然是广大农村地区在相当长时期内不得不面对的重大问题，政府和公众对环境问题的关注绝不可有丝毫松懈。

### （二）正视农村和农民在生态环境问题上的不公正事实

通过前文的阐述，不难发现，几乎所有的造成农村生态环境污

---

① 参见《环境库兹涅茨曲线》，新浪网，http：//fj. sina. com. cn/news/z/2010－10－09/162271114. html。

② 参见《环境库兹涅茨曲线》，新浪网，http：//fj. sina. com. cn/news/z/2010－10－09/162271114. html。

染的“缘由”都可以从城乡环境公正缺失及农民环境权益意识不足中找到解释。为此，必须正视广大农村和农民在生态环境问题上承受着诸多不公正的现实。

第一，“农村的环境支出大于其所得到的环境收益，而城市的环境支出远小于其得到的环境收益”①，这种不成比例且有扩大趋势的“城乡环境差”现象体现了城市的环境服务和农村的环境污染治理存在着明显的不公正。在我国长期存在农村支持城市、农业支持工业的政策取向，在某种程度上说，城市的快速发展是以牺牲农村的生态环境为代价的。然而城市的环境支出并没有转移到农村，而是用于城市自身的建设。

第二，城乡居民人均消耗资源数量差异明显，从用水情况来看，城镇居民为 219 升/日・人，农村居民仅为 89 升/日・人。一般而言，能源和资源的消耗量大、污染物排放量就多。同时，城乡居民存在消费结构差异，农村居民总体上体现的是一种以谷物为主的“生存性消费”，而城市居民则体现为以副食为主的“舒适性消费”，而后者往往较前者更消耗资源。由于自然资源和环境容量在一定时空范围内是有限的，农村居民相对于城市居民来说较少使用资源、相应较少排放污染物，这实际上是农民将自己应享有的环境使用权向城市居民生态享有权的让渡。②

第三，城乡收入差距的持续拉大，农村社会保障和公共医疗服务的长久缺位，加之等级制的“天然合理”“合乎天道”伦理观的束缚，一定时期内，经济本位成了乡村管理者和民众的主导价值取

---

① 参见李景龙：《建设社会主义新农村所面临的环境问题及对策》，《环境科学与管理》2007 年第 11 期。

② 参见贾凤姿、杨驭越：《城乡环境公正缺失与农民生态权益》，《大连海事大学学报》（社会科学版）2010 年第 4 期。

向，乡村管理者和民众在引进和开办乡镇企业时往往就对环保问题视而不见，原本在城镇的一些企业也将有污染的设备出租或出售给乡村企业，或转移到农村进行生产，加剧了对农村原本脆弱的自然环境和生态系统的破坏。

第四，一直存在的城乡二元结构不仅使城乡经济社会发展产生差距，而且由于在环境问题上对二者也采取了截然不同的政策，一定时期内呈现出了城市水环境逐步改善与乡村水环境逐步恶化的局面。

第五，由于城乡差距的存在，农村人口流出意愿明显，乡村精英外流较为普遍，这使得原本就较为薄弱的农民环境参与和维权意识进一步弱化，传统乡村中的留守者对水环境污染现象力不从心，最多只是抱怨而已，多数持着能忍则忍、能拖则拖的态度，而且乡村社会的环境维权成本极高，既要花费大量的人力，更要花费大量的物力，还可能影响乡邻关系和旧有的村落人际格局，这些可能的成本、潜在的巨大代价和难以预期的结果也往往使农民望而却步。①

## 四、改善农村生态和维护农民环境权益的政策演进及趋向

政策和制度的正义是环境公正的核心，也是农民环境权问题演进发展的总趋势。"在环境保护领域恰恰是政府必须发挥中心作用的领域，私人市场几乎不能为制止污染提供什么鼓励性措施。"② 早在1983年底，国务院第二次全国环境保护会议就宣布："环境保护是中国一项基本国策。"要求贯彻"经济建设、城乡建设、环境建设同

---

① 参见张祝平：《论农民环境权实现的困境及发展走向》，《社会科学研究》2014年第6期。

② 参见陈喜红：《论政府在环境保护中的作用》，《环境科学与管理》2007年第1期。

步规划、同步实施、同步发展，实现经济效益、社会效益、环境效益相统一”的指导方针。这项具有远见卓识的战略安排使环境政策获得了最高的社会定位。1992 年联合国环境与发展大会之后，中国在 1994 年率先制定了《中国 21 世纪议程》这一纲领性文件，文件包含了广泛深刻的环境政策内容。从此，中国的环境政策发生了革命性的转变，开始深入到国家经济社会发展的各个部门和领域，其重要标志是在 1997 年制定的《国民经济与社会发展“九五”计划和 2010 年远景目标纲要》中，第一次把科技兴国战略和可持续发展战略作为实现中华民族伟大复兴的基本战略公之于世，从而使中国的环境政策开始在更高层次上发挥作用。中国生态环境保护政策 30 多年来经历了较大的变化，如在资源管理体制上引入了市场经济手段，实施了资源开发利用与保护增值并重的方针，确立了与资源开发保护相关的法律法规体系等。从政策角度看，我国对环境问题的重视程度有增无减，从最初单纯制定“保护环境是我们国家的基本国策”这一总的政策方针，到如今面对国际以及国家的现状，积极完善、丰富了诸多的法律体系。虽然相应的环保法规并不是十分完善，但是法律的涉及与制定也体现出了我国对于环境问题的重视程度始终是不放松、不懈怠的。我国环保制度的不断完善，不只是对环境恶化的被动应对，更是对未来可能出现的问题的预防。

1982—2015 年的十七个中央一号文件集中反映了国家对农村生态环境和农民环境权益的关注和重视，也集中体现了国家在农民环境权益保护方面的政策演进历程和发展趋向。在此，我们做一个简单的梳理。

### （一）围绕推进农村改革，引导农民生态环境权益意识

1982—1986 年的五个中央一号文件基于新中国成立后尤其是“大跃进”时期全国范围较普遍的毁林、弃牧、填湖开荒等现象，农村环境问题凸显的状况，对农业和农村经济发展及农民身心健康构

成威胁的生态背景，重点围绕加强对耕地、森林、草地、湿地资源的保护，加强农业科技推广应用，改善农村生态环境等方面做出政策规定。

《全国农村工作会议纪要》（中发〔1982〕1号）：在农业资源保护方面，规定“在建立和完善农业生产责任制的过程中，必须坚持土地的集体所有制，切实注意保护耕地和合理利用耕地”。在改善农村生态方面，规定“在充分发扬我国传统农业技术优点的同时，广泛借助现代科学技术的成果，走投资省、耗能低、效益高和有利于保护生态环境的道路，将使我国的农村面貌发生巨大的变化”。

《当前农村经济政策的若干问题》（中发〔1983〕1号）：在农业资源保护方面，指出“森林过伐、耕地减少、人口膨胀，是我国农村的三大隐患。在大好形势下，我们对此必须头脑清醒，采取多方面的有力措施，认真对待。首先要坚决刹住乱砍、乱占的歪风，严格控制超计划生育”。在改善农村生态方面，提出“我国农业的技术改造应有自己的特色。一方面必须注意发扬传统农业所具有的精耕细作、节能低耗、维持生态平衡等优点；另一方面，又要在农村生产和建设的各个方面吸收现代技术和先进管理方法”。

《关于1984年农村工作的通知》（中发〔1984〕1号）：“鼓励种草种树，改良草场，实行农林牧相辅发展；鼓励发展水产养殖，保护天然资源，实行养殖捕捞并举。要多方开辟食物来源，改善生态环境，要继续贯彻执行《中共中央、国务院关于保护森林发展林业若干问题的决定》。”

《关于进一步活跃农村经济的十项政策》（中发〔1985〕1号）：规定“山区二十五度以上的坡耕地要有计划有步骤地退耕还林还牧，以发挥地利优势”。

《关于1986年农村工作的部署》（中发〔1986〕1号）：明确要

求“有关部门，应于今年内制定：严格控制非农建设占用耕地的条例，小城镇规划、建设、管理条例，以及水土保持和农村环境保护的具体措施，报国务院批准实施”。要“着重发展适用于我国农业的新品种、新技术、新机具和新材料，促进多种经营各部门的技术改造，不断提高产品产量和质量，降低生产成本，提高劳动生产率”。

上述1982—1986年的五个中央一号文件，结合了当时国内农业生产和农村环境发展的实际以及国际社会的生态环境保护实践，吸收了我国传统生态文化思想，是对新中国成立以来环境保护政策的继承和延续，在一定程度上调动了农民在农业生产时关注环境保护的主动性，呼唤农民生态权益意识的觉醒。这五个文件互相衔接、不断深入推进，特别强调人与自然和谐、注重资源节约，是对农村经济社会可持续发展的重要探索实践，也开启了我国农村环保工作和农民环境权益维护的法制化道路。当然，这五个一号文件，依然存在着不足，总体上偏重于农业和农村经济的发展，对农村环境恶化的关注仍然不够，对农村环境治理少有提及，更缺乏机制，对当时快速发展的乡镇企业的环保要求少有规定。

### （二）围绕新农村建设，统筹推进农村生态建设和保障农民环境权益

“三农问题”始终是中国革命和建设的首要问题。21世纪以来，“三农问题”更加引起党、政府和社会各界的极大关注。自2004年起中央一号文件重新锁定“三农”，对农村环境问题和农民环境权益问题的关注一直是其中的重点。加强农村生态文明建设、加强耕地保护和水利建设、促进农业发展方式转变、加强农村基础设施建设等是这一时期中央一号文件的主要内容。

《关于促进农民增加收入若干政策的意见》（中发〔2004〕1

号）（简称《意见》）：这是新中国成立55年来第一次以中共中央文件的形式专门发布的一个有关农民增收的文件。《意见》提出了做好农业和农村工作的总体要求和一系列促进农民增收的重大政策措施。在农村环境建设和农民环境权益维护方面也有亮点，比如首次提出“推进乡镇企业改革和调整”，明确乡镇企业“要适应市场需求变化、产业结构升级和增长方式转变的要求”。在农村生态环境建设方面，提出要“继续搞好生态建设，对天然林保护、退耕还林还草和湿地保护等生态工程”，进一步增加投资规模，充实建设内容，扩大节水灌溉、人畜饮水、乡村道路、农村沼气、农村水电、草场围栏这“六小工程”建设范围。在推进农业结构调整方面，提出“要在保护和提高粮食综合生产能力的前提下，按照高产、优质、高效、生态、安全的要求，走精细化、集约化、产业化的道路”。

《关于进一步加强农村工作提高农业综合生产能力若干政策的意见》（中发〔2005〕1号）（简称《意见》）：《意见》要求，坚持“多予少取放活”的方针，稳定、完善和强化各项支农政策。把加强农业基础设施建设，加快农业科技进步，提高农业综合生产能力，作为一项重大而紧迫的战略任务。明确提出“坚决实行最严格的耕地保护制度，切实提高耕地质量”“坚持不懈搞好生态重点工程建设”“切实防治耕地和水污染”等工作要求。在改善农村生活环境方面，提出要继续推进农村“六小工程”建设，“高度重视农村饮水安全，解决好高氟水、高砷水、苦咸水、血吸虫病等地区的饮水安全问题”，要“加快农村能源建设步伐，继续推进农村沼气建设，积极发展太阳能、风能等新型洁净能源和可再生能源”等。

《关于推进社会主义新农村建设的若干意见》（中发〔2006〕1号）（简称《意见》）：《意见》明确了社会主义新农村的基本要求：生产发展、生活宽裕、乡风文明、村容整洁、管理民主。提出要落实“加快发展循环农业”“加大力度防治农业面源污染”“按照建设环境友好型社会的要求，继续推进生态建设，切实搞好退耕还林、天然林保护等重点生态工程”“继续推进退牧还草、山区综合开发。建立和完善生态补偿机制”等重要举措。《意见》还对加快乡村生活基础设施建设、加强村庄规划和人居环境治理等方面做出了具体的部署。

《关于积极发展现代农业扎实推进社会主义新农村建设的若干意见》（中发〔2007〕1号）（简称《意见》）：2007年的中央一号文件是对2006年中央一号文件的进一步深化，《意见》围绕“加快农业基础设施建设”“推进农业科技创新”“健全发展现代农业产业体系”等方面对加强农村环境保护和维护农民环境权益做出了一些明确的规定，进一步提出“继续推进天然林保护、退耕还林等重大生态工程建设”，继续“大力抓好农田水利建设”“切实提高耕地质量”“加快发展农村清洁能源”“加快实施乡村清洁工程”“治理农村人居环境，促进基础设施和公共服务向农村延伸”“鼓励发展循环农业、生态农业，有条件的地方可加快发展有机农业”等，并对“加强农村环境保护，减少农业面源污染，搞好江河湖海的水污染治理”以及“加强和改进农村社会管理”等做了明确的部署。

《关于切实加强农业基础建设进一步促进农业发展农民增收的若干意见》（中发〔2008〕1号）（简称《意见》）：《意见》强调，按照统筹城乡发展要求切实加大“三农”投入力度，巩固、完善、强化强农惠农政策，形成农业增效、农民增收良性互动格局，探索建立促进城乡一体化发展的体制机制，并制定一系列政策措施。在农村生态环境建设方面，进一步提出了“加强耕地保护和土壤改良”“继续加强生态建设”“加大农业面源污染防治力度，抓紧制订规划，切实增加投入，落实治理责任，加快重点区域治理步伐”措施，并明确提出了推进城乡基本公共服务均等化、加快发展农村公共事业、提高农村公共产品供给水平和一系列具体意见。

《关于2009年促进农业稳定发展农民持续增收的若干意见》（中发〔2009〕1号）（简称《意见》）：《意见》把保持农业农村经济平稳较快发展作为首要任务，围绕促进农业稳定发展、农民持续增收主题制定了一系列政策措施。为了进一步改善农村生态环境和农民生活环境，提出了“巩固退耕还林成果，继续推进京津风沙源治理等重点工程，增加天然林保护投资，抓紧研究延长天然林保护工程实施期限有关政策，完善三北防护林工程投入和建设机制”“扩大退牧还草工程实施范围，加强人工饲草地和灌溉草场建设”“加快重点区域荒漠化和小流域综合治理，启动坡耕地水土流失综合整治工程，加强山洪和泥石流等地质灾害防治”“提高中央财政森林生态效益补偿标准，启动草原、湿地、水土保持等生态效益补偿试点”“安排专门资金，实行以奖促治，支持农业农村污染治理”“加大农村水电建设投入，扩大小水电代燃料建设规模”，以及“调整农村饮水安全工程建设规划，把农村学校、国有农（林）场纳入建设范围；扩大电网供电人口覆盖率，加快推进城乡同网同价；2010年底基本实现全国乡镇和东中部地区具备条件的建制村通油（水泥）路，西部地区具备条件的建制村通公路”等具体举措。

《关于加大统筹城乡发展力度进一步夯实农业农村发展基础的若干意见》（中发〔2010〕1号）（简称《意见》）：《意见》从健全强农惠农政策体系、提高现代农业装备水平、加快改善农村民生、协调推进城乡改革、加强农村基层组织建设五个方面，推出了一系列含金量高的强农惠农新政策，强力推动资源要素向农村配置是其最大亮点。《意见》还就“构筑牢固的生态安全屏障”“加强农村水电路气房建设”等制定了政策措施，明确了提出“加强农业面源污染治理，发展循环农业和生态农业”“搞好新农村建设规划引导，合理布局，完善功能，加快改变农村面貌”“加大农村饮水安全工程投入，加强水源保护、水质监测和工程运行管理，确保如期完成规划任务”“支持农村开发利用新能源，推进农林废弃物资源化、清洁化利用”和“实行以奖促治政策，稳步推进农村环境综合整治，开展农村排水、河道疏浚等试点，搞好垃圾、污水处理，改善农村人居环境。采取有效措施防止城市、工业污染向农村扩散。推进农村信息化，积极支持农村电信和互联网基础设施建设，健全农村综合信息服务体系”等加强农村生态建设和农民环境权益维护的具体要求。

《关于加快水利改革发展的决定》（中发〔2011〕1号）（简称《意见》）：这是二十一世纪以来的第八个中央一号文件，也是新中国成立62年来中共中央首次系统部署水利改革发展全面工作的决定。其中对加强农村水建设做了明确部署，提出“水利是现代农业建设不可或缺的首要条件，是经济社会发展不可替代的基础支撑，是生态环境改善不可分割的保障系统”，要“搞好水土保持和水生态保护”“强化水资源统一调度，协调好生活、生产、生态环境用水”“强化城乡水资源统一管理，对城乡供水、水资源综合利用、水环境治理和防洪排涝等实行统筹规划、协调实施，促进水资源优化配置”等。

《关于加快推进农业科技创新持续增强农产品供给保障能力的若干意见》（中发〔2012〕1号）（简称《意见》）：《意见》突出强调部署农业科技创新，把推进农业科技创新作为“三农”工作的重点，并专门对搞好农村生态建设、改善农村人居环境等提出了具体的政策措施。

2004—2012年的八个中央一号文件，坚持以“三农”为主题，以推进社会主义新农村建设为重点，以统筹城乡发展、“多予、少取、放活”为基本的政策导向，突出强调“给农民平等权、给农村优先地位、给农业更多反哺”，倡导农村生态文明、改善和发展农民环境权益。政策措施的实施对促进农村生态环境的进一步好转、促进生态文明建设和社会主义新农村建设具有重大意义，它不仅对中国自身发展有深远影响，也是中国面对全球性的环境污染和生态破坏做出的积极回应。

（三）围绕建设生态文明和全面建成小康社会的总体布局，加快农业现代化和美丽乡村建设，不断实现和发展农民环境权益

2003 年，“生态文明”首次写入中央九号文件；2007 年，党的十七大报告把生态文明作为全面建设小康社会的新要求；2012 年，党的十八大将生态文明建设提升到全新的高度，做出了全面部署。党的十八大报告明确指出，面对资源约束趋紧、环境污染严重、生态系统退化的严峻形势，必须树立尊重自然、顺应自然、保护自然的生态文明理念；促进生产空间集约高效、生活空间宜居适度、生态空间山清水秀，给自然留下更多修复空间，给农业留下更多良田，给子孙后代留下天蓝、地绿、水净的美好家园。党的十八大的这些论述，是基于对人与自然关系深刻反思的科学判断，对建设美丽中国、和美乡村，实现和发展农民环境权益具有重要意义，2013—2015 年的中央一号文件也是以此为指导，围绕建设生态文明和全面建成小康社会的总体布局，继续聚焦“三农”，充分表明中央对“三农”工作的高度重视以及解决好“三农”问题、改善农村生态和实现发展好农民环境权益的坚定决心。

《关于加快发展现代农业，进一步增强农村发展活力的若干意见》（中发〔2013〕1 号）（简称《意见》）：《意见》明确要求：全面贯彻落实党的十八大精神，坚定不移沿着中国特色社会主义道路前进，为全面建成小康社会而奋斗，必须固本强基，始终把解决好农业、农村、农民问题作为全党工作重中之重，把城乡发展一体化作为解决“三农”问题的根本途径；必须统筹协调，促进工业化、信息化、城镇化、农业现代化同步发展，着力强化现代农业基础支撑，深入推进社会主义新农村建设。《意见》进一步对推进农村生态

文明建设做出了部署，提出要“加强农村生态建设、环境保护和综合整治，努力建设美丽乡村”“巩固退耕还林成果，统筹安排新的退耕还林任务”“搞好农村垃圾、污水处理和土壤环境治理，实施乡村清洁工程，加快农村河道、水环境综合整治。发展乡村旅游和休闲农业。创建生态文明示范县和示范村镇。开展宜居村镇建设综合技术集成示范”等。

《关于全面深化农村改革加快推进农业现代化的若干意见》（中发〔2014〕1号）（简称《意见》）：《意见》指出：小康不小康，关键看老乡。一定要看到，农业还是“四化同步”的短腿，农村还是全面建成小康社会的短板。中国要强，农业必须强；中国要美，农村必须美；中国要富，农民必须富。加快推进农业现代化，以保障国家粮食安全和促进农民增收为核心，立足我国基本国情、农情，遵循现代化规律，依靠科技支撑和创新驱动，提高土地产出率、资源利用率、劳动生产率，努力走出一条生产技术先进、经营规模适度、市场竞争力强、生态环境可持续的中国特色新型农业现代化道路。

《关于加大改革创新力度加快农业现代化建设的若干意见》（中发〔2015〕1号）（简称《意见》）：《意见》在中国经济进入新常态的背景下，围绕“强化农业基础地位、促进农民持续增收”这一重大课题和“加快新农村建设步伐、实现城乡共同繁荣”这一重大问题，系统全面地提出了促进农业农村保持持续发展良好局面的新思想、新定位、新路径、新任务、新政策。《意见》鲜明地指出：“我国农业资源短缺，开发过度、污染加重，如何在资源环境硬约束下保障农产品有效供给和质量安全，提升农业可持续发展能力，是必须应对的一个重大挑战。”农村“美”，既重视农村基础设施、人居环境，又重视公共服务和思想道德建设，通过提高农村公共服务水平来提升农民生活质量，传承乡村文明，让农村成为农民安居乐业的美丽家园。《意见》还对加快转变农业发展方式、深入推进新农村建设、增添农村发展活力、加强农村法治建设等制定了具体的政策措施。

通过上述简单的梳理，不难发现，1982—1986年正是中国农村改革如火如荼推进的时期，中央连续五年发布以农业、农村和农民为主题的五个一号文件正是在这样的大背景下对当时的农村改革、农业发展和生态改善做出的具体部署。1986年后，中国改革的重心逐步转向城市，至20世纪末，农业生产环境出现复杂局面，城乡发展严重失衡，农村自然生态压力巨大，在此背景下，一号文件重新锁定“三农”。至今，“三农”问题在中国“重中之重”的地位不断加强，改善农村生态环境和维护发展农民环境权益被摆到越来越显著的地位，政策导向越来越清晰，工作举措越来越得力，新农村建设由“物”及“人”，正在迈向“看得见青山绿水、留得住乡愁”的更可持续的新阶段，内涵更为全面丰富，农民获得感也将更为实在可感。

# 第四章　农民环境权保护的现实格局

农民环境权将农民作为环境权的主体，即农民拥有的在健康适宜和良好环境中生活以及合理利用环境要素的基本权利。农民的环境权包含哪些层面？为什么要保护农民的环境权？农民环境权保护的现实格局中政府、社会和个人分别怎样保护农民的环境权？

基于以上一系列的问题，本章将对农民环境权保护展开进一步研究。

## 一、农民环境权

### （一）农民环境权的实体内涵

农民环境权是农民拥有的在健康适宜和良好环境中生活，以及合理利用环境要素的基本权利。

我国城市居民与农民之间存在实体内涵的差异，考虑到农村经济条件和农民环境权的实际情况，可以将农民环境权从低到高分为三个层次，即基础安全层次、舒适层次和“诗意的栖居”层次。[①]

第一层为基础安全层次，即享有无害于身心健康和生命安全的环境的权利。它属于基本环境权利，是保障农民生存的底线权利。

第二个层次为享有适宜健康生活的环境的权利。

第三个层次为享有在优美的环境中生活的权利，即达到一种“诗意的栖居”的美好生活环境境界。

---

① 参见李淑文：《环境正义视角下“农民环境权”概念体系的创建》，《农村经济》2013 年第 8 期。

在现实生活中，除了上述三个层次的环境权外，还有一种低于最低环境生活标准的层次，即生活在一种有害于身心健康和生命安全的环境中的情形，这种有害于身心健康和生命安全的生活或工作环境又可分为一般危害身心健康和生命安全以及严重危害身心健康和生命安全两种情形。①

农民拥有基本环境权和非基本环境权。基本的环境权（生存性环境）即享有最低环境生活标准的权利，即免于在危害身心健康和生命安全的环境中生活的权利。非基本环境权（享受型环境）即为享有在舒适、优美的环境中生活的权利。

从有害型环境到生存型环境再到享受型环境，是环境保护的价值目标。农民环境权保护的目的是尽快改变有害型环境，使每个农民过上一种最基本的生存型环境的生活，并不断改善让农民逐渐过上享受型环境的生活。

### （二）农民环境权保护的意义

农村环境问题日益严重，农民环境权保护已经刻不容缓，保护农村环境、保护农民环境权无论在理论上，还是在实践领域都意义重大。

#### 1. 稳定农村、发展农业、保护农民

“三农问题”是我国现代化建设首要的问题。农村安定是国家稳定的基石，建设社会主义新农村需要在经济发展和环境保护中做出妥协，环境侵害导致农民环境抗争群体性事件不断频发，只有在稳定的前提下才能提及发展问题，实现人、自然和社会的和谐统一；农业具有公共产品属性，是国家粮食安全战略得以保障的基础；农民是建设我国政治社会生活的主角之一，也是建设社会主义的重要

---

① 参见周作翰、张英洪：《当代中国农民的环境权》，《湖南师范大学社会科学学报》2007 年第 3 期。

力量。保护农民环境权，赋予农民在适宜环境中生存的权利并保障该权利的实现，是保护农民权益的最基本要求之一，也是保证农村安定和鼓励农民积极发展现代农业的重要制度措施。只有在适宜的生存环境中，经济蓝图和精神需求才有存在的基础和实现的可能，全面实现小康社会的战略目标才得以实现。

2. 增强环保和法律意识，实现环境法治化和治理能力现代化

农村已经成为“工业三废”、城市生活垃圾等污染侵害的重灾区，也是环境保护的薄弱环节和严重短板。在社会转型时期，要抓住改革在环保领域进一步深化的重要机遇，关注人数众多、活动领域广阔的农村环境弱势群体的问题，建立健全环境保护法治体系和管理体系。保护农民环境权的过程本身也是一个推广环保和法律知识的途径，有利于弥补和改变当前农民在环保思想和法律意识上存在的不足，对于实现依法环保，尤其是农村的环保法治化意义更加重大。

3. 公平保护环境权，保护弱势群体，实现环境正义

环境正义的基本要求是环境利益和环境负担在环境主体之间公平公正分配，因此，所有社会主体公平地享有环境权利和承担环境义务，是环境正义的最佳体现，也是国家环保政策理应遵循的基本原则。我国城乡二元分割长期存在，不仅是经济领域造成的严重不平等，而且在社会领域等也造成了享受权利平等的滞后性。因此，强化农民环境权的保护，体现了“金山银山就是绿水青山”的发展理念，利用制度手段矫正环保制度中的城乡差别和弱化城乡环境的客观差异，是公正保护城乡居民环境权的现实要求，也是让环境弱势群体进一步感受获得感、进一步享受平等权的迫切需要。

## 二、农民环境权保护的背景

### （一）农村环境的现状

由于在经济、政治、文化、社会生活等很多方面都处于不利的

境况，农民受到过或正在受到不公平的对待。许多法定的权利缺失，现有的权利也得不到有效的保障，他们的环境权益常常被忽视和侵犯。

1. 我国的农村生态环境问题十分严峻

（1）森林草原资源严重破坏，土地荒漠化、水土流失加剧，自然灾害频繁，农民的生存环境遭到严重破坏。1958 年以来，经过大跃进、农业学大寨、山林承包到户、山地开发等运动，中国的森林和草原资源历经劫难。2005 年 1 月国务院新闻办公室公布第六次全国森林资源清查结果，2004 年我国森林覆盖率为 18.21%，相当于世界平均水平的 61.52%，居世界第 130 位；我国森林面积为 1.75 亿公顷，人均森林面积 0.132 公顷，不到世界平均水平的 1/6，居世界第 134 位。我国是世界上荒漠化危害最严重的国家之一。[①] 据有关研究表明，20 世纪 50—70 年代，我国沙漠化土地平均每年扩大 1 560平方千米，进入 80 年代平均每年增加 2 100 平方千米，目前正以每年 2 460 平方千米的速度在扩展。据统计，我国荒漠化面积已达 267.4 万平方千米，占国土面积的 27.9%，荒漠化地区生活着 1.1 亿人口，涉及全国 18 个省（区、市）的 471 个县。[②] 我国也是世界上水土流失最为严重的国家之一。据遥感调查，我国目前水土流失面积为 153 万平方千米，占国土面积的 16%。每年流失土壤约 50 亿吨，占世界总流失量600 亿吨的 1/12。[③] 我国还是世界上自然灾害爆发最频繁的国家之一，在我国爆发的自然灾害的种类繁多，可分为

---

① 以上数据材料参见胡美灵：《当代中国农民权利的嬗变》，北京：知识产权出版社 2008 年版，第 193 页。

② 参见张咏、郝英群编著：《农村环境保护》，北京：中国环境科学出版社 2003 年版。

③ 以上数据材料参见胡美灵：《当代中国农民权利的嬗变》，北京：知识产权出版社 2008 年版，第 193 页。

地质灾害、气象灾害和生物灾害。这些自然灾害严重影响人们的生产生活，造成了巨大的经济损失和人员伤亡。

（2）农药、化肥等农用化学物的大量使用，严重损害了农民的身心健康。我国是世界上农药生产和使用大国，农药年用量为100万吨左右。化肥对生态环境的影响也相当严重，1997年我国施用化肥3 829.1万吨，利用率仅30%，2/3的氮肥挥发到空气中污染大气，或流入河流污染水质，危害人的生命健康安全。此外，农膜、禽畜粪便、生活垃圾等对农村环境的污染也日益凸显。以四川省巴中市为例，相比于2000年，2012年农药施用量增长率达20.5%，化肥施用量增长率达19%，农用薄膜使用量增长率达55%，回收率不足30%。有规模化畜禽养殖场近600个，建设有规范的畜禽养殖粪便处理设施的不到20%。根据2001—2011年地表水监测分析看，巴中市总体水质趋好，但仍有粪大肠菌群、氨氮和高锰酸盐等主要污染因子。183个乡镇，30.1万场镇人口，每年排放生活废水3 000万吨，仅10余场镇建有生活废水处理站，其余场镇产生的生活废水仅做简单处理就进行了排放，集镇污染严重威胁着河流水环境安全。①

2. 城市工业污染的转移严重侵犯了农民环境权益

就环境污染防治而言，中国污染防治投资几乎全部集中到工业和城市。随着对环境问题的重视程度提高，国家除了通过技术改造、工艺更新等措施从源头上减少污染排放外，还斥巨资将一些污染严重的大中型国有企业，诸如钢铁厂、纺织厂，转移到人口密度小、环境质量好的郊区、农村，数年来的城市污染防治工作取得了明显成效，城市环境污染得到有效的控制。然而，我们必须看到城市环

① 数据来源：巴中市人大常委会：《农村环境污染现状解析及对策探讨》，载四川人大网，http：//www.scspc.gov.cn/html/gdll_24/2014/0701/75254.html。

境的改善是以牺牲农村环境为代价的，通过截污，城区水质改善了，农村水质却恶化了；通过转二产促三产，城区空气质量改善了，近郊污染加重了；通过简单填埋生活垃圾，城区面貌改善了，城乡结合部的垃圾二次污染加重了。农村在为城市装满“米袋子”“菜篮子”的同时，出现了地力衰竭、生态退化和农业面源污染。在这一过程中，和生存权具有同等重要意义的农民环境权受到了侵犯。

工业“三废”排放和乡镇工业污染，严重危害了农民的生命健康安全。国家环保总局的统计表明，① 中国农村还有3亿多人喝不上干净的水，1.5亿亩耕地遭到污染，每年1.2亿吨的农村生活垃圾露天堆放，农村环保设施几乎为零等。环境恶化导致的癌症病人猛增，1991—2000年，我国农村居民中癌症死亡率上升了11.03%。其中，尤以肺癌的上升最为迅速，上升了47.73%，肝癌上升了17.12%，都远远高于城市上升的比例。

**表4-1　造成农村环境恶化的主要污染源②**　　单位:%

| 环境类别 | 工业 | 农药 | 化肥 | 粪便 | 生活 | 总计 |
|---|---|---|---|---|---|---|
| 空气 | 66.7 | 12.5 | 0.0 | 20.8 | 0.0 | 100 |
| 饮用水 | 41.2 | 5.9 | 5.9 | 23.5 | 23.5 | 100 |
| 湖河水 | 45.5 | 18.2 | 4.5 | 13.6 | 18.2 | 100 |
| 土壤 | 15.0 | 20.0 | 55.0 | 0.0 | 10.0 | 100 |

① 参见徐丽媛：《新农村建设与农民环境权的保护》，《农业考古》2006年第3期。

② 数据来源于黄季焜、刘莹：《农村环境污染情况及影响因素分析——来自全国百村的实证分析》，《管理学报》2010年第11期。

**案例 4.1 城市垃圾向农村转移恶化农村环境——湖南省常德市①**

在汉寿县蒋家嘴镇马家塅社区朱家塘组，露天垃圾集中填埋场已有10多米高，场地未见任何防护措施，附近到处是飘落的废塑料袋，旁边就是稻田和藕田。夏天时这里恶臭熏天、蚊蝇成灾，即使在冬天也能闻到臭味。

在澧县涔南乡东田村，有与朱家塘组类似的露天垃圾填埋场，只是占地规模和垃圾量更大。

据介绍，常德市已建立了生活垃圾焚烧发电厂，正在建设符合环保标准的新型垃圾填埋场，但是垃圾收集、转运、集中填埋的模式还未建立起来，大多数村庄仍没有建立合适的垃圾堆放场地，也没有完善的排水管网。

与此同时，随着城市环境准入条件提高和环境管理加强，农村渐渐成为城市的垃圾场。例如，在汉寿县县城，由于目前仍没有垃圾处理场，乡镇垃圾收集房等环卫设施也不齐备，生活垃圾、工业建筑垃圾、医疗废弃物被转送乡下，造成二次污染。

在汉寿县蒋家嘴镇，沅江边上的湖南长江汉寿化肥有限公司的乌黑废水，在江边的沉淀池略做沉淀处理后，直接排入沅江，在江边留下一道刺目的"黑线"。

据汉寿县政协委员朱能毅说，该县紫阳、广源、德乐、长江化工、鑫源、逐鹿6家大企业虽然添置了排污设施，但排污设备很少按环保要求正常运行，均不同程度地排放着"三废"，对大气、水体、土壤造成持久性危害。有个别企业甚至采取夜晚偷排方式，躲避环保部门的检查管理。

据了解，一些规模较小的企业由于难以进入工业园区，便逐步

---

① 案例来源：网易网，http：//news. 163. com/12/0130/07/7P0IRJ0A0001124J. html。

向农村转移，其中乡镇化肥厂、苎麻脱胶厂、洗煤厂等带来的废水污染问题比较突出。

在鼎城区石板滩镇的拾柴坡村和田家坪村，有一条3米多宽的血色“煤水沟”。据田家坪村村民田先生介绍，由白龙潭山煤矿的洗煤水形成的这条“煤水沟”，已经排污十几年，直接排入沅江。余家坪组不少村民诉苦说，“煤水沟”的污染已使他们失去了灌溉水源，村里的1 400多亩田，现在基本都只种植一季稻，还得靠天降水。

建设生态文明，注重环境保护，在十八大报告中被列为一项单独提出，在此之后越来越多的人注意到这一点。然而，人们更多地重视对城市环境的保护，而忽略了农村的环境保护问题。本案例所反映的就是农村成为城市工业垃圾和生活垃圾的堆积地的情况。这在全国并不是个案，而是普遍性的情况。一方面是城市环境污染的负外部性，导致农村成为城市环境污染的承担者；另一方面这也是“城市中心论”的一个反映。无论政策和学者如何强调农村的重要性，在现实中城市永远比农村的等级要高，更受到重视，这成为城乡之间环境权利的不平等地位的表现，且城市的污染已经严重地损害了村民的环境权，对他们生活的环境造成了严重的破坏，造成他们生活上的不便。不仅如此，现在的城市污染还对农村的农业生产造成了危害，这所造成的后果是十分严重的，我们要维护农民环境权，不能只在农村范围内维护，要对农村和城市的环境联动整治，在源头上解决农村的环境问题，以此保障农民的环境权。

3. 农村环境治理缺乏应有的重视和资金投入，农民环境权得不到有效的保障

首先，农村环境管理体系匮乏，农村环境治理面临诸多现实壁垒。考察我国目前的农村管理体系，环境立法缺位，农村环境管理机构匮乏，环保职责权限分割并与污染的性质不匹配等问题是显性

存在的。从立法角度看，如《环境保护法》《水污染防治法》等，面对农村环境问题，缺乏适用性，对解决当前农村面源问题意义不大，不能满足当前环境保护的需要。农村环境管理机构缺乏是显而易见的，环境保护机构的行政级别延伸仅到县一级，县以下没有专门的环境保护机构。环境保护职责也不够明确，相关人员多是同时担任其他职务的人员，县以下几乎没有专门的环境管理人员。对环境的监测和统计也主要依赖环保局的整体数据，很少有点对点的动态监测。这些都表明我国农村的环境管理体系不够完善，不能很好地维护农民的环境权。

其次，资金问题也是重要的方面。如前所述，长期以来，中国污染防治投资几乎全部投到工业和城市。城市环境污染向农村扩散，而农村从财政渠道却几乎得不到污染治理和环境管理建设资金，也难以申请到用于专项治理的排污费。目前全国约有 60 万个行政村，即使只有 1/3 的行政村得到治理，按每个行政村治理投入 100 万元来计，假设地方可以配套投资 50%，也需要中央财政投入至少 1 000 亿元。2008—2011 年中央农村环保专项资金共安排投入 40 亿元，带动地方投入近 80 亿元，2011—2012 年中央财政还计划安排 95 亿元支持各地开展农村环境综合整治，但绝大多数县（市）农村环保投入均为空白。① 以海南省②为例，2008—2010 年，海南省共获得中央农村环保专项资金 3 688 万元，用于支持 17 个市县 48 个村庄的环境综合整治和 3 个环境优美乡镇、国家级生态村的创建。除了 2008 年度的 10 个“以奖促治”项目已完成工程建设并通过了省级正式验收外，由于资金缺乏问题，2009 年与 2010 年的建设及验收情况都不

---

① 数据来源：韩冬梅、金书秦：《我国农业农村环境保护政策分析》，《中国县域经济报》，2013 年 7 月 1 日。

② 数据来源：搜狐网，http：//roll. sohu. com/20120405/n339842080. shtml。

甚理想。

同时，农村的产权关系不明与农民自身生产方式的不合适也是农民环境权得不到很好保障的一个原因。农村土地等资源产权关系不明晰，致使农村的环境资源具有一定的“公共属性”，造成几乎没有有效的经济手段来防治环境污染问题，既不能有效地对农业生产中社会收益大于私人收益的部分给予一定补偿，也不能对社会成本大于私人成本的部分收取一定费用，这实际上鼓励了农村居民采用掠夺式生产方式。[①]

**案例 4.2　荆州部分乡镇村民向市长热线投诉垃圾污染[②]**

有荆州的部分乡镇村民向市长热线投诉乡村周围的城市垃圾污染问题。现就读于云南某大学的罗先生，是监利县福田寺镇小河村人。他介绍，他家前面有一块空地，现在被当作福田寺镇柳关地区的生活垃圾堆放处，垃圾堆放所释放出来的难闻气味已经让当地居民很难受，由于垃圾堆放无序，附近河流也被污染，影响当地用水居民的健康。

江陵县郝穴镇双港村村民谢师傅说，“这里的生活垃圾已长达3年没人清理了，垃圾越积越多，而且臭气熏天，严重破坏村民生活环境，曾向村委会反映过，但问题未得到解决，现望相关部门进行调查处理”。据来自荆州区李埠镇新垸村6组的一位村民介绍，村内无指定的垃圾堆放处或垃圾池，附近很多村民把生活垃圾堆积在新垸村的小湖里，导致小湖附近臭气熏天，严重破坏居住环境，现希

---

① 参见康琼：《农村环境管理与农民参与》，《湖南人文科技学院学报》2008 年第 5 期。

② 案例来源：武汉热线网，http：//info. wuhan. net. cn/pub/2015/0417/1321215. shtml。

望相关部门能在村里设置垃圾池或指定的垃圾堆放处，并按时清运垃圾，还村民一个整洁、干净、卫生的生活环境。

建设生态文明，是关系人民福祉、关乎民族未来的长远大计。面对资源约束趋紧、环境污染严重、生态系统退化的严峻形势，必须树立尊重自然、顺应自然、保护自然的生态文明理念，把生态文明建设放在突出地位，融入经济建设、政治建设、文化建设、社会建设各方面和全过程，努力建设美丽中国，实现中华民族永续发展。所以说生态文明的保护，不仅仅是指城市的生态环境的保护，也是指农村的生态环境的保护。

农村的环境治理问题，已经越来越成为大家关心的议题。正是由于没有受到重视，因而没有相应的资金投入，也就没有管理体系的建设，农民的环境权进而受到侵害。其根本的源头还是城市—农村的二元结构。本案例中的农民并没有采取比较暴力的方式，而是采用了一种比较温和的方式——向市长热线反映情况，应该说这些村民还是比较先进的，他们有维护自己环境的意识，有环境自觉的倾向，且懂得运用恰当的方式来维护自己的环境权，这是值得很多人反思和学习的。同时我们要看到，在未来，还会有越来越多的农民意识到要保护自己的环境，媒体和学者要引导他们正确地表达自己的环境诉求，更重要的是，政府要能够真正解决他们反映的环境问题，切实保障好农民的环境权，这不仅需要政府改变发展思路，调整发展路径，也需要政府设计一个切实可操作的农村环境保护系统。

### （二）农民环境权保护的重要性

农民环境权应受到重视，这是由农村环境的基础性地位决定的。

其一，我国80%左右的人口和土地在农村，农村对生态环境的影响相较于城市而言更大。农村社会在未来的一段时间内，不会也不可能被城市社会完全取代。其所涉及的土地资源、水资源等都是生态环境的重要组成部分。农民与生态环境各要素直接打交道的可能性较城市居民更高。

其二，食物源在农村。农业作为一个国家经济发展的基础，其所提供食物以及工业原料都是一国发展所必不可少的。如果农村的环境得不到有效保护，人们赖以生存的食物、水、空气就会受到污染。这种源头上的污染是无法用物理技术消除的，其危害性比其他污染都要严重。

其三，农村承受治污能力比城市更差。农村没有城市治污所拥有的物质资本、人力资本和技术资本，农村本身生态的脆弱性使其更难接受复杂的治污工程。

其四，农村生态环境得不到保护，城市环境就无法从根本上得到治理。自然大循环是一个开放的系统，空气、水之间物质的流动与交换是不受人为控制的，从这一角度而言，农村生态和城市环境保护是一个相互联系的系统的一部分，是相互影响、相互制约的。

现在，随着建设新农村口号的提出，发展农村生产力必将放在第一位，农村环境问题又将面临一次严峻的考验。考虑到农村环境的现实情况，我们应未雨绸缪，在推进农村发展同时，改善与保护生态环境，促进农村经济发展，努力提高农民收入，积极探索农村环境保护与经济建设“双赢”的最佳模式，避免走“先污染后治理”的路子，而其理论基础则是农民环境权的实现。

## 三、农民环境权受损的特征与实质

农民环境权赋予农民在健康、安全和舒适的环境中生产和生活的权利。基于农民的特殊社会身份，农民环境权的内涵被限定在实体权利的范围，从核心内涵上强调最起码的安全和卫生要求。然而即使是农民环境权已经将权利边界缩紧，现实农民生活中仍不乏农民环境权受损案例，农民环境权被定位为环境弱势群体的极易被忽视的权利。这就造成了农民环境权受损的特征突出，引人深思。

（一）农民环境权受损的特征

农民环境权的受损是多方面的，从其内涵而言，表现为农民环境权的不平等性；从其表征而言，表现为受损源头多、波及广；从其内在特征而言，表现为农民环境权受损的涉农性、隐蔽性和爆发性；从其后果而言，则表现出受损救济难以及受损持续时间长等特征。

1. 农民环境权受损具有不平等性

农民环境权受损的不平等性主要体现在两个方面：一是城乡不平等，二是农民阶层内部的不平等。我国特有的城乡二元体制，导致农民权利包括农民环境权在一定程度上被制度消解、解构并大打折扣。在现有农民环境权的利益关系中，存在着政府、污染企业、城市居民和处于不同社会阶层的农民等不同的利益相关主体。而环境侵权主体，多是经过国家行政法律许可的具有经济和信息优势的工商企业或企业集团。他们是造成大气污染、噪声污染、水污染、植被破坏的环境获益者，而处于信息弱势、欠缺规避能力、处于环境弱势群体地位的农民是环境代价的承担者。不仅如此，农民阶层内部的分化导致其环境权的受损程度也不同。乡村精英由于拥有较多的信息资源和经济资源，其改善自身环境的能力也更高，可以较为容易地搬离农村。因此，这类农民环境权受损的情况稍微好一些。受损最大的应该是那些种地的农民，他们的生计是依靠在土地上的，环境破坏对他们的生产造成了直接的影响，而他们又没有充分的能力外离，因而只能忍受环境破坏造成的恶果，成为实际的责任承担者。

2. 农民环境权受损源头多、波及广

农民环境权受损源头多主要是因为农村环境污染源呈现多元化

的趋势。来自工业、城市的强势污染转嫁、农民经济压力造成的农业生产行为不当和农村社区内部乡村工业以环境为代价的发展，都是农村环境恶化和农民环境权受损的催化剂或潜在威胁因素。只是不同地区农民环境权受损源头的侧重点不同。工业化程度比较高的农村地区，农民环境权受损源头主要是城市，工业转嫁侵权相对严重；相对闭塞和落后的农村社区，农业生产和农民生活带来的破坏相对严重；乡村工业发达的农村社区，农村社区农民之间的环境侵权现象比较普遍。农民环境权受损源头多、波及广的特点强调的是农村环境污染大都危及千家万户，污染无选择性，因此容易引发群体环境事件和环境冲突。

3. 农民环境权受损具有涉农性、隐蔽性和爆发性

与城市居民依赖于工业和服务业的生活不同，农民生计具有极强的生态脆弱性。农村多元化污染源最终通过改变土壤、水或大气等农村环境要素的方式侵害农民的环境权益，这体现出农民环境权受损的涉农性。此外，农民环境权受损的情形，如果不是遇到突发、急性污染事件，则具有一定的隐蔽性。污染物通过土地、水等环境要素潜伏下来、不断累积，逐渐改变农民的生产生活环境。通过生态链条和食物链的作用，借助农牧产品、大气、水等媒介进入身体。环境因素污染滞后的影响尤其是对人体的影响，一般会具有几年或几十年的潜伏期，甚至是代际隐蔽。一旦爆发则后果严重，难以挽回。新世纪以来，屡见报端的是农村出现了多个惊人的“癌症村”和群体性的环境污染致人伤残事故。“据有关部门在全国 7 个省 12 个地区对 10 个乡镇工业 86 万人进行为期 3 年的污染与健康状况调查，结果表明：由于乡镇工业的污染，受污染地区比对照地区（环境较清洁地区）的急性病发病率增加 1.69 倍，慢性病患病率增加 0.7 倍，每 10 万人死亡 98 人，男性平均期望寿命下降 2.66 岁，女

性平均期望寿命下降1.56岁，污染使妊娠异常率增加了5.97倍。”①

4. 农民环境权受损救济难

农民环境权一旦受损，大都会面临救济难的尴尬。首先是证据收集难。遭遇环境权受损，受害人很难提供足够的证据。农民获取环境污染信息和污染危害知识的途径缺乏，为维权提供证据认证、确定因果关系的存在增加了难度。其次是集体行动的组织难。大多数农民首先选择忍受和沉默，甚至幻想“搭便车”，难以组织起来维护自身环境权益。即使松散地组织起来，只要出现地方政府干涉或企业施压，极易分崩离析。再者是获取法律救济难，包括立案难、获取法律服务难、法院审理中立难和获得赔偿的执行难。农民环境权受损救济难的客观存在，加重了农民环境权受损的困境。

5. 农民环境权受损持续时间长

这里所说的农民环境权受损的持续时间长，不仅是指农民环境权已经受损的部分持续时间长，更是指农民环境权受损在未来可预见的一段时间内仍将持续。在传统的农业社会，生产工具简单，生产效率低下，人类对自然的破坏力度小，不足以造成严重的环境破坏。但是，自从工业革命以后，蒸汽机和电的广泛运用，极大地扩展了人的活动范围，增强了人对自然的干预能力。两百多年来，工业开发对农村环境造成的破坏一直在持续，从化肥污染到水污染，从土地污染到空气污染，几乎对农业生产要素都造成了破坏。在未来一段时间内，世界上依靠化肥、农药从事农业生产的大趋势没有变化，依赖燃料从事重工业生产的情形也没有变化，因此还将持续对农村环境造成破坏。只有当新的农业生产方式和新燃料出现时，这种情况才可能发生变化。

---

① 参见张英洪：《农民权利论》，北京：九州出版社2007年版，第263～272页。

### （二）农民环境权受损的实质

农民环境权受损实质是，在农村环境问题恶化背景下存在于城乡之间、工业与农业之间以及在农村社区内部农民个体之间等环境利益相关者之间的环境不正义。环境不正义现象表现为国际环境不正义、国内环境不正义和环境代际不正义。其中国内环境不正义又可分为城乡间环境不正义、阶层间环境不正义、区域间环境不正义。

以环境正义视角考察国内环境问题，可以得出如下结论：较之于城市污染治理，城乡结合部及广大农村地区为危机重灾区；较之于富有社会阶层，贫困人口为重灾阶层。在农村、农民环境问题上，“你发财，我发病”的阶层不公平、“你得利，我得弊”的区域不公平、“你发展，我纳污”的城乡不公平等多重作用因素复合，从而造成农村环境问题趋恶和农民环境权严重受损的状况。①

#### 1. 城乡间环境不正义

城乡二元结构在中国已经存在几十年了，当初为了发展工业，将农民束缚在土地上，牺牲农业来发展工业。现在，国家的投资重点依然在城市。当城市出现雾霾等环境污染状况时，国家又下大力气整顿。将在城里的污染较重的重化工业全部迁出城市，将一些对环境破坏严重的行业如印染等迁移到乡村。对农村的环境污染的重视程度也不够，这就造成了城乡之间不平等的环境治理地位，造成了城乡环境不正义。

#### 2. 农民之间阶层分化的环境不正义

在现在的经济发展条件下，不仅城市与农村之间形成了不正义，在农村之中也存在着不正义。市场经济的发展是对效率的追求，这不可避免地造成贫富差距拉大，因而在农村之间也难免会产生分化。

---

① 参见李淑文、郭海霞、任大鹏：《环境正义视角下农民环境弱势群体地位分析》，《生产力研究》2011 年第 4 期。

在农民阶层中，出现了擅长利用机遇和信息的精英阶层，也有不会变通的一般农民阶层。精英阶层往往凭借自己本身的优势，能够较容易地逃离环境比较恶劣的地方，去其他地方享受美好的生态环境。而一般的农民，尤其是种地的农民，他们没有办法离开自己的土地，只能接受已经恶化的生态环境。这就造成了农村内部阶层之间的环境不正义。

3. 区域间农民环境不正义

中国幅员辽阔，各地的自然条件都不尽相同。在南方地区（秦岭淮河以南）的地区，尤其是靠近东部沿海的地区，由于其经济的发展，其有能力去保护农村的生态环境，且有足够先进的见识以意识到生态环境的重要性。因此这些地方的农村生态环境基本上保护得很好，乡村旅游业也能蓬勃发展，更好地维持了乡村生态平衡。而在北方地区，特别是西北地区，由于其本身的气候条件，原本就有比较严重的环境问题。加上新中国成立后，在该地区大力发展重化工业，使得环境更加脆弱，更难以修复，造成了难以挽回的后果。且其经济发展也较落后于南方地区，并没有足够的能力去进行农村环境保护。这种区域间发展的不平衡，导致了区域间农民环境的不正义。

### （三）农民环境权受损的相关利益主体分析

在农民环境权受损问题上存在着不同的利益相关主体，不同利益主体（国家、企业和公民）在环境权问题上具有不同的利益诉求和行为选择。①

国家、污染企业、城市居民和农民之间存在着互动的利益框架。这个利益框架存在着明显的利益不均衡性。农民付出了过重的环境成本，环境利益严重受损。城市居民一方面作为城市生活垃圾的产

---

① 参见李淑文：《农民环境权受损现状和利益格局分析》，《商业时代》2013 年第 32 期。

出者，是农村污染制造者，另一方面也是农村生态环境改善的受益者。存在排污转嫁行为的工业企业则是农民环境侵权者和环境利益获益者。政府是农村环境公共产品提供者和农村环境的监管者，但存在着职能缺位和监管不力的情形。

1. 农民是环境代价付出者和环境利益受损者

农民具有双重身份，一方面他们是环境污染利益受损和环境成本承担者，另一方面作为乡村工业企业雇工，他们又与产生污染的乡村工业存在利益交织。单纯的农业劳动者由于单纯从事农业生产活动，其生产、生活直接依存土地、水等环境要素，一旦遭遇农村环境污染，他们成为直接的环境污染代价承受者，而很难享有环境利益。他们为环境付出巨大代价，实际环境利益却被均等、稀释甚至被侵占。

在众多环境污染案例中，可以看到赖以生存的财产、健康生命权利遭受重创下举证不能的弱势群体众生图。这与农民、污染企业及国家在环境问题上的严重“信息不对称性”和“信息偏在”密切相关。国家环保及相关部门掌握着各种环境政策信息、环境标准及污染指数信息，企业了解生产排污性质及工业排污标准，而作为普通农民只有在生产、生活甚至生命、健康受到严重威胁的情况下，才会关注环境信息。而由于农民获取和掌握信息能力的限制，即使法律规定了举证责任倒置规定，农民仍然很难及时维权。

农民深受污染之害或付出环境代价并未得到相应补偿。在污染转嫁问题上，农民作为环境弱势群体无力改变城市转嫁工业和生活垃圾的现状，成为污染的受害者。不仅如此，农民的环境权益受损还存在着另一种情形，即农民为整体生态改善做出牺牲，负担和付出了过重的环境成本和代价而并未得到相应利益。

城市居民一方面作为城市生活垃圾的产出者，是农村污染制造者；另一方面作为游客，是农村生态环境改善的受益者。

城市每天的生活垃圾数量巨大，据调查，我国每年的城市生活垃圾在1.5亿吨左右，这些生活垃圾大部分以填埋的方式在农村处理。这些生活垃圾成为农村环境污染的重要源头，极大地破坏了农村的环境。此外，在国家大力发展乡村旅游的背景下，一些风景优美的村落吸引了大批的城市游客，城市游客在乡村游览玩赏，是农村生态环境改善的直接体验者。

2. 政府是农村环境的监管者（农村环境公共产品提供者）和农民环境权维护者

环境权具有一定的公共性质，国家保护良好环境类似于向社会提供公共产品。萨缪尔森1954年在他的论文《公共消费的纯粹理论》中给出了公共物品的定义："每个人对这种产品的消费，都不会导致其他人对该产品消费的减少。"公共产品具有三个基本特征：效用的不可分割性、消费的非竞争性和收益的非排他性。正是基于公共物品的此种特征，环境权保护很难通过市场机制来解决，而只能主要依靠政府提供。

然而，受二元经济体制影响，我国财政制度并未提供足以支撑农村环境治理的环保经费、农民环境权受损救济和补偿。同时，由于政府部门的事权、财权界定不清，部门职能重叠分散，环境监管务虚严重。可以说，政府作为农村环境的监管者和农民环境权维护者，在其工作过程中存在着很大的不足。

3. 存在排污转嫁行为的工业企业是农民环境侵权者和环境利益获益者

企业的诉求是通过"外部性"理论，将危害环境成本最小化以保障经济效益最大化。外部性也称外在效应，是指某些产品的生产和消费，经常绕过价格机制直接影响他人的经济环境和经济利益，对他人产生了额外的成本和收益，但他人并没有因此获得赔偿或报酬。这种现象就是外部性现象。如果使他人得到收益，则构成了外部正效应；反之，如果使他人增加了经济活动的成本，遭受了损失，则构成了外部负效应。在负外部性的情况下，虽然经济行为个体能够获得最大收益，但社会不得不为其买单。为满足经济效益最大化的诉求，在外部约束不明晰的条件下，企业生产活动极易将排放污水、废气及其他有毒有害物质所造成的损失外部化，由社会或者周边公民承担。正是利用“负外部性”机制，排污企业将其工业污染的受损主体转嫁，侵害农民环境权益，并从中获取利益，成为环境利益的获益者。[①] 这样，就容易产生工业环境污染事件并引发环境维权和环境冲突事件。

即使不排除某种利益互惠的可能（包括排污企业污染补偿、招工活、发包承揽项目、资助办学或其他公益事业等形式）使得污染企业周边民众三缄其口，但不可否认的是企业肆无忌惮的排污行为，对整个生态环境的破坏和大多数公民环境权的侵害，也应受到关注和约束。为维护社会整体环境利益，应对企业环境的使用权进行必要的限制，例如实行排污许可和严格排污收费制度。当然，这一做法并非对污染者使用环境权利的剥夺，而是在利益平衡视角下对污染受害者的关注和倾斜。[②]

剖析农村环境的现实利益格局可以发现，在所有与农村环境相关的利益主体中，农民最可怜，真正守法种地的农民更是可怜。他们的环境权不断被不同主体侵占，之后他们被赋予过重的环境负担。他们是环境代价付出者和环境成本承担者，却并未享有对应的环境利益。

---

① 参见李淑文、任大鹏：《权力冲突视角下环境权的理性分辨——基于公民环境权保护的需要》，《前沿》2010 年第 17 期。

② 参见李淑文、任大鹏：《权力冲突视角下环境权的理性分辨——基于公民环境权保护的需要》，《前沿》2010 年第 17 期。

事实上，环境权问题的落脚点应是发展权问题。农村环境问题本身是发展问题，现在环境权状况制约农村发展，环境状况恶化本质上损害的是农民环境权。农民环境权受损现状，实质影响的是农民的生存、发展和农民生计。环境权受损后得不到补偿影响了农村发展的公平和秩序。

（四）农民环境权受损的影响

1. 农民环境权受损会影响整个国家所有人民的环境权

环境是一个开放的系统，这是谁都无法避免的。在所有人都处于相同系统之中时，系统中一部分人的环境权受损，必然导致其他人的环境权受损，进而整个系统中所有人的环境权都会受损。这是一荣俱荣，一损俱损的。

2. 农民环境权受损会导致环境性搬迁

所谓的环境性搬迁是指农民所生活的地区的生态环境恶化使其不得不搬迁到其他地方。这对农民本身和其原来生活的村庄来说都是不利的。一方面农民离开了自己的故土，搬迁到其他地方，必然会有生活上的不适应和对原来乡村生活的留恋，且这还需要农民有足够的经济能力，使农民的生活压力增大。另一方面，搬迁导致原有乡村的社会秩序逐渐解体，乡村社会瓦解，久而久之，这个乡村也就不复存在。

3. 农民环境权受损会降低农民的生活质量

在时下对良好生态环境无比追崇的状态下，环境显然是衡量人们生活水平的一个重要指标。环境影响人们健康状况和心理状况，在一个生态环境被完全破坏的地方，人们无法进行正常的生产和生活。现阶段，习近平总书记大力强调中国梦，农村的环境保护应该是中国梦的一个很重要的组成部分。如果农民的环境得不到有效的保证，那么农民就没有好的生活质量，就无法享受美好生活，那么中国梦也就无从谈起。

### 案例 4.3　农村受污染须搬迁，农民网上向领导询问①

现在，农民由于村庄环境受到污染而需要整体搬迁的例子越来越多，但是在搬迁安置问题上一直没有统一的合理安排，村民也不知道如何处理相关的问题。为此，有村民专门给上级领导写信，询问处理方式。在江西省景德镇市就有一位村民在网上向省长反映情况。他写道："省长先生：您好，我是位于江西省景德镇市昌江区吕蒙乡历尧村的村民，由于我们村受到严重污染，所以我代表全村向您提议。我们村位于吕蒙乡历尧村古老山，10 年前，我们这儿山清水秀，空气清新。自从景德镇市焦化煤气厂建立后环境受到很大破坏，焦化厂建立后，近年来又有许多重污染化工企业在本村开工。目前有炭黑厂、煤气厂、化肥厂、药制品厂等污染企业，这些厂向空气排放大量的烟气，烟气中含有较浓的一氧化碳、二氧化碳、硫酸等气体，还有大量的可吸入颗粒物。本村的小溪水以前可以洗衣灌溉，而现在已是多重颜色的混合水，还散发出一股浓烈的恶臭。农作物长势也不好，果树都不结果了。更严重的是村民的身体健康受到严重伤害，小孩老人得呼吸道病的很多。村民家里门窗都是紧闭，打开门窗灰尘特别大，白衣服也不敢晒在室外了。还有一家白炭黑（二氧化硅）厂，每天排放出白色粉末物，飘在空气中就像是下雪了。为了这个，2009 年我们向上级部门反映，经过多次商量，同意将我们整村搬迁，这本来是好事，可是上级给我们的拆迁费被一层层剥削，最后我们只有 560 元一平方米的拆迁费。就按照现在的物价水平，拿我家来说，200 多平方米，拆迁后不可能建起现在规格的房子。许多村民都是多家住一个房子，拆除后根本就没有住处。拆迁问题从 2009 年到现在 2012 年已经 4 年了，如果还按照 2009 年的标准根本就不够，到时我们都是无家可归的人了，并且安置

---

① 案例来源：人民网，http：//liuyan.people.com.cn/thread.php？tid＝1263653。

地也没有确定在哪。村委会也是一拖再拖，现在村主任也已经换届，拆迁问题还迟迟不定。希望通过这样的方式，让上级领导了解情况。”

党的十八大报告，明确提出了要“建立反映市场供求和资源稀缺程度、体现生态价值和代际补偿的资源有偿使用制度和生态补偿制度。积极开展节能量、碳排放权、排污权、水权交易试点。加强环境监管，健全生态环境保护责任追究制度和环境损害赔偿制度”。然而在现实中，依然存在着由环境污染导致利益受损而得不到相应补偿的例子。本案例就是一个典型的由农村环境污染导致的整个村子需要搬迁的例子。农村的空气、水域等环境要素都受到了极大的破坏，污染企业所造成的环境污染甚至对村民的身心健康造成了极大影响。在这种情况下，农民不得不进行整村搬迁。然而，由此衍生来的补偿安置问题一直没有得到解决。从政府角度而言，他们既没有做好对污染企业的监督管理问题，也没有做到对村民环境权的保护。从污染企业角度而言，他们将自身的污染问题外部化，谋求了成本分担和利益独担，却不履行相应的责任。总之，农民的环境不正义在本案例中得到充分体现。这极大地影响了村民正常的生产和生活情况，使其生活质量下降，进而容易导致严重的社会问题，引发群体性事件。

## 四、农民环境权保护的社会支持

农民环境权的维护，是一个全面而系统的工作，离不开社会各界的支持和帮助。目前，农民环境权的社会支持体系比较完善，总体而言就是以学者的理论研究为先导，以广大农民的实践为依托，以非政府组织的项目为支撑的一个开放的、变动的支持体系。

### （一）学者的理论支持

理论向来被认为是问题的先导，对解决问题有着重要的作用。理论的作用可以简单总结为三点：第一是描述研究对象的规律，第二是解释研究对象规律的意义，第三是根据规律做出预测。针对不同的问题，理论能够系统详细地进行分析。正是因为这一点，理论研究成为研究的第一步，是任何一个研究都无法跳过的。

自从农民环境权的概念提出后，我国学者对其进行了较为深入的研究，学者从各自不同的视角，对农民环境权的概念、类别、层次、面临的问题、法律瓶颈以及政策改进等方面都做了详细深入的研究。并且从社会公平的角度、博弈论的角度和公共物品的角度对其进行了分析。根据周训芳教授的统计，自 20 世纪 80 年代以来的短短 30 年间，在正式出版的学术杂志和文集上发表的有关农民环境权的文献资料，当在百篇以上。学者们所做的这些工作，一方面为维护农民环境权提供理论支撑，另一方面也是为维护农民环境权提供参考的路径。

### （二）NGO 的项目支持

非政府组织（Non-Governmental Organizations，缩写 NGO）是一种不属于政府、不由国家建立的组织，通常独立于政府。虽然从定义上包含以盈利为目的的企业，但该名词一般仅限于非商业化、合法的、与社会文化和环境相关的倡导群体。经过 70 多年的蓬勃发展，NGO 已经逐渐成长为一支不可忽略的力量，活跃在社会中的各个方面。

在环境保护领域，NGO 更是自始至终发挥着自己的作用。据统计，现在中国可查询到的大规模的环境保护类 NGO 就有 80 余家，按照内容可划分为动物保护、植物保护、环境治理、生物技术四类。其中较为著名的包括自然之友、北京地球村、绿色家园志愿者、中国小动物保护协会、中华环保基金会、北京环保基金会、中国野生动物保护协会、北京野生动物保护协会、中国绿化基金会、中国环保产业学会、北京环保产业协会、中国植物学会、中国自然资源学会、中国环境科学学会、大学生绿色营和绿色大学生论坛、清华大学绿色协会、北京大学绿色生命协会、北京林业大学山诺会、上海市青少年环境爱好者协会、污染受害者法律帮助中心等。NGO 已经进入环境保护的各个环节，成为环境保护的一大主体。

当然，出于对农村环境保护的迫切需求和农民环境权的日益普及，专门从事农村生态环境保护的 NGO 也有很多。其中比较著名的是中国农业生态环境保护协会和中国农业资源与区划学会。中国农业生态环境保护协会是由农业生态环境保护科学技术工作者和管理工作者自愿结成的全国性、非营利性、专业性的社会团体。倡导“献身、创新、求实、协作”的科学精神，坚持民主办会原则，团结广大农业生态环境保护科技、管理工作者，为繁荣和发展我国的农业生态环保事业，推进农业可持续发展，实现社会主义和谐社会做出贡献。而中国农业资源与区划学会是一个全国性一级学会，宗旨是促进农业资源与区划学科的发展，其业务范围是开展农业资源、农业区划和区域开发的理论及其实用技术的研究和学术交流；开展科技咨询服务，参与农业区划开发和重大投资项目的前期论证、综合评估和有关政策、法规的研究和制定，以及农业区域开发综合实验区的工作；配合有关部门举办培训班、研讨班、展览会，普及农业资源与区划科学知识和科学成果，开展表彰奖励与推荐人才活动。这些农村环境保护的 NGO 在农民环境权维护方面做出了巨大的贡献。

NGO 的活动方式参照国际组织的相关要求，主要就是项目制，按照项目的方式从事活动。我国农村环境保护的 NGO 主要从事的活动有八种，分别如下：

一是农民环境权和环境意识的普及、教育、宣传活动。许多非政府组织都在积极地开展这方面的活动，其内容包括开展各种形式的环保倡议活动和实践活动，举办包括电视讲座在内的各种讲座、培训、演讲等环境意识教育活动，举办各种形式的研讨会、经验交流会、座谈会等。

二是推动和促进环境保护领域的农民参与活动。在全国的许多地区，农民参与环境保护作为政府和NGO合作的一个重要机制，正在得到积极的培育。

三是对农村环境保护的资助活动。主要由一批热心自然资源与环境保护的国际或海外的NGO和资助机构，以及中国有关环境保护的基金会等NGO参与这方面的活动，包括为有关自然资源和环境保护的活动提供资金、设备、技术等方面的资助或援助。

四是开展有关农村的自然资源和环境保护的项目活动。很多NGO都在开展各种形式的项目，包括野生动物生物多样性的保护，自然生态的维持，培养植被，净化水质，大气污染的控制和处理，沙漠化防治，黄河上游及沙漠地区的水土流失问题的治理，社区环境保护，垃圾分类，相关资源再利用等。

五是有关农村环境保护的科学和技术的研究、开发及普及活动。主要是由一批与农村环境保护有关的学会、研究会等NGO在开展这方面的活动。它们集中了一大批国内相关学术领域的权威和精英，通过开展相关学科和技术的研究及开发、应用，积极推动农村环境保护科学和技术的发展。

六是开展有关农村环境保护产品的生产和推广以及产业联合等活动。主要是由一批活跃在环境保护领域的商会组织、行业组织等经济团体开展这方面的活动，包括促进环保产品的研制、生产、流通、消费等活动。

七是对有关农村环境污染受害者的援助活动。随着环境污染问题的发展，农村污染受害者开始作为一个特殊的弱势群体受到社会的关注。有关的NGO通过开展法律咨询等活动，为污染受害者提供各种形式的援助。

八是农村环境保护的国际交流活动。绝大多数环境保护NGO都在以各种方式开展国际交流活动，一方面积极争取从国际社会获得相关的信息、资金、设备、技术等支持，另一方面通过召开或参加有关国际会议或座谈会、派出人员参与有关培训、接待来访和互访等活动，加强农村环境保护方面的国际交流。

**案例4.4　乐施会贫穷社区应对气候变化的生计项目**[①]

2008—2013年，乐施会为了积极回应气候变化给农民的生产生活带来的新挑战，增强社区的适应能力，在甘肃、贵州和云南等地的数十个社区综合发展项目中融入了适应气候变化的视角，切实回应村民需求，建设蓄水池、小型水坝、排水系统、梯田改善等社区基础设施来应对干旱和洪涝，推动社区建立气象预警系统和开展逃生演习，促进生态恢复和推动社区可再生能源（太阳能和沼气池）的使用，促进适应气候变化的农业技术的应用和推广等。其项目重点在于加强社区灾害风险管理，改善参与式的基建与养殖生计，恢复社区生态，可建设及使用再生能源，研究气候变化与贫困的关系。

从总体来看，该项目达到了所设定的目标。其中比较明显的发现是，小型基础设施项目的效率是所有活动中提升得最为明显的，项目对改善农村生计起到积极的作用；从可持续性来看，项目以人的能力建设、社区组织建设为本，导入了参与式发展的理念与方法，有效地改进了社区公共资源管理的制度模式，保证了项目的可持续

---

① 案例来源于乐施会官方网站，http：//www.oxfam.org.cn/。

发展。这个案例也充分说明了 NGO 在保护农民环境权方面所做的不懈努力。这种由 NGO 牵头完成的项目已经成为我国农民环境权维护的重要组成部分，为推动我国农民环境权的发展提供了经验支持。

### （三）广大农民的实践支持

农民作为农村生活的主体，是农村环境最直接的受益者，也是农民环境权的主体。因此，农民在整个农民环境权的支持体系中处于主导地位。脱离农民的农民环境保护都是不切实际的，只有通过农民自发自觉的环境保护，才能真正维护好农民的环境权。在环境保护观念日益深入人心的今天，农民通过自己的实践极力保护自己的家园环境。现阶段农民环境保护的实践主要可以分为微观和宏观两个层面：一是从自我做起的微观环境保护行动，二是通过发展乡村旅游的方式从宏观层面对生态进行保护。

首先是从自我做起的微观环境保护行动。这种行动的基本条件是农民有足够的环境保护意识，能将环境保护看成一件理所当然的事情，对环境保护抱着积极的心态，这样做除了需要个人的修养，还需要相关的激励措施。在浙江省金华市的农村，普遍都有进行“美丽家庭”的评选，通过类似的活动，激励村民保护环境，讲究卫生。在义乌市的何斯路村，环境保护已经有了明确的一套做法。通过“公德银行”“垃圾分类制度”等对村民进行环境教育，激励村民自觉地采取保护农村环境的措施。

#### 案例 4.5　义乌市何斯路村的生态环境保护①

浙江省义乌市何斯路村是一个远近闻名的明星村，其突出的环境保护制度让这个村成为附近村庄学习生态环境保护的模范。首先，

---

① 案例来源于课题组在浙江省金华市的实地调研。

其针对垃圾问题，采用定期定点的垃圾分类回收制度，通过这种方式对村庄的垃圾进行有效处理。其次，通过不定期开展的环境卫生活动来辅助垃圾分类处理，保持村庄整洁。除了制度上的规定之外，还采用“公德银行”的方式鼓励村民自觉地开展保护环境的活动，促进村民全体的环境保护意识的觉醒。

何斯路村的环境保护制度，大致可以分为两类：一类是定期定点的垃圾分类回收制度，还有一类是不定期开展的环境卫生活动。

首先是定期定点的垃圾分类回收制度。在何斯路村村庄内，基本上20多米就会有一个垃圾收集箱，且收集箱按照大城市的垃圾分类原则进行收集，对电池等有危害性的垃圾还进行单独的收集。垃圾收集的便利化和现代化使游客和村民养成了良好的保护环境的习惯。此外，何斯路村还有很多垃圾收集点，有专门的环保人员每天上午和下午在固定时间对村庄的生活垃圾进行收集和处理，使垃圾不隔天、不扩散、不再次污染。村里还雇用两名保洁人员每天对村里的垃圾进行清理和监督。制度上的创新和保障使何斯路村的环境卫生更加规范化和可操作化，使何斯路村真正成为美丽之村、整洁之村、舒适之村，在保护村民健康和村庄环境的同时也吸引了大量的游客。

其次是不定期开展的环境卫生活动。因为村庄是村民自己生活和生产的地方，其环境保护就必须依靠村民自发的行为。只有尊重群众意愿，依靠群众力量，使每一个村民把村庄当作自己的家，贡献自己的一分力量，村庄的发展才会越来越好。何斯路村的村委不定期地组织村里的党员进行植树，组织老年大学的学生和党员在何斯路村进行垃圾清理活动，邀请相关部门的人员对村民的垃圾分类进行指导，还会举行“美丽家庭”的评选活动，让家居环境美的家庭成为村里的典范。何斯路村通过宣传、奖惩等方法，带动每一位村民，让村民自发地保护村庄环境。

除了制度上的鼓励，何斯路村在乡村治理中还采用了“公德银行”的方式，捡拾垃圾即其中的一种。通过这种赋予爱护环境者好的名声的方式，营造一种“我为人人”的保护环境的氛围，使保护环境成为一种自发的行为，变成何斯路村村民的一种生活方式。

总之，何斯路村在生态环境的保护方面有不少可以借鉴的经验，就是要把保护生态环境的意识融入村民的生活中，只有这样，才能可持续地履行保护生态的责任。

与微观层面的个人行动不同，宏观层面上农民的环境保护实践通常是以村为单位进行的。尤其是在新农村建设运动开展之后，随着城市经济的进一步发展，乡村旅游逐渐热了起来。乡村旅游是通过乡村美好的自然风景和独特的田园景观以及农村文明来吸引游客，让游客体味传统的农家风情。在中国的很多乡村，为了搞好乡村旅游，都需要对本村的环境进行维护。如建造公共厕所、修建垃圾房等，让乡村的环境变得更好。这样的农民实践虽然是在政府的帮助下开展起来的，但是离不开农民的环境保护意识。在乡村旅游为农民带来更多经济利益的同时，也更加坚定了农民保护环境的决心，进而激发农民进一步增强环境保护意识。

**案例 4.6　乡村旅游热，赏花经济吸金①**

2013 年彭泽县棉船镇党委政府开始考虑农业转型，由单纯的农业大镇向现代农业和生态观光农业发展。短短 3 年的时间，彭泽县棉船镇就打出了“江心花海”这张名片，积极发展以赏油菜花、品尝有机食品为主题的生态旅游观光产业。每年“魅力棉船，江中花

---

① 案例来源：人民网，http：//jx. people. com. cn/n/2015/0417/c359143 - 24540333. html。

海”油菜花艺术节期间，到棉船镇踏青赏花的游客从2013年的数千人次上涨至2015年的15万余人次。

游客的增加直接带动了当地农家乐的发展。棉船镇负责旅游接待的文化站站长谈保光介绍，2013年该镇仅有2家农家乐营业，但到了2014年当地农家乐的数量上涨至15家。今年则翻了一番，共有33家农家乐对外营业。除此之外，棉船镇党委政府还组织了当地农特产品在景点进行展销，油菜花盛开的季节也成了当地农民收入增加的时节。

事实上，一个地方发展起了观光农业“赏花经济”，就会吸引大量游客涌入，当地的餐饮业、交通运输、酒店住宿等行业都会随之发展起来。

赏花+农家乐，旅游项目单一制约赏花游的发展

事实上，不仅是棉船镇，近年来九江周边地区“赏花经济”越来越热，不少县区都推出了赏花休闲旅游线路。目前，九江周边处于全面开花的氛围，除了棉船的油菜花，还有湖口、都昌的油菜花，永修凤凰山的桃花，修水东岭的桃花，武宁的花源谷……这些都是看花的好去处。

九江周边的看花热，大约是从两三年前发展起来的。最主要的是去棉船看油菜花，但是棉船旅游真正形成还是在2014年。从2014年起，市康辉旅行社开始做去棉船看油菜花的散客团。2013年棉船镇上的农家乐还没有形成规模。但到了2014年，不仅部分旅行社开始做去棉船看油菜花的散客团，当地的农家乐也遍地开花，服务与质量都提升了几个档次。

虽然多地推出了赏花休闲旅游线路，但多家旅行社主推的还是去棉船看油菜花以及去永修凤凰山看桃花。市民选择赏花游主要考虑两个因素：距离不能太远，最好一天来回；价格不能太高，一日游的价格要控制在150元以内。对于普通市民而言，除了距离和价

格以外，当地有哪些游玩项目也是影响市民选择的因素之一。而从目前的情况来看，九江多数县区推出的赏花休闲旅游线路景点有限，往往是看了花吃了饭就返回了，没有其他可供游玩的项目，市民的积极性自然也就下降了。

以赏花为主题，丰富旅游项目

说起观赏油菜花，就不得不提到同样处于江西省内、被誉为“中国最美乡村”的婺源。每年油菜花开的季节，全国各地游客蜂拥而至。与九江周边县区的赏花游相比，婺源的“赏花经济”已经发展十分成熟。

婺源虽然以油菜花而出名，但通过增加旅游项目，婺源现在一年四季都有旅客前往游玩。与婺源相比，九江本地的赏花游项目太单一了，除了看花、农家乐就没有别的，而花期通常只有20多天，花谢了就什么都没有了。在婺源，游客除了可以赏花吃农家饭之外，还能在当地看到徽派建筑，政府还在县城里打造了一条全是仿古徽派建筑的步行街，专卖婺源的土特产，如绿茶、砚台等。此外，当地还有一条专做本地土菜的美食街，游客到了婺源，不仅仅只是看花赏景那么单调，游客们还可以逛街、拍照、购物，旅游项目非常丰富。

不过，婺源的火爆也带来了显而易见的缺点，例如旺季的堵车以及酒店价格四五倍的增长。在这一点上，棉船等周边的看花游则具有交通优势。在棉船等周边地方看花出行成本低、交通方便是最大优势，可以说是属于比较休闲的旅游。

为此，在政府引导下，棉船镇将5万亩连片的土地全部种上了油菜花，在田间小路上铺上砂卵石方便游客进到花丛中观赏，修筑了2米多高的观景台，设置了大风车、凉亭，将油菜花点缀得更加别致爽目。另外，当地政府还组织了当地农特产品在景点进行展销。

《农业部办公厅国家旅游局办公室关于开展2015年全国休闲农业与乡村旅游示范县、示范点创建工作的通知》中指出，“休闲农业与乡村旅游是一种新型产业形态和消费业态，对于我国经济进入新常态下加快转变农业发展方式，调整优化农业结构，促进一、二、三产业融合互动，实现农业提质增效、农民就业增收、农村繁荣稳定和统筹城乡经济社会一体化发展具有十分重要的意义”，这就是从国家政策层面明确提出了要大力发展乡村旅游。婺源作为我国乡村旅游业开展较早的地区，其发展为我国的乡村旅游提供了很多有益的经验。从农民环境权保护的角度来说，婺源地区的乡村旅游的发展为农民环境权的维护提供了一个切实可行的路径。从单一的自然风光的欣赏，到如今文化元素的加入，婺源的乡村旅游也在逐渐升级。这是真正维护农民环境权的一个表现，也为维护农民环境权提供了资金支持和动力，最主要的是形成了农民环境权维护的良性循环，在此基础上的发展是可持续的。

## 五、农民环境权的法律支持

### （一）农民环境权的法律支持现状

环境立法是指为了保护环境而制定的法律、法规。我国环境保护法律、法规体系主要由环境保护基本法、环境保护单行法、环境保护行政法规、环境保护部门规章、环境保护地方性法规及规章、其他规范性文件等组成。到目前为止，我国已经制定了环境保护方面的法律9部，自然资源方面的法律15部，制定、颁布了环境保护的行政法规50余项，环境保护部门规章和规范性文件共1 000余件。就目前立法情况而言，我国已经形成了一个以《环境保护法》为核心的环境保护法律、法规体系。

第一，环境保护基本法。《环境保护法》作为我国环境保护的基本法，第二十条规定：“各级人民政府应当加强对农业环境的保护，防治土壤污染……合理使用化肥、农药及植物生长激素。”《环境保护法》的这一规定，仅对农业环境保护有简单的涉及，未将对农村环境、农业环境和农业自然资源的保护统一起来。

第二，环境保护单行法，包括《水污染防治法》《大气污染防治法》《固体废物污染环境防治法》等。《环境保护法》和《环保单行法》的颁布为有关环境保护的法规和规章的制定奠定了法律基础。《水污染防治法》（2008）在第四章“水污染防治措施”中设立第四节“农业和农村水污染防治”，对农村水污染防治做了比较具体的规定。《固体废物污染环境防治法》第四十九条规定：“农村生活垃圾污染环境防治的具体办法，由地方性法规规定。”根据这一规定，地方应该对本辖区的农村生活垃圾污染进行防治，根据自身实际情况进行立法。[①]

第三，行政法规。我国保护农村环境的行政法规主要有《基本农田保护条例》《土地复垦规定》《自然保护区条例》《退耕还林条例》等。

第四，部门规章。主要有《环境信访办法》《饮用水源保护区污染防治管理规定》等。

第五，地方性法规。如《山西环境保护条例》《湖北农业环境保护条例》等。

第六，其他规范性文件。如由原环保总局发布的《关于加强农村环境保护工作的意见》（环发〔2007〕77 号）等。

---

① 参见卢延娜、朱静、汪彬彬、赵惠芬：《我国农村环境保护立法现状及完善建议》，《中国环境管理》2014 年第 2 期。

**表 4－2　环境立法分类表**

| 类型 | 代表 |
| --- | --- |
| 环境保护基本法 | 《环境保护法》 |
| 环境保护单行法 | 《水污染防治法》《大气污染防治法》《固体废物污染环境防治法》 |
| 行政法规 | 《基本农田保护条例》《土地复垦规定》《自然保护区条例》《退耕还林条例》 |
| 部门规章 | 《环境信访办法》《饮用水源保护区污染防治管理规定》 |
| 地方性法规 | 《山西环境保护条例》《湖北农业环境保护条例》 |
| 其他规范性文件 | 《关于加强农村环境保护工作的意见》 |

### （二）农民环境权的法律存在的问题

我国虽然较早地明确了农民所拥有的环境权，但是我国整个法律体系存在不系统化、不明确化的问题，这些问题又不可避免地出现在关于农民环境权的条款中。我国关于农民环境权的法律体系存在较大的问题，即法律体系不健全，农村环境管理制度不完善，执法力度不够。

1. 农村环保立法滞后，法律体系不健全

（1）农村环境立法不明确。

我国目前尚没有完全明确环境权的具体内涵，在现有的法律中，只是用比较模糊的说法来暗指环境权，但没有确切的说明，没有指明环境权中究竟包括哪些内容。连环境权都无法明确，更无法明确农民的环境权。立法不明确的直接后果是没有评判的标准，我们不知道哪些行为可能损害了自己的环境权，也没有办法辨别自己的哪些行为损害了他人的环境权，这样只能造成不追究和无法追究。

（2）农村环境立法缺位。

我国现行环境法律法规体系基本上是建立在城市和重要点源污染防治上的，而城市的点源污染和农村的面源污染又存在很大的不同，治理城市污染的法律很难衡量农村的状况，而且现行的法律对农村污染治理和环境管理的具体困难的考虑也不够充分，这导致现行环境法规在农村地区缺乏实施的根基。

（3）立法简单，可操作性不强。

有些环境法律法规虽然对农村有关环保问题进行了规定，但极为原则。例如，《固体废物污染环境防治法》修正案首次将农村固体废物污染防治纳入立法视野，对种植业、养殖业产生的固体废物提出了合理利用、预防污染的要求，对农村生活垃圾提出了清扫、处置的要求。但由于其规定过于简略，可操作性不强，在实践中适用有限。①

（4）法律主体不明确。

一项法律的实施，必须有其主体，否则不能起诉，无法问责。然而，由于环境的公共物品性很强，很难找到具体的代理人。2013年生效的新修订的《民事诉讼法》第五十五条对此做了规定："对污染环境、侵害众多消费者合法权益等损害社会公共利益的行为，法律规定的机关和有关组织可以向人民法院提起诉讼。"尽管这是我国首次在法律中明确这一制度，但规定得较为模糊，在法院具体的司法实践中还存在许多不明确之处。2013年6月18日，最高人民法院、最高人民检察院出台了《关于办理环境污染刑事案件适用法律若干问题的解释》，对环境违法案件所涉及的污染专门性问题的鉴定做出了明确规定，但毕竟是针对刑事案件，对环境侵权案件的借鉴

---

① 参见卢延娜、朱静、汪彬彬、赵惠芬：《我国农村环境保护立法现状及完善建议》，《中国环境管理》2014年第2期。

作用并不直接。实践中很多地方法院遇到环境公益诉讼，往往选择回避的态度，不予受理。①

### 案例 4.7　中华环保联合会提起环境公益诉讼②

2013 年 3 月，中华环保联合会向山西忻州市中级人民法院提起了环境公益诉讼，希望法院责令原平市住建局立即停止侵害，采取有效措施消除污水排放对原平市新原乡柳巷村周边环境造成的破坏。忻州市中级人民法院的答复是，鉴于最高人民法院对环境公益诉讼原告主体资格的问题还没有司法解释，退回中华环保联合会的立案材料。相同的答复还出现在重庆市第四中级人民法院。5 月 29 日，针对重庆市双庆硫酸钡有限公司环境污染案，中华环保联合会向重庆市第四中级人民法院提起环境公益诉讼，该法院依然拒绝接受立案材料。

这是一起由 NGO 起诉相关政府机关，旨在维护农村环境的案例。忻州市中级人民法院的答复是很能说明问题的。由于我国的最高法院对环境公益诉讼原告主体资格的问题还没有司法解释，相关的一系列案件都不能立案。这表明在我国现有的法律体系和司法解释中，关于农村环境权部分还有很多工作要做，只有先解决这些问题，才能更好地着手维护农民的环境权。

2. 农村环境管理制度不完善，执法力度不够

（1）我国环境管理体制不完善，农村环保力量薄弱。我国过去

---

① 参见吴爽：《生态文明视阈下农民环境权保护的法律应对》，《农村经济》2014 年第 3 期。

② 参见刘世昕：《环境公益诉讼为何难以叩开法院大门》，《中国青年报》，2013 年 6 月 21 日。

环境管理体制是以辅助性原则为依据的统分结合的多部门、多层次执法管理体制。执法主体势力割据，致使权责不明，权力分散，使一些省、市级环境保护专门机构变成了本地区行政机关的附属机构，滋生了地方保护主义和部门保护主义，造成执法混乱，环境监管不力。①党的十八届五中全会提出，实行省以下环保机构监测监察执法垂直管理。环保部将实行独立而统一的环境监管，着力健全“统一监管、分工负责”和“国家监察、地方监管、单位负责”的监管体系，有序整合不同领域、不同部门、不同层次的监管力量，有效进行环境监管和行政执法。

（2）农村政府环保政绩考核体系缺乏，环保责任机制不完善。我国传统的政府政绩考核体制强调单纯的 GDP 增长，忽略了经济增长过程中的生态环境损失和资源消耗成本，从而强化了地方政府片面追求经济增长的冲动。相当一部分农村干部没有树立正确的政绩观和科学的发展观，在处理环境和经济的关系时，片面强调眼前利益和局部利益，为了发展本地区的经济而置环保法于不顾，采取“杀鸡取卵、竭泽而渔”的策略，导致环境质量严重下降。环保政绩考核体系缺乏，环保责任机制不完善，造成了农村各项环保工作难以具体落实，并由此形成一个个恶性循环。②

3. 农民环保意识淡薄，环境参与程度低

改革开放以来，农民的生活水平在逐步提高，但其环境意识依然淡薄。

一是对自身影响甚至破坏环境的行为缺乏自我约束。农民在进

① 参见谢根成：《加入 WTO 后我国农村环境保护法制建设的思考》，《中国环境管理》2003 年第 1 期。

② 参见吴献萍、胡美灵：《新农村建设与农民环境权法律保护》，《昆明理工大学学报》（社会科学版）2007 年第 5 期。

行农业生产时，为了追求产量难免会使用化肥和农药。在传统农业发展时期，所使用的化肥和农药的品种多来源于自然，量也比较少，对环境构成的危害也比较小。然而，在新中国成立后，尤其是家庭联产承包责任制推广以来，农民使用工业制成的农药、化肥数量急剧增多，造成了对土壤、水源的严重破坏。但是，农民并没有意识到这个问题，相反，他们觉得这是他们提高产量的唯一路径。正是在这种不可持续的农业发展方式的带动下，我国农村环境被破坏得越来越严重。

二是对外来的环境负面影响缺乏维权意识。农民面对给自己所处环境带来极大危害的污染企业时，在环境问题没有大规模影响到农民的日常生活时，他们只能看到污染企业为他们带来的工作岗位和经济收入。在环境问题严重影响到农民的日常生活时，他们多半会采用向污染企业妥协的办法，用金钱来弥补自己的损失，而不是解决自己面临的环境问题。这都是农民环境维权意识缺乏的表现，要改变这种现状，还有很长的路要走。

三是农民环境参与程度低。我国环境法的公众参与制度已建立，公众参与的热情也随之增高，尤其是城市居民和非营利组织，他们积极地参与到环境法的建设中去。但是，不可忽视的是农民的环境参与程度极低，他们自身的资源条件、信息条件和知识条件，使其不具备有效进行环境参与的条件，这是其成为环境弱势群体的一个重要原因。

### （三）农民环境权中法律无法解决的问题

#### 1. 乡村环境受损的量化问题

乡村作为农民生产生活的场所，是农民一生之所系，在传统农民“生于斯，死于斯”的观念中，乡村是他们的根。但是近年来的乡村的环境污染，并不只是农村本地的污染，还有城市的污染转移，如何量化环境受损的程度，是一个值得深思的问题。这其中就包含两个方面：一方面是如何区别本地污染和城市转移污染，另一方面是如何量化污染的程度。首先是区别本地污染和城市转移污染的问题，由于整个自然是一个开放循环的系统，水资源、空气资源在其中流动，这是非人力可以控制的部分，区别存在难度。其次是污染本身的量化问题，水污染、土壤污染、空气污染都不易量化，这需要技术的发展，而非法律可以解决的。

2. 乡村环境污染的问责问题

正是由于环境污染不易量化、不易区分，因而很难找到一个问责的对象。虽然在法律上明确规定“谁污染，谁治理”，但是这并不易执行。判断污染责任的源头是一个比较技术性的工作，需要方方面面明确的规定和有关部门的积极配合，更需要社会存在“契约”的意识。在中国如此不成熟的市场经济的条件下，要做到这一点还很难。

3. 保护农民环境权的执行问题

即使有了明确的法律规定，法律的执行也存在很大的问题。首先，要规范的行为主体多样。由于乡村环境是一个开放的环境，所涉及的行为主体有很多，如农民、乡镇企业、工厂等，针对不同的行为主体，要采用不同的方式和方法。其次，保护乡村环境的执行者不明确。农村最基层的环保系统是县一级环保机构，县级以下政府基本上没有专门的机构和专职工作人员，少数乡一级设置有环保办公室、环保助理、环保员等环保机构人员，但他们在农村的工作局限于农村工业这一块，对除此之外的环境问题很少涉及。[①] 最后，执行中也会遇到很多困难，最大的困难就在于量化指标问题，若指标不能量化，就不能判断环境污染和保护的程度，也就无法进行奖惩。

---

① 参见吴献萍、胡美灵：《新农村建设与农民环境权法律保护》，《昆明理工大学学报》（社会科学版）2007 年第 5 期。

## 六、农民环境权的主体性诉求

保护农民的环境权，归根到底就是要保护农村的生态环境，这不仅仅是外界需要帮助农民做的，更是农民需要发挥自己主观能动性去做的。从农民自身出发，现在有两种比较合适的诉求方式，即“乡政村治”和“绿色小额信贷”。

### （一）乡政村治

乡政村治是我国基本的农村治理办法，在传统农业社会“皇权不下县”的统治模式下，村里的事务一般是交给乡绅去治理的。新中国成立后，我国在经过人民公社的探索后，最终选定了乡政村治这种模式。从行政级别上，村不是一级行政单位，必须处在乡的管辖下，但本村的治理乡政府只做指导工作，不做具体事务，村内的治理采用村民自治的办法。在乡村环境治理上则表现为一方面乡村环境资源保护是要保护乡村公共产品，保护乡村环境资源不被污染，创建良好的乡（镇）村环境，这同时也是乡镇政府的法定职责。作为乡村环境保护的第一责任人，乡镇政府通过乡村环保监管能力建设，建立和完善农村环境监测、环境执法、环境宣传机制，指导、支持、帮助所辖乡村区域开展农村环境资源保护工作，以维护农民环境权益，促进社会可持续发展。另一方面农村环境保护事务属于村民自治的范畴，是村民自治组织的任务之一。村民自治组织通过民主管理、制定村规民约、实行村民代表大会民主决策、建立环保自治机构等方式，以及宣传教育和纠纷调节机制的建立和完善，培育农民主体意识，组织村民参与乡村环境治理的运行和管理，依法开展本村的环境污染治理和生态保护工作，实行农民自我管理、自我教育、自我服务，实现农民在农村环境保护中的主体作用。①

1. 乡政村治模式下各主体与农民环境权保护的关系

（1）乡镇政府为农民环境权的实现发挥管理作用，负责上传下达。

首先，政府作为国家的行政机关，是我国环境保护的中坚力量，在解决环境问题中发挥着极其重要的作用。作为农村环境保护的主要供给者，政府一方面承担着建立健全农村环保具体运行机制，通过有效管理，保证该机制有序运行的义务；另一方面，政府还负有直接投入人力、物力和财力，参与农村环境保护的责任，在乡村环境治理中处于管理者、组织者、执行者、监督者的地位，起着管理、组织、执行、监督的作用。②

其次，国家制定颁布的法律和政策，只有通过政府这个平台才能够有效地传达和执行。乡镇政府作为乡村连接上级的平台，是政策和法律向乡村传达的通道。乡镇政府通过自己的作用，对上级环境政策做出合理的解读，将上级的环境任务进行有效分配，这样才能保证整个系统的运行。

（2）村委会是农民自己实现农民环境权的重要平台。

村委会是我国最基层群众的自治组织，是由农村村民直接选举产生的自我管理、自我教育、自我服务的组织。其目的是使广大农村居民在本村范围内实现自我管理、自我教育和自我服务，处理与村民利益密切相关的公共事务，保证国家对农村基层社会的有效治理。根据《村民委员会组织法》第四条和第八条的规定，村民委员

---

① 参见于华江、唐俊：《农民环境权保护视角下的乡村环境治理》，《中国农业大学学报》（社会科学版）2012 年第 4 期。

② 参见于华江、唐俊：《农民环境权保护视角下的乡村环境治理》，《中国农业大学学报》（社会科学版）2012 年第 4 期。

会在农民环境权保护中的地位及作用体现在以下两个方面：一方面，村民委员会依照法律规定，在乡村环境治理中是群众自治、民主管理的组织形式，负有运用民主机制、发挥自治权保护和治理农村环境，保障农民环境权有效实现的义务；从环境治理角度来看，村委会有义务领导村民民主管理本村包括环境事务在内的公共事务，管理本村属于村民集体所有的土地和其他财产，引导村民合理利用自然资源，保护和改善生态环境。另一方面，村民委员会行使乡、镇人民政府的部分行政管理职能，协助乡、民族乡、镇的人民政府开展工作，管理乡村环境事务，而乡、民族乡、镇人民政府对村民委员会的工作给予指导、支持和帮助，但是不得干涉依法属于村民自治范围内的事项。由此可看出村委会对农民环境权保护的重要作用。[①]

2. 乡政村治模式的问题

（1）考核机制不完善导致对农民环境权保护的动力不足。

在改革开放的这30多年间，中国的整个政府系统的考核指标都是围绕着国民生产总值（GDP）展开的，片面地追求GDP导致了很严重的环境问题。在环境问题日益受到重视的现状下，政府部门虽然吸取了国外“先污染，后治理”的教训，也开始设置绿色GDP作为政府的考核指标，但是这个指标并没有纳入乡政的考核体系中去，至今政府对乡镇干部的考核依旧是围绕着GDP进行的。这就导致了乡镇干部对乡镇工业，甚至是污染比较重的工业的重视，而忽视了对环境的保护，缺乏对环境保护的动力。这就造成了比较严重的后果，严重地破坏了农村的生态环境。

（2）村民对农民环境权的维护动力不足。

同其他权利概念一样，农民环境权对农民来说依旧是一个陌生

---

① 参见于华江、唐俊：《农民环境权保护视角下的乡村环境治理》，《中国农业大学学报》（社会科学版）2012年第4期。

的事物。即使乡镇政府通过举办讲座、座谈会的形式来帮助农民理解这个词，他们也不会放在心上。同乡镇政府官员一样，他们也没有足够的动力去关心这种事。一方面是由于市场经济观念的渗透，村民对金钱有着更浓厚的热情，在他们看来牺牲环境来换取金钱利益是合算的。另一方面，随着集体组织在乡村的衰落，村委会的力量也有所减弱，不能很好地引导村民来保护环境权。单个的农民又觉得自己没有足够的力量去干涉这件事，久而久之，村民对农民环境权也就失去了维护的动力。

（3）乡镇政府和村委会都没有相应的环境管理人员。

首先，环境监管部门只设到县一级，且环境保护职责仅限于农业管理。根据《环境保护法》第七条和二十条的规定，我国的环境监管部门只设到县一级，乡镇一级尚未纳入环保行政管理体制，而由于服务半径较大，县级环境监管部门难以对广大农村进行全面监管。县一级环保局名义上是“综合管理部门”，但其主要职能也只限于农业生产的环境管理方面，对农村生活和农业环境涉及很少，对于乡镇企业的超标排污、城市污染向农村转嫁等产生的各种环境污染问题也难以进行有效监管。① 其次，行政组织法没有强制要求各级政府设立环境保护部门。根据《地方人民代表大会和地方各级人民政府组织法》第六十四条规定，“地方各级人民政府根据工作需要和精干的原则，设立必要的工作部门”，对于有关环境保护办公室的设置并没有硬性要求。②

同样，《村民委员会组织法》也没有专门设置环境保护机构的硬

---

① 参见于华江、唐俊：《农民环境公保护视角下的乡村环境治理》，《中国农业大学学报》（社会科学版）2012 年第 4 期。

② 参见于华江、唐俊：《农民环境权保护视角下的乡村环境治理》，《中国农业大学学报》（社会科学版）2012 年第 4 期。

性规定。《村民委员会组织法》第六条和第七条规定："村民委员会由主任、副主任和委员共3～7人组成，村民委员会根据需要设立人民调解、治安保卫、公共卫生与计划生育等委员会。"并没有硬性规定必须要设立或配备与农村环境管理相关的机构或人员。

3. 改进乡政村治模式的措施

（1）在乡镇政府和村委会安排专门的负责环境保护的工作人员。

环境保护是一个系统性的工程，需要各个部门的积极配合，因而安排专门的工作人员是必不可少的。安排专门的工作人员主要有以下几个优点：一是可以负责相关政策的上传下达，保障整体环境保护工作的顺利开展；二是可以有效地执行相关的任务，减轻其他成员的工作；三是可以随时对农村环境问题进行监督和管理，更好地维护农民的环境权。

（2）改善现有的政绩衡量指标。

政绩的衡量指标实际上是影响乡镇工作人员工作的最大问题。没有相关的衡量指标，他们就会一直围绕现行的指标体系来进行自己的工作。因此要将现有的指标体系进行改良，添加能够表示环境工作的指标。但是也不建议使用绿色GDP的方式。绿色GDP是一个非常复杂的概念，其本身并没有得到统一的认识，其测定也存在着一定的难度，并不适合在乡镇使用。因此可以根据农业活动的特点，针对农村经济的现实条件，提出恰当的、与农业相符合的测量环境的指标，以此来激励乡镇干部。

（3）大力发挥乡村精英的作用。

乡村传统绅士和家族长老的权威没落之后，乡村精英成为大家尊敬的对象。这些乡村精英或在经济上有所建树，或在文化上取得了成功，总之是村里才干比较突出的人。这样的人由于其自致地位，获得了村民的信任，在村民中享有一定的权威。只有充分发挥好乡村精英的作用，通过乡村精英来普及农民环境权的相关知识，才能更好地帮助农民维护自己的权利。

### （二）绿色小额信贷

#### 1. 绿色小额信贷的定义

要弄清绿色小额信贷，首先得理解小额信贷和绿色金融这两个概念。小额信贷①（Microfinance）既是金融服务的创新，又是一种扶贫的重要方式，其以盈利为目的，为贫困、低收入家庭以及微小企业提供一系列以反贫困促发展为基本宗旨的信贷服务，其贷款资金最初来源于国家的金融机构或合作组织，之后通过自我融资可走向自我生存和发展。绿色金融②指金融部门依据国家的环境经济政策和产业政策，通过金融政策手段促进环境资源保护和经济协调发展，从而实现金融可持续发展的一种金融营运战略。其包括两方面的核心内容：一是利用优惠的信贷政策和手段支持环保、节能项目或企业；二是对污染生产和污染企业的新建项目投资贷款和流动资金进行额度限制并实施惩罚性高利率。而绿色小额信贷③则是围绕“在推进社会利益攸关者的利益和保护环境的同时保持财政活力”的目标展开，指的是清洁技术和小额贷款的结合，它集小额信贷与绿色金融于一体。

#### 2. 绿色小额信贷的特征

（1）政策性。

绿色小额信贷是由政府推广的，主要是用来进行扶贫和环境保护的，其政策性比较强，通常能够获得国家的大力资助。

---

① 参见张燕、陈胜：《绿色小额信贷——我国农民环境权保护之新路径探讨》，《全国博士生论坛“现代化进程中的农村与农民问题”论文集》，2012 年。

② 参见张燕、陈胜：《绿色小额信贷——我国农民环境权保护之新路径探讨》，《全国博士生论坛“现代化进程中的农村与农民问题”论文集》，2012 年。

③ 参见张燕、陈胜：《绿色小额信贷——我国农民环境权保护之新路径探讨》，《全国博士生论坛“现代化进程中的农村与农民问题”论文集》，2012 年。

（2）信贷的方便性。

同其他的银行贷款和商业贷款不同，小额信贷原本就是为了方便贷款而设置的。绿色小额信贷继承了小额信贷的这个特点，操作简便，资金到位快，程序简单。

（3）服务对象的指向性。

由于绿色小额信贷的设置的目标尤其固有，主要针对乡村环境的保护，因此服务的对象也只限于从事环保项目的微型企业、农户，以及扶助因气候变化而遭受损失的农民。

（4）信贷的无息性与资助性。

绿色小额信贷主要的目的是通过对环保节能减碳项目融资，帮助贫困地区微型企业、农户脱贫与发展当地低碳经济或循环经济，贷款往往具有公益性。

3. 绿色小额信贷对农民环境权保护的作用

（1）激励农民改变生产生活方式。

我国农民的生产生活方式是农村环境污染的一个重要源头。2013 年 3 月 27 日环境保护部发布的《2011 年环境统计年报》显示①，2011 年，全国废水中化学需氧量排放量 2 499. 8 万吨。其中，工业废水中化学需氧量排放量 354. 8 万吨，占全国废水中化学需氧量排放总量的 14. 2%；农业源排放化学需氧量 1 186. 1 万吨，占全国废水中化学需氧量排放总量的 47. 4%；城镇生活污水中化学需氧量排放量 938. 8 万吨，占全国废水中化学需氧量排放总量的 37. 6%；集中式污染治理设施废水中化学需氧量排放量 20. 1 万吨，占全国废水中化学需氧量排放总量的 0. 8%。可见，单就化学需氧量这一项指标，来自农村源的污染显然要比城镇严重得多。通过绿色小额信贷，

---

① 数据来源：中华人民共和国环境保护部：《2011 年环境统计年报：环境污染治理投资情况》，2013 年 3 月 27 日。

农民可以使用更好的清洁能源，改变自己的原料结构，从而改进生产生活方式。

**表4－3 各类型废水中化学需氧量分布表**

| 废水类型 | 化学需氧量排放量（万吨） | 占化学需氧量排放总量的百分比（%） |
| --- | --- | --- |
| 工业废水 | 354. 8 | 14. 2 |
| 农业源 | 1 186. 1 | 47. 4 |
| 城镇生活污水 | 938. 8 | 37. 6 |
| 集中式污染治理设施废水 | 20. 1 | 0. 8 |

（2）帮助农村在环保项目中就业。

绿色小额信贷可以为企业提供绿色环保项目的经费，从而鼓励企业从事绿色环保项目。项目一旦增加，就必然需要劳动力，从而带动农民就业。这样不仅可以帮助农民获得更高的收入，还可以更好地保护乡村的环境，维护农民的环境权。

（3）发展低碳农业，促进农业低碳化，保护农业生态环境。

农业与土壤一样，是巨大的碳汇系统。但农业系统比较复杂，利用方式的差异，特别是使用土地方式的不同，会严重影响碳吸收与排放之间的动态平衡，如此便不易判断各类作物不同生长阶段是碳源还是碳汇，以及影响两者之间演变过程的因素。“低碳农业”就是充分利用农业碳汇功能，是“低碳经济”体系。发展低碳农业的现实目标之一，就是在使农业生产减少温室气体排放的同时还能获得最大的社会效益。在广大农村，到处都有“农业低碳化”的文章可做。① 例如：河横村在1990年荣获“生态环境全球500佳”之后，

① 参见张燕、陈胜：《绿色小额信贷——我国农民环境权保护之新路径探讨》，《全国博士生论坛“现代化进程中的农村与农民问题”论文集》，2012年。

更坚定不移地走“低碳农业”之路，采用有害投入品减量、替代模式，施用有机肥料，坚持农产品加工废弃物循环利用模式，同时加大本村环境保护与绿化力度，这样不仅营造了生产无公害农产品、绿色食品的氛围与条件，同时也使本村成为附近农村观光休闲的主要场所，还产生了一举多得的“循环效应”。所以，在农业生产和消费过程中，无论是节地、节水、节肥、节种，还是节电、节油、节煤、节粮，只要可以降低农业生产成本，保护农业生态环境，增强土壤的固碳能力，减少温室气体排放，都属于低碳现代农业的有效形式。发展低碳农业一般通过制度改革、技术创新、金融扶植三大途径来解决，而绿色小额信贷属于金融扶植这一途径，在农民生产生活及微型企业生产中，对于其参与发展低碳农业具有激励作用。①

---

① 参见张燕、陈胜：《绿色小额信贷——我国农民环境权保护之新路径探讨》，《全国博士生论坛“现代化进程中的农村与农民问题”论文集》，2012 年。

# 第五章 农民环境弱势地位的社会学分析

环境权是在全球环境恶化的过程中逐渐被人们所认识的新型人权。在当前中国，农民的各种权利正日益受到国家和社会的重视，但至今农民环境权并没有得到很好的保护。在我国城市环境逐渐得到改善的同时，农村环境却持续恶化。作为弱势群体，农民在政治文化上的低影响力和在经济上的贫困决定了其权利易受侵害，权利的实现手段也非常缺乏，权利救济困难。[①] 在正义公平的法治社会中，保护农民环境权对于维护环境公平、提高农民生活水平均有重大意义。特别是在我国推动“四个全面”，提倡农村法治化建设，建设社会主义新农村的时代背景下，更具有重要的现实意义。

在“人定胜天”的观念指导下，人类在创造经济奇迹的同时，宿命般地必须面对环境危机。[②] 以环境正义为视角，人们发现环境危机运行的轨迹是：较之于发达国家，发展中国家为危机重灾区；较之于环境综合治理硕果累累的城市，城乡接合部及广大农村地区为危机重灾区；较之于社会富人阶层，社会中下层为重灾阶层，从而体现为环境不正义。然而，环境风险并非平均“分配”给每一个社会成员，不同的社会阶层或地域承受着不成比例的环境风险。[③] 在现

① 阳相翼：《论作为环境弱势群体的农民环境权的实现》，《辽宁行政学院学报》2012 年第 12 期。

② 李淑文、郭海霞、任大鹏：《环境正义视角下农民环境弱势群体地位分析》，《生产力研究》2011 年第 4 期。

③ 齐少年：《和谐社会建设中环境公平问题研究》，西南交通大学硕士学位论文，2007 年。

代化的进程中，城市或工业作为强势地区或产业在充分利用农村地区资源谋求发展的同时，却将环境污染带来的恶果转嫁给农村及农民。

## 一、环境弱势群体与农民“生存权的危机”

以环境正义视角探究农村环境问题各主体之间的利益关系，可以清楚地发现农民处于环境弱势群体地位。环境正义强调人们享有环境权利、承担环境义务，排除他人破坏或妨碍的行为并有效地参与环境事务，旨在追求环境上的社会公平和正义。环境正义理论的深层内涵在于两个方面：第一，在稀缺性突出的前提下，在环境资源（包括环境容量）分配中关注环境弱势群体，彰显公平正义；第二，环境正义关注环境弱势群体，但不局限于关注单一阶层和族裔，它的目标是在社会公正前提下，考虑到环境的公共属性，从社会整体的角度探讨解决环境危机的途径，从而避免更大的社会危机。[①]

“弱势群体”概念来自国外，多用于社会学、政治学、法学等学科。在国外学界已达成共识，所谓社会弱势群体是指那些由于某些障碍及缺乏政治、经济或社会机会而在社会上处于不利地位的人群。[②] 国内学界也有关于“弱势群体”概念的表述和界定，例如郑杭生等（1996）在《转型中的中国社会和中国社会的转型》中指出：“社会弱势群体是指凭借自身力量难以维持一般社会生活标准的困难者群体。”陈成文（2000）在《社会弱者论》中提出：“‘社会弱势群体’是一个在社会资源分配上具有经济利益的贫困性、生活质量的低层次性和承受力的脆弱性的特殊社会群体。”从经济地位、

---

① 参见李淑文、郭海霞、任大鹏：《环境正义视角下农民环境弱势群体地位分析》，《生产力研究》2011 年第 4 期。

② 参见薛晓明：《弱势群体概念之辨析》，《生产力研究》2003 年第 6 期。

职业划分、生理条件等不同角度看，“弱势群体”可分为生理性弱势群体和社会性弱势群体。社会性弱势群体（Social Vulnerable Groups），也叫社会脆弱群体、社会弱者群体。

在社会分层和社会断裂（孙立平，2003）的深层次社会结构性场域背景下，“弱势群体”概念成为社会科学主流话语之一。2002年3月，时任总理朱镕基在九届全国人大五次会议上所做的《政府工作报告》中首次使用了“弱势群体”这个词。这意味着中国政府开始正视并着手解决弱势群体问题。学界试图以社会学、政治学、伦理学、法学、经济学等多学科视角关注“弱势群体”，提出了“政治弱势群体”“权利弱势群体”“经济弱势群体”“教育弱势群体”等概念。不同学科对“弱势群体”的界定和研究重点不同，随着环境问题日益凸显，环境弱势群体成为社会性弱势群体中的新生成员。环境弱势群体作为新的弱势群体已经开始受到学界关注。

环境弱势群体是指在环境权利享有与环境义务承担等方面处于不利地位的群体。在农村环境污染问题中存在着政府、城乡企业、城市居民和农民几个利益相关主体，分析利益主体的社会地位、利益诉求和行为方式，可以明显发现农民处于环境弱势群体地位。就目前来看，农民环境弱势群体地位主要表现在以下几个方面。

### （一）农村生态环境恶化

1949年以来，中国农村的生态环境遭到了空前的破坏，农村环境日趋恶化，对农民的身心健康甚至生命安全构成了极大的危害。尽管政府在改善农村环境方面做出了很大的努力，也取得了一定的成效，但至今尚未从根本上扭转农村环境恶化的严重局面，亿万农村人口仍然长期生活在一种有害的环境之中。由于环境的严重污染，中国农村出现了一个个惊人的“癌症村”。学者周作翰和张英洪（2007）就曾对当时生态环境恶化的案例做过梳理：

据《北京青年周刊》2000年第31期报道，陕西省华县瓜坡镇马泉行政村所属的龙岭自然村自1974年村上发现第一例食道癌患者后，27年间，龙岭村共死亡55人，其中死于癌症30人，死于肺心病、脑血管病21人，无一例是自然死亡。全村人口从154人锐减至77人，30户人家中只有4户未出现过癌症患者，4年中只成活了2名婴儿。2005年6月22日中央电视台《经济半小时》播出《揭秘“死亡名单”》节目，报道了一个“癌症村”——山东省肥城市肖家店村因环境污染致使大量村民患癌症死亡的现象。2000年，该村死亡人数17人，其中11人是因为癌症死亡；2001年，死亡人数16人，其中9人是因为癌症死亡；2002年，死亡人数17人，其中10人是因为癌症死亡；2003年，死亡人数19人，其中12人是因为癌症死亡；2004年，死亡人数21人，其中14人是因为癌症死亡。《中国经济时报》2005年11月2日又报道了几个“癌症村”的故事——江苏省盐城市阜宁县杨集镇东进村、三庄村等村因污染致使近3年上百名村民死于癌症。

周作翰和张英洪据此认为，农村环境的恶化，使农民成为最大的受害者；改善农村环境，保护和促进农民的环境权，势在必行。同时，我国农村环境污染主要表现在以下几个方面。

1. 自然资源的严重破坏，自然灾害的频繁发生

据第六次全国森林资源清查结果，2004年我国森林覆盖率为18.21%，相当于世界平均水平的61.52%，居世界第130位；我国森林面积为1.75亿公顷，人均森林面积0.132公顷，不到世界平均水平的1/6，居世界第134位。到了2013年，第八次全国森林资源调查结果表明，我国森林资源进入了数量增长、质量提升的稳步发展时期。不过，我国目前仍然是缺林少绿、生态脆弱的国家。森林覆盖率也远远低于全球31%的平均水平，人均森林蓄积仅仅是世界人均水平的1/4，人均森林面积也只有世界人均水平的1/7。可以

说，我国森林资源总量相对不足，质量也不太高，而分布不均的状况也还没得到根本的改变。

我国是世界上荒漠化危害最严重的国家之一。据相关研究表明，20 世纪 50 年代至 70 年代，我国沙漠化土地平均每年扩大 1 560 平方公里，进入 80 年代，平均每年增加 2 100 平方公里，目前正以每年 2 460 平方公里的速度在扩展。据统计资料，我国荒漠化土地已达 267.4 万多平方公里，约占国土面积的 27.9%，荒漠化地区生活着 1.1 亿人口，涉及全国 18 个省区的 471 个县。我国也是世界上水土流失最为严重的国家之一。有资料显示，我国目前水土流失面积为 153 万平方公里，约占国土面积的 16%，每年流失土壤约 50 亿吨，占世界总流失量 600 亿吨的 1/12。生态环境的破坏使我国自然灾害频繁发生。1950—1980 年，我国平均每年受涝灾耕地面积 0.1 亿平方公里，成灾面积 0.08 亿平方公里，粮食损失 100 亿公斤左右，受灾人口以百万计，造成经济损失平均每年为 150 亿 ~200 亿元。20 世纪 80 年代以来，洪涝灾害呈迅猛发展之势，各大水系成灾率都有明显增长。1998 年夏季我国发生了历史上罕见的特大洪涝灾害，波及 29 个省市，特别是长江发生了自 1954 年以来又一次全流域性大洪水，松花江、嫩江出现超历史纪录的特大洪灾，造成受灾人口 2.23 亿人，死亡 3 004 人。20 世纪 90 年代，我国每年平均洪灾损失达 100 亿美元，旱灾损失达 350 亿美元。另据统计，50 余年来，我国各种自然灾害造成的经济损失高达 25 000 亿元，平均每年造成的损失占 GDP 的 3% ~6%、财政收入的 30% 左右，是发达国家的数十倍。1998 年仅洪灾损失就高达 3 290 亿元。①

---

① 参见张咏、郝英群：《农村环境保护》，北京：中国环境科学出版社 2003 年版。

## 案例 5.1　农村水污染源头呈现出多样化态势[①]

4 月 16 日国务院发布了《水污染防治行动计划》，农村水污染防治是其中的重要内容。中国社会科学院农村发展研究所研究员李国祥指出，农村水污染不仅直接危害农民生产生活，而且还影响农业的可持续发展，进而加剧国家粮食安全风险隐患和食品安全风险隐患，关系到我们每个人。“防治农村水污染，既是建设美丽乡村的迫切需要，更是提升城乡居民生活质量的重要保障。”

李国祥指出，农村水污染源头呈现出多样化态势。“我国农村曾经普遍是水美鱼肥的地方，无论是河里，还是池塘里，都能捕到鱼，甚至一些地方农村池塘的水或者井水，饮用后还让人有甘甜的回味。如今我们到农村去调查，再见到水美鱼肥的地方已经很难了，一些地方的地表水又黑又臭，鱼儿不见了踪影，根本不能供人直接饮用，农村水体已经污染得很严重了。”

农村水污染为什么会如此严重？李国祥认为，农业面源污染是农村水污染的“罪魁祸首”。所谓农业面源污染，就是滥用农业化学投入物和不当处置农业副产品等所造成的对农村资源和环境的污染，包括对土壤、水体和空气等的污染。但就水体来说，现代农牧业生产中滥用的化肥、农药和兽药，随意处置的农作物秸秆和畜禽排泄物，都可能是污染源。

“我们经常说中国用不足世界 10% 的耕地养活了超过世界 20% 的人口。这话不错，我国农业发展确实让我们彻底告别了农产品短缺时代，我们不再为缺衣少食而犯愁。但我们也必须清醒认识到我国农业施用的化肥量超过世界 30%。”李国祥说，农业上施用的大量化肥，一部分让植物吸收后变成了庄稼的营养，但还有一部分没

---

① 案例来源：中国发展门户网，http：//cn. chinagate. cn/news/2015 - 04/20/content_35368091. htm。

有被吸收，通过雨水冲刷或者其他流水等途径渗透到地下或者融入地表水中，将水体污染。我国农药、兽药和鱼药等用量也相当多，虽然防治了病虫害和动物疫病，但也与化肥有相似的污染水体隐患。

李国祥指出，我国已经成为世界上多数农产品生产的第一大国，不仅农业化学投入物种类多、数量大，而且农作物秸秆和动物粪便规模也很庞大，不好处理。过去农民通常会将秸秆作为生活燃料，而如今农民也用上电力和液化气等清洁能源。每当到农作物收获季节，农民如果无法将秸秆资源化利用，就会一烧了之，或者随意直接丢弃到附近的水体中，或者堆放在路旁，最终腐烂经流水进入水体中。过去农民养殖畜禽，会将它们的粪便作为农家肥加以利用，而如今农民养殖规模很大，是专业化养殖，可能不再需要农家肥，就直接将畜禽粪便排入水体中，或者随意堆放，也可能经流水进入水体中。秸秆和粪便都可能成为农村水体污染源，是造成农村地表水又黑又臭的主要根源。农村水污染的来源还可能是农民将病死的动物随意扔进水体中形成的腐烂。

“当然，农村工业化和农民生活也是不可忽视的农村水污染来源。”李国祥说，农村水污染，恶化了农村环境，破坏了农村生态，直接危害农民生活用水安全和农业用水安全。防治农村水污染刻不容缓。

这是一篇专家对中国农村水污染评论的报道，从该报道中我们可以清楚地看到农村水污染的严重性。这只是农村污染的一个方面，农村污染问题现在已经严重影响到村民生活，影响农村的可持续发展了。为此国家专门出台了《水污染防治行动计划》，这一计划将帮助我们有针对性地治理农村水污染，防止农村水污染进一步恶化。

2. 农药、化肥等农用化学物的大量使用

多年以来，我国化肥和农药的使用量呈双增长态势。据统计，从1979—2013 年，我国化肥使用量由 1 086 万吨增加到 5 912万吨，年均增产率5.2%。2012—2014年农作物病虫害防治农药年均使用量31.1万吨，比2009—2011年增长9.2%。[①] 据世界卫生组织统计，全球每年农药中毒者约250万至300万人次，死亡10万人左右。我国每年农药中毒者估计超过10万人，死亡约1万人。农药中毒方式可分为生产性中毒和非生产性中毒。生产性中毒是指因人类生产活动所造成的农药中毒现象。学者徐金强等曾对我国农药中毒现象进行过一些梳理：

> 1994年山东招远市农药中毒者高达1 000人次，其中94.33%是农药使用者中毒。非生产性中毒是指服毒、投毒、误食、食入毒药高残留食物等原因引起的中毒事故。1999年，广西某中学的332名学生因食用被甲胺磷污染的蔬菜造成中毒。2004年5月18日，吉林某大学的140名学生因食用被亚硝酸盐污染的食物造成中毒。农药残留超标现象也相当严重。据2000年春节期间农业部对全国11个省市销售的蔬菜、水果中17种农药的检测结果显示，农药的检出率为32.28%，超标率为25.20%。2003年2月我国出口的菠菜又因毒死蜱残留超标被日本和韩国亮了红牌。[②] 农民自己也经常吃着农药超标的蔬菜和食物，中毒事件时常发生。化肥对生态环境的影响也相当严重，1997年我国施用化肥3 829.1万吨，利用率仅30%，23%的氮肥挥发到空气中污染大气，或流入河流污染水质，危害人的生命健康安全。[③]

据环保部《2013年环境统计年报》数据显示，以水污染为例，重

---

① 冯华：《我国加强农业生态环境保护与治理　到2020年化肥使用量零增长》，《人民日报》，2015年3月18日。

② 参见徐金强、黄传辉、范育红、杨向黎：《从农药中毒谈规范我国农药的管理与应用》，《山东省农业管理干部学院学报》2007年第5期。

③ 参见彭珂珊：《中国洪涝灾害之后的生态环境问题警钟急鸣》，《洛阳农业高等专科学校学报》2000年第2期。

点流域的氨氮排放总量为171.4万吨，较上年下降了3.0%，占全国氨氮排放总量的69.8%。其中，松花江、辽河、海河、黄河中上游、淮河、长江中下游、太湖、巢湖、滇池、三峡库区及其上游、丹江口库区及其上游流域的氨氮排放量分别为12.3万吨、9.4万吨、23.9万吨、16.9万吨、28.0万吨、47.6万吨、5.2万吨、1.3万吨、0.4万吨、23.6万吨和2.8万吨，分别占重点流域排放总量的7.2%、5.5%、14.0%、9.9%、16.3%、27.8%、3.0%、0.7%、0.2%、13.8%和1.6%。[①] 其中各污染源所占比重如下图所示。

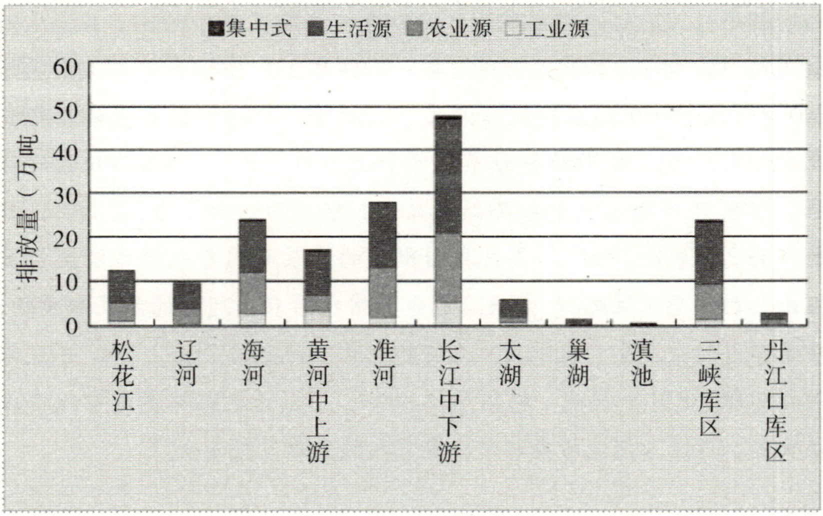


**重点流域氨氮排放情况**

① 数据来源：中华人民共和国环境保护部《2013年环境统计年报》。

### 案例 5.2　惠州试点农业面源污染治理①

广东在惠州市试点农业面源污染治理，尽管推行的“三控施肥”技术可靠，而且参与者购买化肥可享优惠，但是部分农户担心失收，施肥方式并没有改变。

李克强总理在今年“两会”政府工作报告中，提到要“整治农业面源污染，建设美丽乡村。我们要像对贫困宣战一样，坚决向污染宣战”。所谓“农业面源污染”，简单地说，主要是土壤中的投入品（化肥、农药等）和养殖业排放的污水，经地表径流、农田排水、地下渗漏等途径进入水体，造成水体污染。据广东省农业厅提供的数据显示，广东平均每亩农田化肥施用量 51 公斤，农药年施用量 6.71 万吨，产生农药包装废弃物 335.6 吨，高于全国平均水平。全省出栏生猪 500 头以上的养猪场 1 万多家，日产养殖业污水 45 000 多吨，其中 64% 的养殖业污水未经处理直接排放。

整治农业面源污染，在种植方面，最直接的措施就是科学施用农药和化肥，减少农药和化肥的使用量。有关方面为此进行了多年研究，摸索出一套科学的施肥用药方案。但是，今年初，当有关工作人员推广相关科研成果时，却遭到农民的不信任——减少施肥用药，降低耕作成本，保护土壤，当然是好事，可是，要是我的收成因此受影响，谁来为我的生活提供保障？没有人能回答这个问题。工作人员称，只能期待参与实验的农民的示范作用。只要这部分农民用实践证明了有关方案不影响收成，就会有更多农民参与其中。

当科研人员带领项目进行实验时，国家会下拨科研资金，保障科研工作顺利开展和提高科研人员的积极性。那么，当农民押上一年的收成和收入来参与实验时，他们得到什么保障和激励呢？似乎

① 案例来源：吾谷资讯，http：//news. wugu. com. cn/article/20140708/242554. html。

没人认真考虑过这个问题。

幸而，在水稻即将收获的7月，记者采访的村民都称，按照有关方案来施肥用药未影响收成。

“今年我的水稻施肥量少了，农药也用少了，产量估计和往年差不多。”7月4日，惠州市博罗县杨村镇李村的朱远明站在田边如是告诉《南方农村报》记者。朱远明今年参加了世行广东农业面源污染治理项目，当天，该项目现场交流会与年中总结会在惠州举行。

世行广东农业面源污染治理项目，即利用世界银行贷款资金治理广东农业污染问题，这是国内首个利用世行贷款实施的农业面源污染治理项目，也是广东省农业史上利用世行贷款开展的最大的项目。通过项目申报，环境友好型种植业示范工程在惠州、江门两市试点实施，治理农田约28万亩；牲畜废弃物管理示范工程先在惠州、江门、河源3个市试点，成熟后推广到全省，计划治理规模养殖场300家。今年3月13日，项目正式启动。

该项目13.2亿元的总投资中，世界银行贷款1亿美元（约合6.2亿元人民币）、广东省省级财政配套3.2亿元人民币、企业自筹3.5亿元人民币、全球环境基金赠款510万美元（约合3.16亿元人民币）。1亿美元贷款的还贷资金全部由省级财政负责。预计整个项目2018年底完工，还贷期20年。

作为环境友好型种植业示范工程的试点之一，从今年开始，惠州首批参与环境友好型种植业项目的乡镇有惠城区横沥镇、惠阳区平潭镇以及博罗县杨村镇，参与农田面积为3.25万亩，参与农户5 040户。

案例中惠州市借助技术进步来减少农村化肥的使用，以此来减轻农村环境污染，其主要解决的是农村面源污染问题。所谓农村面源污染是指农村生活和农业生产活动中，溶解的或固体的污染物

（如农田中的土粒、氮素、磷素等），从非特定的地域，在降水和径流冲刷作用下，通过农田地表径流、农田排水和地下渗漏，进入受纳水体（河流、湖泊、水库等）所引起的污染。惠州市通过技术改进的方式成功地解决了该问题。同时，广东省通过世行贷款进行项目扶助的方式也值得其他地区借鉴。由此可知，环境保护项目的实行，离不开资金的保障，需要形成多渠道的资金融集体系，才能更好更迅速地解决农村环境污染问题。

3. 城市及乡镇工业的排污

20 世纪 70 年代末以来，我国工业快速发展，乡镇企业在农村遍地开花，加上长期奉行的粗放式生产和掠夺式经营方式，使我国的环境资源遭受重大破坏，生态环境蒙受严重污染。

据 2004 年中国环境统计公报，全国废水排放总量 482.4 亿吨，比上年增加 4.9%。其中工业废水排放量 221.1 亿吨，占废水排放总量的 45.8%，同比增长 4.1%。全国废气中二氧化硫排放量 2 254.9 万吨，同比增长 4.5%。其中工业二氧化硫排放量为1 891.4万吨，占二氧化硫排放总量的 83.9%，同比增长 5.6%。烟尘排放总量 1 095.0 万吨，同比增长 4.4%。其中工业烟尘排放量 886.5 万吨，占烟尘排放总量的 81.0%，同比增长 4.8%。另外，全国共发生环境污染与破坏事故 1 441 起，造成的直接经济损失 36 365.7 万元。全国环境污染治理投资为 1 908.6 亿元，同比增长 17.3%，占当年 GDP 的 1.4%。①

“乡乡办厂、村村冒烟”的乡镇工业，对农村环境的污染更为严重。据环保总局调查数据：1995 年全国乡镇工业污染源为 121.6 万个，占当年乡镇工业总数的 16.9%。乡镇工业废水排放量 59.1 亿

---

① 参见中华人民共和国环境保护部：《中国环境统计公报》（2004 年），http：//zls. mep. gov. cn/hjtj/qghjtjgb/200506/t20050610_67563. htm。

吨，占当年全国工业废水排放总量的21%；乡镇工业二氧化硫排放量441.1万吨，占当年全国工业二氧化硫排放总量的23.9%；乡镇工业烟尘排放量849.5万吨，占当年全国工业烟尘排放总量的50.3%；乡镇工业粉尘排放量1 325.3万吨，占当年全国工业粉尘排放总量的67.5%；乡镇工业固体燃料废物排放量1.8亿吨，占当年全国工业固体废物排放量的88.7%。（见下表）

**1995年乡镇工业污染排放表**

| 污染排放类型 | 数量（万吨） | 占全国污染排放量的比重（%） |
|---|---|---|
| 工业废水 | 591 000 | 21.0 |
| 二氧化硫 | 441.1 | 23.9 |
| 工业烟尘 | 849.5 | 50.3 |
| 工业粉尘 | 1 325.3 | 67.5 |
| 固体燃料废物 | 18 000 | 88.7 |

乡镇工业污染的最大受害者就是当地的农民。河北省某地区小制革厂排放的废水，使得300米深的地下水不能饮用，该村三年征兵无一人合格，妇女不孕率、畸胎率增多，曾出现一个月接生8个畸形婴儿的现象。据相关部门在全国7个省12个地区对10个乡镇工业86万人进行为期三年的污染与健康状况调查，结果表明，由于乡镇工业的污染，受污染地区比对照地区（环境较清洁地区）的急性病发病率增加1.6倍，慢性病患病率增加了0.7倍，每10万人中多死亡98人，男性平均期望寿命下降2.66岁，女性平均期望寿命下降1.56岁，污染使妊娠异常率增加了5.97倍。[1]

---

① 参见张咏、郝英群：《农村环境保护》，北京：中国环境科学出版社2003年版。

### 案例 5.3 浙江农村工业污染堪忧[①]

浙江中小企业众多，曾有“家家点火，村村冒烟”的工业发展方式，这些家庭作坊式的中小企业在推动当地经济发展的同时，也给农村环境带来了不容忽视的污染问题。而这些农村地区的工业污染治理，却常因地理区位、历史遗留等被人遗忘。

值得注意的是，目前环保部门着重排查的还是工业园区等高污染企业集中的区域，而农村工业分散、分布范围广等特点都不利于环保排查。相关环保专家则认为，农村频频曝出工业污染事件的根源是“政府不作为”，最核心的治理方案也要从政府监管下手。

浙江省杭州市萧山区闻堰镇一处河道，因沿河的企业违法排污，变成有毒“黄河”的事件引发关注。深入该村可以发现，这条“毒河”的周围便是村民住宅区，村民、企业均“傍河而生”。

对此，长安村村委会主任赵建平告诉记者，该河的污染是沿河的5家企业排污造成的，属于铁离子超标。“环保部门始终查不出污染者是谁。”

针对污染顽疾，赵建平也曾向闻堰镇提出整治措施。“这条河道的治理方案分别是截污纳管、关停或拆迁。但就目前来看，这三种方式的可操作性都不大。”

“相对来说，关停一家农村企业很难，其中涉及民工安置、赔偿等问题，镇政府要有能力承担。”赵建平表示。

赵建平说，凭借他多年的地方工作经验，这种零散分布于农村的工业污染现象并非偶然，而是一个共性问题。

“近年来，农村企业的环保意识也在慢慢建立，它们大多都补齐了环评手续，并置办了一套自己的环保设备。”赵建平表示，但是，

---

① 案例来源：中国新闻网，http：//www.chinanews.com/sh/2013/10－31/5449344.shtml。

企业究竟有没有使用这套设备，或有没有按照规定使用，这就是个问题了。

正如赵建平所言，长安村面临的农村工业污染管制、治理问题并不是个例。

日前，发生在温州市乐清北白象镇一小学的“流鼻血事件”也让更多的人认识到农村工业污染的可怕。据媒体报道称，官方认定该事故是学校周边工厂排放的含有害物质的气体所致。

无独有偶，萧山区长安村也被癌症乌云笼罩着。记者查阅资料显示，早于2011年，长安村便因化工企业常年排放“毒气”，致其空气重污，据媒体报道称，当年该村有10位村民因空气污染患上癌症。

杭州市萧山区坞里村、绍兴三江村、绍兴新二村等地，近几年也因工业污染，被媒体盖上“癌症村”的帽子。

不仅如此，仅2013年，浙江就频频被曝农村工业污染事件。

3月22日，平湖市一个村庄被曝空气污染严重。据媒体报道称，经调查，该异味主要来自距离该村不远的上海金山第二工业区。

4月16日，金华市浦江县岩头镇朝阳村被曝出一条受污严重的“牛奶溪”，据官方介绍，该污染主要来自附近的工业企业。

4月18日，嘉兴秀洲区王江泾镇的万兴桥河，受喷水织机污水直排影响的整条河道污染严重，无法灌溉农作物。

为此，记者采访了有多年环保工作经验的萧山区环保局副局长朱海斌。

朱海斌告诉记者，高污企业被统一规划进入工业园区，拥有良好的监管机制及完善的环保配套设施。“而对于一些零散分布在农村、未被纳入工业园区的企业，其治理的根本方法是搬迁企业，但这需要逐步完成，耗时很长。”

“事实上，环保部门在排查工业污染时，着重点还是在工业园区等高污企业相对集中的区域。”朱海斌表示，相对来说，农村工业分布范围广、企业分散等特点都不利于环保排查。

监管困难、环保力量薄弱……浙江省农村工业污染的治理屡陷重围，而如何根治也成为不少环保专家共同探讨的话题。

“农村工业污染的监管相对薄弱，甚至存在盲区。”华中科技大学中国乡村治理研究中心主任贺雪峰表示，很多时候，政府的主导角色是经济发展者，却并非一个合格的环境监管者。

针对农村工业污染产生的原因，贺雪峰认为，这是个历史遗留问题，早年间，浙江的国有、集体、私营等企业纷纷进入全面发展阶段。“那时，人们大多都没有考虑过环境污染的问题。”

贺雪峰说，目前与农村环保相关的环保、水利、国土、农业等部门都在城市，农村还没有这样的监管机构常驻，很难对这些工业园区或者工矿企业形成常态化的监管。

而针对农村工业污染的监管问题，南京大学农村问题与环境问题研究专家张玉林则认为，农村工业污染的防治并不仅是在村里安置政府监管机构就可以解决的，这主要得看地方环保部门的治理态度。

张玉林表示，从根本上说，环保就是“小部分人发财致富”和“大环境”间的博弈，农村发展容易顾此失彼。

“在小县城、乡镇、农村，群众环保意识和维权意识尚不高的情况下，地方政府往往倾向于对一些偷排企业‘睁只眼闭只眼’。”张玉林称。

最后，张玉林总结道，农村工业污染的始作俑者就是“政府不作为”。其最核心的治理方案也要从政府监管下手，只有政府硬起手腕来，环境污染的问题才能得到妥善解决。

记者遂向杭州市环保局了解情况，据介绍，目前该局并未统计零散分布在农村的工业致污的相关数据，政府大多还是将注意力集中在工业园区的污染问题上。该局表示，一般情况下，杭州市各农村零散工业的污染还是由各个村镇自行处理。

记者从浙江省环保厅了解到，对浙江一些农村工业企业的数量，目前尚无确切的统计数据。

浙江省环保厅表示，农村工业较为隐蔽，具有一定流动性，执法和监管较为困难。所以，在农村工业的监管方面，社会监督和百姓举报也是加强环境执法监管的重要渠道。

谈及农村工业污染的治理措施，浙江省环保厅表示，浙江省于2011年启动了省级重污染高耗能行业的整治提升工作，要求在“十二五”期间全面完成铅蓄电池、电镀、制革、造纸、印染、化工等六大行业的整治提升工作；按照“关停淘汰一批、整治提升一批、搬迁入园一批”三个一批的基本思路，严格淘汰落后产能企业并关停一批低小散企业。

关于农村工业污染的根源问题，专家、政府各执其词，这在一定程度上也恰恰揭示了其重要程度。

农村的工业污染问题越来越严重，随着第三次产业升级，现在沿海大城市已经将污染较严重的工业企业淘汰到了农村，农村的环境面临着更大的威胁。但是我国现有的技术还不能完善地解决工业污染问题，法律也没有明确相关责任人的赔偿问题，因此很难对其进行治理。在国际上虽然流行用碳汇来解决相应问题，但不适用于中国的国情。另外，政府需要发展经济，因此农村又要接受产业升级的配置，将工厂引入。在这两方面的作用下，农村的工业污染问题会越来越严重。如今政府和学界已经注意到相关的问题，并且在探索适合中国实际的解决方法。

### （二）在环境保护制度层面上农村边缘化

总的来看，我国的环境制度和环境保护工作不同程度存在忽视农村的情况，现行的环保法律及相应政策制度在农村的适应性差。比如，在环境组织管理方面，农村缺乏有效的人员力量和管理。在环境治理投资方面，城乡不均衡现象较突出，农村环保设施非常薄弱。同时，城市环境的改善往往以牺牲农村环境为代价，导致城乡间产生了“环境剪刀差”现象。另外，随着城市环境容量约束加大，高耗能、高污染企业主动或者被动地迁出城市，向更加廉价且环境约束少的农村地区梯度转移。[①] 加之一些地区无序的城镇化以及开发区的盲目建设，导致农村耕地环境承载力急剧下降。正如国家环保部副部长潘岳所说，农村在为城市装满“米袋子”“菜篮子”的同时，出现了地力衰竭、生态退化和农业面源污染现象。

### （三）在应对环境污染方面农民力量困乏

近年来，农村居民人均纯收入虽然逐年增加，却远远落后于城镇居民人均可支配收入的增长幅度。根据国家统计局公布的城乡居民收入数据进行计算，我国城乡居民收入差距悬殊，基本上呈逐年拉大趋势，如果将城镇居民所享受的各种实物性补贴（如住房、医疗、物价等）计算在内，那么城乡居民的实际收入差距比名义收入差距还要大得多。在环境和资源问题上，富裕人群的人均资源消耗量大、人均排放的污染物多，而相对贫困人群由于自身能力、社会资本和资金的弱势，往往成为环境污染和生态破坏的直接受害者。富裕人群可以通过各种方式享受医疗保健，以补偿环境污染给生活质量带来的损害；贫困人群却没有能力选择和改善生活环境，更没有能力为健康损害维权。[②]

---

① 参见黄巧玲：《农民的环境弱势地位与制度的伦理关怀》，《理论探讨》2009 年第 1 期。

② 参见田翠琴：《消费分层与消费正义初探》，《中共石家庄市委党校学报》2007 年第 5 期。

### （四）在环境保护意识方面农民意识淡薄

社会统计学已经验证，环保意识的高低与受教育年限多少成正相关关系。自我国城乡二元分割体制运行以来，农民所接受的教育时间、内容和水平，显著劣于城市居民。文化程度的限制、环保意识的淡薄和传统生产生活方式的消逝，农民对环境问题的重要性、必要性和迫切性重视不够，更多倾向于获取经济利益而忽视环境损益。部分污染企业为避免村民的激烈抗议和环保冲突，常常进行社区群众的危机公关和利益捆绑，例如优先录取企业驻地村的村民进厂打工，也有慰问贫困户或者发红包等形式，从而用“糖衣炮弹”软化村民抗争的意愿。在这样的情况下，有些村民把自己收入有无减少或者提高放在首位，很少去担心企业有没有给村里带来更多的污染。此外，农民自身的文化素质影响了其对环境信息的理解能力，对自身周围的环境问题缺乏敏感知觉，对环境问题的危害知之甚少，也不能及时有效地进行防范，往往错过了环境危害治理和损害防控的最佳时间。①

### （五）在环境维权力量上农民呼声微弱

我国宪法写明我国是工人阶级领导的、以工农联盟为基础的人民民主专政的社会主义国家。农民群体无论是对国家贡献，还是人数规模，理应是这个社会的重要政治影响群体。随着市场经济的不断完善，社会转型、体制改革加速，社会阶层重新分化整合，作为主人翁的农民却在“摸着石头过河”的探索中成了弱势群体。“处在社会等级底层的农民拥有的资源少，政治参与机会和社会参与机会少，再加上组织化程度不高，‘像一盘散沙’，形不成团结的维权

---

① 参见黄巧玲：《农民的环境弱势地位与制度的伦理关怀》，《理论探讨》2009 年第 1 期。

力量，他们发出的呼声极其微弱，在政策的制定中缺乏话语权，只能成为政策的被动接受者，而很少能影响公共政策的制定。”① 在涉及环境利益诉求时，由于农民的素质、能力和资源限制，他们的诉求很难传达到决策层，遑论为自己争取有利的环境权益和政策支持。在遭受环境侵害时候，他们要么选择默默承受，要么选择信访抗议等环境维权方式，然而由于利益表达方式缺乏相应的制度保障、司法救济等支撑，农民通过自身来维护权益的呼喊声往往有些游离无力。

## 二、农民环境弱势群体地位的分析视角

关注社会现实问题一直是社会学这门学科的基本“品性”。在过去社会学不断发展的一百多年里，比较有影响的学派主要是功能主义学派、社会冲突学派、社会交换学派。从这三个不同的理论视角来分析形成当前农民环境弱势群体地位的原因，能够给我们不同的启发。

### （一）从功能主义视角分析农民环境弱势群体地位

经典社会学理论流派众多，其中功能主义占据一席之地，为众多社会学家所推崇。其学术脉络可上溯到孔德的有机体类比理论，到斯宾塞的分析功能主义，再到涂尔干的发展，以及人类学家马林诺夫斯基和拉德克里夫·布朗的明确表述。经过帕森斯分析功能主义及默顿中层理论的发展，功能主义在经历了 1950 年至 1970 年的顶峰时期后逐渐式微。② 这里拟从默顿的经验功能主义和卢曼的系统

---

① 参见黄巧玲：《农民的环境弱势地位与制度的伦理关怀》，《理论探讨》2009 年第 1 期。

② 参见陈静：《从孔德的有机体类比到帕森斯分析功能主义——功能主义理论脉络梳理》，《时代文学》（下半月）2014 年第 5 期。

功能主义来解释农民环境弱势群体地位形成的原因。

1. 经验功能主义视角下农民环境弱势群体地位的原因分析

默顿的经验功能主义是从对涂尔干、帕森斯等人的理论的继承与发展中建立起来的“中层理论”。而所谓“中层理论”是指“介于日常研究中低层次的而又必需的操作假设与无所不包的系统化的统一理论之间的那类理论，而统一性的理论试图解释社会行为、社会组织和社会变迁中的一切观察到的一致性”①。默顿将几种不同的功能进行分类：某一事物对于维护社会整体的存在具有积极的作用的话，它具有正功能；反之，某一事物能破坏社会整体的存在，则具有负功能。无论是正功能还是负功能，如果是系统的主体有意造成并意识到的，都是显功能；而还有一些后果不是主体有意造成并意识到的，因而是潜在的，则称潜功能。② 从默顿的经验功能主义视角可以看到，造成农民环境弱势群体地位的原因主要有以下两点：

（1）对乡村环境的正功能估计不足。

乡村环境在中国经济发展中被弱化的事实是不容否认的。主要的原因有两个：一是乡村环境的经济功能没有被正确认识，二是乡村环境的人文功能没有被正确认识。新中国成立之初的经济发展定位就是牺牲农业，发展重工业。在改革开放之后，虽然农村是改革的先头地区，但是改革的重点被放在了城市。这是由于农业向来被认为是基础性产业，其产值的比重在现代国家中应该减少。随着改革的不断深入，农业的重要地位得以突出，而与此相关的乡村环境的经济功能也被逐渐认识。乡村环境的好坏，直接关系城市环境的好坏，是决定乡村旅游能否发展起来的重要指标。这是在先前大力

① 参见侯钧生主编：《西方社会学理论教程》，天津：南开大学出版社 2001 年版。

② 参见韦克难等：《社会学概论》，成都：四川人民出版社 2006 年版。

发展工业时所没有认识到的。伴随着中国大规模的大拆大建，乡村原有的景观也被破坏，而这些景观正是中国传统文化的承载物，对中国文化的传承和发展起着重要的作用，但其在一切围绕 GDP 的中国改革发展中却被忽略。正是由于乡村环境的经济功能和人文功能被埋没，乡村环境的发展无法引起重视，进而逐步落后于城市，农民也成了环境权的弱势群体。

（2）对乡村环境的潜功能缺乏认识。

乡村环境的潜功能很少被提及。现在对乡村环境的功能研究主要都是从其区域本性出发的，即通常只将乡村环境作为农民生活的区域范围，仅仅从这个空间的概念来看待乡村环境是不够的。要把乡村环境视为农民生产生活的有机系统，视为与城市环境相联系的一个开放的系统。乡村环境的潜功能主要是维持乡村共同体。在乡村环境优美的情况下，乡村里的人能够长期居住，即使出现了外出打工等人口外流的情况，但村庄依旧是一个有机的共同体，村民仍怀有对故土的眷恋。但是，一旦乡村环境遭到破坏，村民在这个共同体中的生存受到了威胁，则会选择搬离。一旦出现大规模的人口迁移，整个乡村的社会组织、经济组织都会逐步瓦解，最后整个村落都将瓦解。由于没有认识到乡村环境的维持功能，因而在发展经济过程中破坏了环境，进而造成村庄解体、文化消失，农民群体逐渐沦落为环境的弱势群体。

2. 系统功能主义视角下农民环境弱势群体地位的原因分析

系统功能主义是由尼克拉斯·卢曼提出的，他采用一般的系统方法，强调人类行动组成系统这一事实，一些人的行动经由编码和其他媒介——权力、货币、爱情等的沟通而组成相互关系，产生社会系统。所有系统都存在于多维环境中，环境孕育着的系统必须去应付无穷的复杂性。因此，为了在环境中生存，系统必将发展出降低复杂性的机制，通过时间、物质、符号三方面去降低复杂性。系统通过“人为的”行为方式、语言和高度普遍化的通信编码（如货币、权力）来降低环境的复杂性。①

从这个角度出发，农民的环境权弱势地位主要体现在从改革开放至今，还没有正式的符号去表达农民的环境诉求，也没有正式的渠道将农民环境权融入整个社会系统中，无论是经济系统还是法律系统或是行政系统，都没有农民环境权的符号化表示，这就造成了在相应的经济上、法律上无法给予农民环境权支持，行政系统中对农民环境权的不重视，也造成了农民在环境上的弱势群体地位。

（二）从冲突论视角分析农民环境弱势群体地位

冲突论强调资源、权力和声望的有限性导致人们的斗争，这是一种永恒的社会现象，也是社会变迁的主要动力。冲突论分为功能冲突论和辩证冲突论。功能冲突论依据此条假设，即构成社会的各部分不是作为整体的一部分而平稳运行的，而是相互冲突的，这不等于说社会就永无秩序——冲突论者并不否认社会秩序的存在——可是，秩序只是社会各部分之间不断冲突的一种结果，而且，并不一定就是事物的自然状态。② 辩证冲突论则把结构功能主义作为理论的对立面和批判对象，从社会压制模式出发建立辩证冲突论，试图用社会结构来解释团体冲突现象。社会冲突理论认为冲突是社会变迁的动力，冲突及其引起的变迁是正常现象，社会组织彼此联结在一起源于彼此之间的压抑。达伦多夫将社会压制模式归纳为以下要点：第一，每个社会随时都可能有变迁过程，社会变迁无时不在；第二，对立的冲突在每个社会随时存在，无时不有；第三，社会中的每一个要素均可促使社会变迁，甚至不整合；第四，每个社

① 参见韦克难等：《社会学概论》，成都：四川人民出版社 2006 年版。

② 参见［美］戴维·波普诺著，李强等译：《社会学》，北京：中国人民大学出版社 1999 年版，第 18 页。

会都建立在某些成员对其他成员的压制的基础之上。[①]

1. 从功能冲突论分析农民环境弱势群体地位

功能冲突论有五个主要的功能命题：一是冲突越激烈，冲突各方之间的分界线就越明显；二是冲突越激烈且各方内部差异越大，则冲突各方内部越有可能集中其决策的结构；三是冲突越激烈且各方内部所有成员的福利影响越大，则冲突越能促进各方内部成员之间结构上和意识形态上的团结；四是冲突越激烈，则冲突导致冲突各方内部对压制不满和异端，被压制方被迫服从价值和规范的倾向就越强；五是各方面的冲突越是被迫服从，则其内部的敌意就会越积越强，从长远观点看，则越有可能使各方内部的冲突表面化。[②]

如果将农民和政府作为冲突双方，其在环境上的冲突有一个逐渐加强的趋势。从新中国成立到人民公社时期，当时重化工业都在城市，对农村的环境破坏很小，农村还维持着原来的生产生活方式，此时双方在环境方面还没有构成冲突。随着时间的推移，从改革开放开始，双方的矛盾逐渐演化。改革开放初期，国家进行大规模建设，需要砖、木材等材料，这些材料都是从农村中来的。那时，由于人们的普遍贫穷，因而对金钱的需要超过对环境的需要，农民没有意识到树木的砍伐和砖厂的运作会给环境造成破坏，这时双方存在冲突点，但由于有同样的目标，且农民自身的认识不足，矛盾被掩盖。到改革开放深化阶段，产业升级开始，污染大的产业迁入农村，此时，农民已经意识到了自己的环境被破坏，与政府的矛盾逐渐凸显。由于农民在开始对环境破坏的认识不足，在与政府博弈中自己又处于比较弱的地位，往往会屈从于政府的态度，故而形成了

---

① 参见宋林飞：《西方社会学理论》，南京：南京大学出版社 1997 年版，第 346 页。

② 参见韦克难等：《社会学概论》，成都：四川人民出版社 2006 年版。

环境弱势地位。在积累了一段时间之后，由于被迫服从一直都存在，故而存在使冲突表面化的“潜能”，也就造成了群体性事件。

如果将农民和污染企业作为冲突双方，则其处于一个比较平等的地位。但是农民的分散性大，团体利益诉求的一致性差，所以反抗的力量相对较弱，进而导致其处于一种环境弱势地位。

2. 从辩证冲突论分析农民环境弱势群体地位

辩证冲突论认为社会是一个强制性的协作集团，其中一部分拥有统治和支配的权力，另一部分则处于被迫接受统治和支配的地位。然而在这个过程中，权力和权威都是稀有资源，某一特定的协作集团中，各种群体都在对立的利益关系萌发时候就开始为此竞争和搏斗，由此产生冲突，最后重新确立协作集团的权力和权威的分配秩序。① 农民开始就在整个社会系统中处于弱势地位，不仅其环境权得不到保证，其他权利也很难得到保障。近年来，随着农村环境问题所造成的群体性事件越来越多，政府从维护社会稳定的角度不得不对其让步，这就促使国家现在从行政管理体系和法律两方面做出改变，这可以看成对权力秩序的调整。

### （三）从社会交换理论视角分析农民环境弱势群体地位

社会交换理论将个人和集体行动者间的社会过程视为有价值的资源交换过程。对这一交换过程的分析，有助于对社会结构的了解。社会学家们通过对功利主义假设的借用、修正和否定，形成并发展了社会交换理论。② 这一理论把经济学的“交换”概念进一步拓展到整个社会，把人们之间的互动过程看作是交换过程，认为人们的社会结构和社会关系是在人与人之间“给予—回报—再给予—再回

---

① 参见韦克难等：《社会学概论》，成都：四川人民出版社 2006 年版。

② 参见［美］乔纳森·特纳著，邱泽奇等译：《社会学理论的结构》，北京：华夏出版社 2001 年版，第 259 页。

报”这样一个连续不断的过程中生成和维持的。

如果将农民看成一个利益集团，非农民看成另一个利益集团，就可以用上述的理论对农民环境弱势群体地位进行分析。在新中国成立之初，农民为工业建设提供原料来源，为非农民提供粮食，但是，农民的第一次给予并没有得到回报。改革开放后，农民为城市建设贡献廉价的劳动力和原材料，农民的第二次给予也没有得到回报。在改革开放深入阶段，城市内需饱和的情况下，农民为工业提供市场，但是这次给予仍然没有得到回报。在这种一而再、再而三的给予没有得到回报后，社会结构就已经形成了，农民的环境弱势群体地位也就形成了。

## 三、农民环境弱势群体地位的制度性因素

实际上，农民环境弱势群体地位的形成本质上是源于一些制度性因素。如果不改变这些制度性因素，农民环境弱势群体地位难以发生根本的改变。就当前中国社会而言，造成农民环境弱势群体地位的制度性因素主要有以下几个。

### （一）社会分层和社会断裂的场域背景

农民在社会结构中处于相对弱势地位，属于环境弱势群体。环境弱势群体的特征是由于其较差的社会地位和获取社会资源能力的欠缺而需要扶助。[①] 现存的社会分层和社会断裂现状使得城乡状态表现为结构性断裂，其实质在于城乡之间的不平等和不公正。城乡社会断裂使得城乡间存在工业垃圾和城市生活垃圾污染转嫁，农村人口与资源之间关系高度紧张，农民为摆脱贫困状态而无力顾及对生态环境污染的控制，乡镇工业无法克服自己的先天不足，农村中精

---

① 参见李淑文、郭海霞、任大鹏：《环境正义视角下农民环境弱势群体地位分析》，《生产力研究》2011 年第 4 期。

英分子流失，农村的环境保护供给不足等状况。我国特定的城乡断裂现象的存在和影响，是造成农村污染问题日益严重和农民环境权受损的深层原因。

经济发展所带来的“环境风险并非均衡地分配于城乡每一个社会成员”[①]，农村或农民作为弱势地区或弱势社会阶层承受着不成比例的环境风险。通过对环境权主体关系的解构，可以发现，与政府主管部门、相关污染企业相对比，农民这一环境权主体承担着与其享受的权利不对等的环境义务，即过度的环境义务。这就造成了农民所处的环境弱势群体地位。

### （二）政府城乡间环保目标的不均衡性

城乡间的不均衡性主要指城乡在获取环境资源要素、获取环境利益与承担环境责任上存在失调。[②] 我国对于环境问题的重视是“自上而下”的，始于20世纪70年代。40多年来，虽然在生态环境治理方面做出了一定成就，然而我国的环境现状仍然令人担忧。城乡分治战略使中国环境问题并未真正解决，而是从城市转移至农村，转嫁给了农民。实际上，农村素来扮演城市生态系统支持者和城市污染消纳方的角色。农民成为生态破坏的直接受害者和部分城市污染物质的接受者。20世纪80年代，中国的“三农”问题开始进入学者的视野，到90年代农村生态环境问题则进入“三农”问题的范畴。[③] 相较于备受重视的城市环境污染和治理，农村环境问题、农民环境权受损问题呈现恶化之势。环境保护部2010年5月31日

---

① 参见李素华：《论环境弱势群体——农民环境权利的实现》，《经济研究导刊》2009年第34期。

② 参见李淑文、郭海霞、任大鹏：《环境正义视角下农民环境弱势群体地位分析》，《生产力研究》2011年第4期。

③ 参见李锦顺：《城乡社会断裂和农村生态环境问题研究》，《生态经济》2005年第2期。

发布的《2009年中国环境状况公报》指出，与城市环境质量总体较好对应，“当前农村环境问题日益突出，形势十分严峻。突出表现为农村生活污染治理基础薄弱，面源污染日益加重，农村工矿污染凸显，城市污染向农村转移有加速趋势，农村生态退化尚未有效遏制”。

农村环境污染除了乡镇工业、农药喷洒以及生活垃圾等“内生聚集”污染外，更大的威胁来自城市向农村转移的外源性污染。农村环境问题呈现出点源污染与面源污染共存、生活污染和工业污染叠加、各种新旧污染相互交织的发展态势。据环保部统计，“全国因固体废弃物堆存而被占用和毁损的农田面积已超过200万亩，3亿多农村人口面临饮水不安全问题。全国农村每年产生生活污水约80亿吨，生活垃圾约1.2亿吨，每年畜禽粪便排放总量达25亿吨。同时，城市工业污染向农村转移趋势加剧，一些城郊接合部成为城市生活垃圾及工业废渣的堆放地。大量掠夺式的采石开矿、挖河取沙、毁田取土、陡坡垦殖、围湖造田、毁林开荒等行为，使很多生态系统功能遭到严重损害。土壤污染程度加剧……威胁国家生态安全”①。

从制度经济学来看，农村环境是准公共产品，但它的“责任主体界定模糊、公益性突出、投资回报偏低的特点，造成了义务主体与受益主体的严重脱节”。广大农村区域和农民“承受着发展造成的污染所带来的后果而较少地参与到发展成果的分享，这有悖于社会公正这一社会发展理论原则”②。在环境危机日益严重的趋势下，解决环境问题不仅仅需要在污染防治整体中改善，内部结构整合升级

---

①　参见中华人民共和国环境保护部：《2009年中国环境状况公报》，2010年6月3日。

②　参见李淑文、郭海霞、任大鹏：《环境正义视角下农民环境弱势群体地位分析》，《生产力研究》2011年第4期。

也迫在眉睫。学术界开始从对环境问题的普遍关注跃升至优化环境内部结构、缓解环境权利冲突、聚焦边缘化的农村环境治理与农民环境权保护。

农民作为环境领域的弱势群体，按照“环境正义”的原则应被充分赋予“环境权”。对农民来说，环境权就是享有在安全和舒适的环境中生存及合理利用环境要素的权利。要解决农村环境问题，应重视农民环境权的保护和实现。因此，从农民权益维护的视角考虑农村环境问题，要求我们关注农民环境权的公平分享和环境义务的合理承担。在探讨当农民环境权受损和承担与环境权利不对等的环境义务时，要充分考虑农民环境权的救济方式、救济运行机制和效果等问题。

### （三）缺乏保障农民环境成本与环境利益对称的制度安排

目前，我国缺乏农民参与下的、以保障农民环境成本与环境利益对等、公平承担环境义务、合理享有环境权利的制度安排。

为保证经济增长、国家生态安全和整体环境利益，农民环境权受到抑制甚至面临生存窘境。国家在推行环境政策时通常都会有相应的环境补偿，但环境补偿补给的主体不是真正受损害的农民。环境补偿通常是政府间补偿，由政府控制和支配。虽然其中并不存在有意针对农民的环境侵权，但由于补偿并未落实到农民身上，农民环境权益受损。可以通过考量环境补偿是否以农民付出的环境成本为依据来判断我国农民环境成本与环境利益制度安排上的对等性。

首先，在现有政策中存在着只限制农民的行为而并不补偿的规定。比如说《农产品质量安全法》第三章中关于“禁止生产区域”[1]的规定。其中第十五条规定：“县级以上地方人民政府农业行政主管

---

① 导致所生产的农产品中有毒有害物质富集超过标准，依据评价结果和农产品品种特性，经县级以上地方人民政府批准后，禁止生产农产品的区域。

部门按照保障农产品质量安全的要求，根据农产品品种特性和生产区域大气、土壤、水体中有毒有害物质状况等因素，认为不适宜特定农产品生产的，提出禁止生产的区域，报本级人民政府批准后公布。具体办法由国务院农业行政主管部门同国务院环境保护行政主管部门制定。”

第十七条规定：“禁止在有毒有害物质超过规定标准的区域生产、捕捞、采集食用农产品和建立农产品生产基地。”“禁止生产区域”强调保障农产品质量安全，根据农产品品种特性和生产区域大气、土壤、水体中污染的状况等因素，划定禁止生产区域。一旦划定禁止生产区域，特定农作物就被停止生产。“禁止生产区域”制度落实后，只有禁止生产的限令并无配套的补偿制度，必然会带来一定区域内农民利益的受损。因为导致特定区域内污染的原因往往并非仅是耕种土地的农民，甚至根本与农民无关。

此外，即使存在环境补偿，环境补偿更多情况下是体现政府环境利益保护目标实现的决心。从操作层面讲，更多的是以政府能够负担的方式作为补偿的标准，并不是以农民受到的损害或者为环境付出的成本代价为标准。即使考虑也只是考虑农民为环境所付出的直接成本，未包括其他间接成本和机会成本。以退耕还林为例，退耕还林的补贴标准虽然较高，但是其实是有期限的。不管是一个八年还是两个八年甚至更长时间，都不是以农民损失为基础的补偿政策，而是基于政府强烈的行政推动。本来一个八年结束后应该停止补偿，但由于发现农民在到期后会砍树种田，于是在无奈的情形下，推行第二个八年补偿政策。试想，如果第一个八年的补偿已经足额到位的话，接下来的补偿费用从何而来？可见退耕还林政策在实施的初期只是考虑到政府的财政承担能力，欠缺对农民足额的环境补偿。

## 四、改变农民环境弱势群体地位的重点

改变农民的环境弱势群体地位是保证社会公平正义的重要内容。为了改变农民的环境弱势群体地位，主要需要做到以下几点。

### (一) 打破城乡二元结构

新中国成立以来的基本国策就是优先发展城市和工业，而且为了发展城市和工业，国家从农村和农业获得了大量的财富。此外，从1958年开始，国家还推行“二元”户籍制度，把农民限制在农村，束缚在土地上从事农业生产。这些都形成和加深了我国的城乡二元结构。李昌平曾大声疾呼，要求国家“给农民国民待遇”，让农民摆脱“二等公民”的处境。可见，我国城乡差距有多大。这种牢固的城乡二元结构阻碍了农民的向上流动，阻碍了农民的发家致富，阻碍了农民成为与城市居民平等的公民。这种城乡二元结构影响着农民生活的方方面面，自然也包括农民自身的环境权保护。

农民的环境弱势群体地位很大一部分正是这种不公平的城乡二元结构造成的，所以要想改变农民在环境权益上的不利地位，首先就需要打破这种城乡二元结构，推进城乡一体化。这一点中央已经深刻地意识到了，并出台了相关的政策文件。只有这种二元结构被打破，农村才能和城市进行平等的对话、平等的协商，甚至是平等的对抗。这种平等的对话、协商或者对抗，是农民得以维护自身环境权益的前提。

### (二) 加快发展农村经济

马克思说，“经济基础决定上层建筑”。邓小平说，“发展是硬道理”。可见，发展经济对一个国家的重要性。同样，农村也需要加快经济的发展。只有农村经济发展了，农民经济上收入提高了，农民才能更好地保护自身的环境权益。首先，很多时候那些污染严重

的企业之所以能够转移到农村，其实是得到了农民的默许，甚至是欢迎的，因为企业的进入尽管会破坏当地的生态环境，却可以增加他们的经济收入，比如为他们提供一份工作。在经济收入较低的时候，农民很有可能会出于“理性”的考虑，决定放弃美好的环境来换取经济收入的增加，这就为污染企业的进驻提供了机会。此时，农民的环境权益之所以会遭受损害，是因为他们不如此则很难增加经济收入。所以，要加快发展农村经济，使农民不必为了“金山银山”放弃“绿水青山”。

其次，当农民的环境权益受到损害之后，农民如果想要维权是需要一定的经济实力作后盾的。农民往往需要停下手中的工作，参与到维护自身环境权益的活动中。而且，假如是通过司法途径解决的话，还需要请律师来发起诉讼，这也需要一笔不小的开支。凡此种种都要求农民具有一定的经济实力来支付环境维权的“成本”。所以要想改变农民的环境弱势群体地位，需要加快发展农村经济，使农民可以没有顾忌地维护自身的环境权益。

### （三）推进政府职能转变

在计划经济时代，我国政府大包大揽，事无巨细地管理着社会生活的方方面面。改革开放之后，政府行为不断适应市场化改革的需要，但行政方式仍然依靠强有力的“科层制”手段对社会及其中的公民“管得过多，管得过细”，导致政府运转成本过高，社会自我管理较弱。近年来，无论是学术界还是政府都意识到需要转变政府的职能。比如2014年李克强总理就提出要“转变政府职能，建设现代政府”，也就是从“管理型”政府向“服务型”政府转变。这种政府职能的转变必然会为农民维护自身的环境权益、改变自身的环境弱势群体地位提供许多便利。

在“管理型”政府时期，政府往往是“高高在上”的，农民如果有什么困难需要政府解决，往往是“东奔西走，劳累一时”。很多时候，当农民的环境权益受到损害时，与环境保护相关的政府部门会故意拖延不处理或者推诿，甚至因为与涉事企业有利益联系而故意刁难，这都会为农民维护自身的环境权益增加许多阻碍。所以要推进政府的职能转变，使地方政府清楚自身的定位，从“管理者”转变为“服务者”，做到“有访必接，有事必办”。这样才能更好地发挥政府在保护农民环境权中的作用，从而改变农民的环境弱势群体地位。

# 第六章　农民环境维权的困境及其社会效应

本章通过梳理农民环境维权的历史演变过程，分析在当前条件下农民环境问题存在困境的原因，并在此基础上分析农民环境维权所带来的社会效应。在开始本章内容之前，我们先对农民环境权的重要性进行简单的梳理，只有明白农民环境权的重要地位，才能更好地理解维护农民环境权的重要意义及其社会效应。

当前的学者对农民环境权维护的重要性是从多个角度进行说明的，其中大部分学者均认为农民环境权是一项基本人权，对农民环境权的维护是我国法制化进程中的一项不可或缺的内容（宗方，2014；张祝平，2014；吴爽，2014）。当然，除此之外也有很多学者从其他视角来说明其重要性。比如宗方从理论和实践两个视角来说明农民环境权的重要性，她认为农民环境权的维护在理论上可以对现有理论进行扩充和创新，在实践中能促进民生改善，维护农村生态稳定（宗方，2014）。蒋华林和陈彪则主要从农民角度来说明问题，认为农民环境权的维护能够有效促进实现农民全面而自由的发展，为农民创造一个田园牧歌般的生活环境（蒋华林、陈彪，2009）。而从政府角度来看，维护农民环境权有利于健全政府管理体制，完善农村环保规范，有利于强化政府对企业环境保护责任履行的监督，有利于完善政府环境行政执法责任制（周帮扬、梅章慧、李娟，2009）。还有些学者从企业视角出发，认为其有利于促进企业进行技术升级，能够有效推动绿色产业发展（张燕、陈胜，2013）。总之，维护农民环境权对与其相关的几方主体都有一定的好处，在中国可持续发展战略中有着重要的地位。

## 一、农民环境维权的历史演变与策略转化

近年来，环境受害者为了阻止环境侵害的继续发生或挽回环境侵害所造成的损失，公开向加害者或社会公共部门做出的呼吁、抗议、申诉、投诉、请愿等环境抗争行为日益增多。这一现象越发引起社会各界的关注。学术界过去绝大部分研究都将“改革开放以来”作为环境抗争的历史背景而忽略了对改革开放前环境受害者及其行动的关注，在关注环境抗争的内在动力机制和行动策略选择的同时，缺乏对政治机会结构（Political Opportunity Structure）这一外部条件的应有重视。这种将公民环境抗争置放于连续的历史脉络和行动者所处的政治机会结构之外所进行的考量，显然难以对环境抗争的历史与现实、形式与策略、逻辑与机制、演变与困境做出科学、深入的研究，其结论也往往缺乏强有力的经验支持和逻辑支撑。基于这一认识，笔者拟从宏观结构与微观行动之间的关联性视角，对新中国成立以来政治机会结构变迁与农民环境抗争演进这对关系做历时性考察，旨在梳理农民环境抗争的历史脉络，揭示影响农民环境抗争的制度根源。

在开始考量之前，先对政治机会结构和新中国历史分期做一个明确的划分。西方学者认为，政治机会结构主要是指各种促进或阻止某一政治行动者之集体行动的政权和制度的特征，以及这些特征之种种变化。[①]政治机会结构具有某一政权内附的六个方面属性：该政权内部存在多个独立的权力中心；该政权对于新行动者的开放性；现行的政治结盟关系的不稳定性；挑战者获得有影响的盟友或支持

---

① 参见［美］查尔斯·蒂利、西德尼·塔罗著，李义中译：《抗争政治》，南京：译林出版社2010年版，第62页。

者的有效性；该政权压制或推进集体性提出要求的程度；上述所列各项属性发生决定性的变化。[①]将这一理论结合中国国情和社会现实，可定义为现行的政治体制为公民某类社会行为提供的制度管道、机会空间和行动路径。回顾新中国历史，大致可划分为这样四个时期：计划经济时期（1949—1977 年）、经济转轨时期（1978—1992 年）和市场经济时期（1993—2011 年），以及党的十八大以来以全面依法治国为主要特征的全新时期。[②]

### （一）计划经济时期：集体沉默与柔性反抗

从国家和社会的关系视角来看，1949 年以后新中国结束了几千年来“皇权不下县”的局面，国家政权建设将国家权力的触角延伸到社会的每一个角落。从此，终结了封建时代自上而下的皇权与由下往上的绅权互通互动、彼此约束制衡的政治“双轨制”，[③] 同时，开启了自上而下的国家权力运作的政治“单轨制”。“单轨制”政治将传统社会的绅权取缔，社会领域、私人领域开始萎缩，单位制开始实施。在随后的十年间，我国的执政党迅速完成了对国家与社会之间关系的重构，通过制度设置和政治运动的方式对我国城乡居民及其身份进行划分，并将之纳入国家的日常管理中。

在当时的计划经济体制下，农民的日常生活、思想观念以及社会行动很大程度上受到国家的影响。“政治机构的权力可以随时地、

---

① 参见［美］查尔斯·蒂利、西德尼·塔罗著，李义中译：《抗争政治》，南京：译林出版社 2010 年版，第 252 页。

② 参见陈占江、包智明：《制度变迁、利益分化与农民环境抗争——以湖南省 X 市 Z 地区为个案》，《中央民族大学学报》（哲学社会科学版）2013 年第 4 期。

③ 参见费孝通著，惠鸣海译：《中国绅士》，北京：中国社会科学出版社 2006 年版。

无限制地管控社会每一个阶层和每一个领域”,[1]在此时的中国，政治引领一切，也主导着社会运行。虽然1954年颁布了《中华人民共和国宪法》，但法治社会良性运行的体制机制尚未建立健全，人治远大于法治，法制成了人治的重要手段，法治的萌芽被卡里斯玛权威掀起的革命热情所压制。

在计划经济时期，环境问题始终没有成为政治或法律视野中的“问题”。从1949年到1973年，我国没有一个国家级的环境保护与资源管理机构，也没有一部以环境保护为主题的法律，在国家宏观发展战略上来不及考虑，政治上也不承认存在环境问题。

新中国成立初期，“挨打”和“挨饿”的双重压力迫使新中国必须在较短的时期内，通过快速的经济发展来改变“落后就要挨打”的局面和解决4亿中国人吃饭的问题。在“双挨”压力下，中国共产党人选择了优先发展重工业和“向自然开战”的赶超战略。由于生产设备差、技术水平低、环保意识缺乏等因素，我国生态迅速遭到破坏，环境污染严重。然而，在内外交困的新中国建立初期，环境保护不仅不可能进入国家的法律或政治视野，“污染保护”反而因国家为快速推进工业化而成为可能。在国家包含社会的结构下，农民环境抗争几乎完全没有相应的制度管道、机会空间和行动路径。

以Y村[2]的调查来看，该村农民早在计划经济时期就受到了环境侵害，却没有公开的抗争发生。20世纪50—60年代之间，政府在Y村周边建有硫酸厂、砖瓦厂、氮肥厂等5家国营企业。在Y村农民的记忆中，当时的硫酸厂、砖瓦厂、氮肥厂等生产设备落后，环

---

① 参见邹谠：《二十世纪中国政治——从宏观历史与微观行动的角度看》，香港：牛津大学出版社（中国）有限公司1994年版。

② 该村为华中地区一个具有60多年污染史的乡村社区，资料来自个人访谈、座谈会和村庄整理的台账资料。

保措施缺乏，工业“三废”未经处理任意排放。硫酸厂、氮肥厂排放出滚滚黑烟，刺鼻难闻的气味给村民的生活造成极大的困扰。工厂附近的水稻、蔬菜等农作物受到一定程度的污染。因此，Y 村农民心感不满，却只能在小范围内私下议论。1974 年 4 月的某夜，硫酸厂的生产设备因长期腐蚀、失修，突发严重泄漏事故。硫酸厂泄漏造成的污染令 Y 村农民尤其是小孩和老人的身体受到强烈的刺激，并延续数日。泄漏事故使整个村庄陷入恐慌之中，村民义愤填膺。大队干部们一边做村民的思想工作，一边向工厂反映，希望村民保持克制、工厂能立即修复设备并停止生产。硫酸厂在停产一段时间后，很快恢复生产。Y 村农民继续生活在被污染侵扰的环境中。鉴于当时的政治形势，没有人公开表达不满或反抗，更不存在“日常抵抗”（斯科特，2011），如偷懒、开小差、假装顺从、装糊涂、偷盗、诽谤、纵火、暗中破坏、装傻卖呆等。[①] 在国家包含社会的一元体制下，工厂是国家的延伸，生产体现国家的意志。在这样的观念下，对工业污染表达不满也就意味着对国家不满。这一观念强烈影响了日常的政治宣传教育，从而极大地阻抑了村民的抗争动机和意愿。

面对污染侵害，Y 村农民普遍选择了隐忍和沉默。沉默的同时也有部分村民采取一种“柔性抗争”方式，即通过诉苦这一迂回的方式表达不满并试图将污染降到最低限度。诉苦是中国共产党在土地改革运动中创造性发明的一种教育方式，旨在借力于农民对旧社会苦难生活的回忆和讲述唤起农民对旧社会的仇恨和对新社会的向往，以实现国家对农村社区的重新分化、整合并赋予共产党领导农

---

① 参见［美］詹姆斯·C. 斯科特著，郑广怀、张敏、何江穗译：《弱者的武器》，南京：译林出版社 2011 年版。

民革命的合法性和正当性。[1]农民熟悉掌握了诉苦这种方式，并在生存受到污染威胁而又不敢直接表达不满或反抗的情况下对诉苦进行了创造性转换。

Y 村一位老人在硫酸厂泄漏发生的第二天直接到硫酸厂门口哭诉。厂长把她请到办公室里，老人开始向厂长诉苦，一边痛诉旧社会的苦、一边赞颂新社会的甜，在此过程中提及污染给她及家人带来的困扰。厂长听完她的诉苦，随即做思想工作，希望她“从大局出发，支持经济建设”，最后亲自将老人送回家。此后该厂长在任的每年中秋节和春节都带点红糖、点心之类的礼品去看望老人。

这位老人运用柔性的反抗方式，在诉苦过程中将对“苦”的态度从激烈转为柔性，在“旧社会的苦—新社会的甜—工业污染制造的苦”之间进行不停的转换，在循环对比中释放出“苦感”以引起对方的同情。老人的诉苦虽未能改变环境污染状况，但在一定程度上催促了工厂对泄漏事故的善后处理。

计划经济时期，工业污染对 Y 村农民的生产生活和身体健康造成了一定程度的侵害。村民心存不满却无人敢于公开反抗，陷入了集体沉默。这种沉默在很大程度上是村民基于记忆的或预期的惩罚所做出的选择。集体沉默的同时也有极少数人采取诉苦这一柔性策略。这是村民在既有的政治机会结构中规避惩罚而进行的迂回表达，在绕开正面冲突的同时试图将污染侵害降到最低限度。然而，这种方式的效果十分有限，纵然一时唤得同情，却无法改变环境侵害继

① 参见方慧容：《“无事件境”与生活世界中的“真实”——西村农民土地改革时期社会生活的记忆》，见杨念群主编：《空间 · 记忆 · 社会转型——“新社会史”研究论文精选集》，上海：上海人民出版社 2001 年版。

续困扰Y村农民生活的现实。

### （二）经济转轨时期：以理抗争与以气抗争

十一届三中全会顺利召开后，我国经济体制从计划经济向市场经济转轨，其中最具代表性的是人民公社制度的废除和家庭联产承包责任制的实行，农民获得了土地的使用权和收益权，极大激发了农村生产活力。农民生存资源和社会行动的选择更加弹性，人口与要素开始流动，乡村社会逐渐有了一定的自由。

在这一时期，我国开启了法治化进程，并将一度被否认的环境问题纳入民主和国家的政治视野，上升到法律层面。1978年2月，五届人大一次会议通过了《中华人民共和国宪法》，其中明确规定："国家保护环境和自然资源，防治污染和其他公害。"1979年9月颁布了中国历史上第一部环境保护方面的基本法——《中华人民共和国环境保护法（试行）》，规定"公民对污染破坏环境的单位和个人，有权监督、检举和控告"，"对违反本法和其他环境保护的条例、规定，污染和破坏环境，危害人民健康的单位，各级环境保护机构分别情况，报同级人民政府批准，予以批评、警告、罚款，或者责令赔偿损失、停产治理"。1983年12月31日召开的全国第二次环境保护工作会议指出，环境保护是中国现代化建设中的一项战略任务，是一项基本国策。1989年12月《中华人民共和国环境保护法》在全国人大会议上获得通过，并公布施行。至1992年，已基本形成一套以宪法为基础、以环境保护为内容的法律体系。[①]

---

① 参见童志锋：《历程与特点：社会转型期下的环境抗争研究》，《甘肃理论学刊》2008年第6期。在逐渐增多和升级的集体冲突中，因环境污染及其相关的赔偿问题引发的抗争呈现出日渐增多的趋势，引起学术界的充分关注。文章在回顾了新中国成立后环境抗争的进程与特点的基础上，重点对90年代中期之后的环境抗争的增长趋势及其各阶段的特点进行了分析。

国家对农村管理的松动、环境保护问题的政治化与法制化，为农民环境抗争赢得了可能的政治机会。案例村Y村农民从过去的集体沉默逐渐转向公开抗争。在经济转轨时期，Y村农民赖以生存的土地、禾苗、蔬菜等受到大范围的侵害，患有皮肤病、呼吸道等疾病的人数有所增加。面对污染侵害，Y村农民不再隐忍和沉默，而是依靠自身力量与污染企业斗争以求阻止工业污染的继续侵害并要求相应的经济赔偿。在1977—1992年间，Y村农民抗争的方式经历了转变，前期主要是以理抗争，后来从以理抗争转向以气抗争。

以理抗争作为“弱者的武器”，是在中国传统社会中比较常见的一种形式，在这样的文化系统里孕育了农民的默会知识和惯习。这里的“理”就是指历经许多世代的社会生活从而约定俗成的一套解决纠纷的民间规则，虽然没有正式的明文规定，但对于几代世居在这个社会的人而言具有很高的认同与行为自觉性。经济转轨初期，Y村农民的环境抗争在一定程度上存在的文化惯习或者路径依赖现象，主动或者潜意识里将传统文化的价值外化在行为表达中，据“理”而站在道德高地来抗争。在20世纪80年代中期以前，受污染侵害的村民拿着干瘪的稻穗、熏死的禾苗去工厂或拉着工厂的人到田地里察看，经过一番讲理、讨价还价后一般会得到不同程度的赔偿。在村民看来，此时的工厂“还是蛮讲理的”。然而，随着法治进程的推进，惯例、风俗及习惯等“民间法”逐渐被制度化的“国家法”“排挤”到社会边缘，[①]“理”的效力大为弱化。按村民的话来说，“道理越来越难讲，工厂开始拿法律压我们，问我们要证据，态度很蛮横”。在法律面前，农民的“理”失去了效力，其“常识性的正

① 参见陈占江:《规范、秩序与社会转型——一桩皖北农村情杀事件的法律人类学分析》,《中国农村观察》2009年第1期。

义平衡感觉”[①]遭到破坏，不可避免地产生某种程度的怨恨和愤怒。

日益严重的环境侵害迫使村民寻找新的抗争方式，以理抗争“失灵”后开始转向一种激烈的、非理性的抗争——以气抗争——在“气”的导引和催动下出现和维系的抗争行为。[②] Y 村农民多次堵住企业的大门、拉过企业的电闸和塞过企业的排水管道，意图通过妨碍企业生产来降低污染危害，抑或纯粹为了发泄怒怨来打击报复。此类行为既没事前的组织、策划，也没确定的利益诉求，多数是在企业造成的污染让农民“着实没法讲理”或“讲理也没用”因而抑郁累积的情形下喷发，具有很大的偶然性。从“气”的生产与再生产来看，政治机会的双向通道一边预留了农民抗争的可能制度空间，一边农民在实际行动中往往会遭受基层地方政府的阻碍而没能顺利地表达其诉求。政治机会的双向通道使得农民抗争陷入了可能却无能的尴尬境地，“物不平则鸣”，农民对政府的不信任感变强，逐渐变得生疏，从而在“气”的导引下引发更为强烈的社会非理性行为，跨越了政治法律的界线而受到地方的压制和惩罚。

政治机会结构的“限度开放”为农民环境抗争创造了重要的外部条件，农民从计划经济时期的沉默转向公开的抗争。可悲的是，农民在察知政治机会的同时尚未学会或意识到用政策法律的现代工具来表达利益诉求，仍然沿袭惯习，采取了以理抗争或以气抗争等私力救济的方式来维护和争取自身的权益。由于“理”与“法”的冲突，农民在本应值得同情的过程中逐渐失去了合法性支持，无可奈何转向非理性的以气抗争。以气抗争往往会跨越政策法律的界线

① 参见［日］滋贺秀三：《清代诉讼制度之民事法源的概括性考察——情、理、法》，见王亚新等编译：《明清时代的民事审判与民间契约》，北京：法律出版社 1998 年版。

② 参见应星：《“气”与抗争政治——当代中国乡村社会稳定问题研究》，北京：社会科学文献出版社 2011 年版。

而受到训诫。从福柯社会学视角来看，这种惩罚是法律规训的一个有效手段，农民在规训与惩罚的过程中逐渐增加了对法律的敬畏。

（三）市场经济时期：依法抗争与依势抗争

1992 年，邓小平南方谈话的发表进一步推动了中国的经济政治体制改革和社会转型。实现社会主义民主法治成为 1992 年以来我国政治体制改革的基本目标，而“依法治国”则成为这一时期的主流政治话语。“增长不等于发展”，我国的发展理念随后从“发展是硬道理”向“可持续发展”“科学发展观”转型，生态文明建设被提到前所未有的战略高度。在发展理念更新换代时期，我国环境保护的法制建设不断推进和深入。民主法治的改革目标、发展理念的创新重塑和环保法律体系的不断完善为农民环境抗争提供了更大的政治机会。

20 世纪 90 年代中期以来的环境信访上访情况①

| 年份 | 环境污染与破坏事故数（次） | 污染与破坏事故经济损失（万元） | 群众来信总数（封） | 群众来访总数 |
|---|---|---|---|---|
| 1995 | 1 966 | 3 854. 7 | 58 678 | 94 798 人次 |
| 1996 | — | — | 67 268 | 47 714 批次 |
| 1997 | — | — | 106 210 | 71 528 人次/29 677 批次 |
| 1998 | — | — | 147 630 | 93 791 人次/40 151 批次 |
| 1999 | — | — | 230 346 | 89 872 人次/38 246 批次 |

① 表格引注于童志锋：《历程与特点：社会转型期下的环境抗争研究》，《甘肃理论学刊》2008 年第 6 期。资料来源：本表 1995—2004 年的数据来源于洪大用等：《中国民间环保力量的成长》，北京：中国人民大学出版社 2007 年版，第 3 ~ 4 页。2005 年、2006 年的数据来源于当年的《全国环境统计公报》。

（续上表）

| 年份 | 环境污染与破坏事故数（次） | 污染与破坏事故经济损失（万元） | 群众来信总数（封） | 群众来访总数 |
|---|---|---|---|---|
| 2000 | — | — | 247 741 | 139 424 人次/62 059 批次 |
| 2001 | 1 842 | 12 272. 4 | 367 402 | 80 329 批次 |
| 2002 | 1 921 | 4 640. 9 | 435 020 | 90 746 批次 |
| 2003 | 1 843 | 3 374. 9 | 525 988 | 85 028 批次 |
| 2004 | 1 441 | 36 365. 7 | 595 852 | 86 414 批次 |
| 2005 | 1 406 | 10 515 | 608 245 | 142 360 人次/88 237 批次 |
| 2006 | 842 | 13 471. 1 | 616 122 | 71 287 批次 |

根据国家环保总局接待的来信来访数据，我们也可以判断出，在 90 年代中期之后，以环境污染为核心的抗争呈现出不断上升的趋势。同时全国因污染纠纷而引发的群体性事件频频见诸媒体，2014 年突发环境事件 471 次。分析各地农村的环境抗争事件，我们发现 2000 年以后环境抗争的数量空前提高，并且日益呈现多元化，在行动主体方面存在个体抗争与集体抗争两种，在行动渠道方面存在制度管道内的信访、投诉等，制度管道外的堵路、示威等，这与逐渐多元开放的社会相适应。

从微观来看，这一时期 Y 村农民环境抗争剧增的一个直接原因是日益严峻的工业污染给村民造成“显而易见”的伤害。1992 年以来，Y 村周边工业发展迅猛，企业数量一度多达 40 家，污染更为严峻。Y 村农民的耕地、农作物、水源、空气等遭到更严重的污染，死于癌症的村民不断出现，皮肤病、结石病等患者不断增加。Y 村农民的生存受到严重威胁。这一威胁直接激发了 Y 村农民的抗争动机。从宏观环境来看，可能是国家进一步开放农民抗争行为的限制以及宣传媒介、民间环保组织对环境保护的重视，鼓励了农民的环境维权行为。

这一时期Y村农民环境抗争的亮点就是学会“抓眼球”，学会用好用足用尽法律政策，争取和维护自身的合法权益。Y村农民将“理”现代化，即把民间的规则、朴素的道德、切身的体验与国家的法律政策联系在一起，将作为地方性知识的“理”和作为普遍性知识的“法”有机结合以增强抗争的合法性和正当性。村民们学会依靠法律政策，逐渐熟悉上访、投诉等方式。这种依法抗争在很大程度上是“弱势群体寻求自我保护的生存策略”①。在依法抗争转变的同时，在法律政策的夹缝间，Y村农民吊诡地学会了“势”哲学以扩大抗争的效果。

“势”哲学的智慧体现在三个方面：一是充分利用中央政府强调环境保护和生态文明建设的政治形势，以增强抗争的合法性；二是尽可能地动员更多的农民参与抗争以壮声势，并试图达到“法不责众”的效果；三是善于借助传媒的力量表达农民的利益诉求，希望引起政府高层的重视。实事求是地讲，这种依势抗争是农民在“踩线不越线”的前提下，试图通过“把事情闹大”获得“来自高层的正义”（justice from above）② 协助。

一段时间以内，个别地方政府领导为了维持经济增长和维护社会稳定，对于农民环境抗争往往更多的是采取“捂”“压”“打”或“拖”的对策。在县级政府面前，作为弱者的Y村农民试图通过依法抗争、依势抗争维护和捍卫自身合法环境权益的努力大多无功

---

① 参见陈占江、包智明：《制度变迁、利益分化与农民环境抗争——以湖南省X市Z地区为个案》，《中央民族大学学报》（哲学社会科学版）2013年第4期。

② 参见Kevin J. O'Brien & Lianjiang Li. *Rightful Resistance in Rural China*. Cambridge University Press, 2006.

而返。

探究这种困局的真正原因，我们发现当时的政治机制顶层设计造成了内部的冲突和矛盾。1994 年中央进行了税收和财政体制的改革，取消了财政包干制，实行分税制财政体制，激发地方政府发展经济的活力。分税制财政体制和 GDP 政绩考核制度的实施，将地方官员发展经济的积极性极大地激发出来。然而，分税制财政体制和 GDP 政绩考核制度在刺激地方官员发展经济积极性的同时，也激化了中央与地方的利益冲突。中央在“发展是硬道理”的思维逻辑下，将经济增长放在首位并以相关制度考核地方官员，同时又强调环境保护，要求各级政府落实环境保护的法律政策。在发展经济与环境保护之间，为了自身利益，地方政府及其官员往往选择了前者而将后者停留在政策文本中。在环境治理中，地方政府具有“代理型政权经营者”与“谋利型政权经营者”的双重角色，[①]因而招致一些地方政府与企业之间存在某种默契和共谋，如政府的财政税收、官员的权力寻租与企业的环保免责或牟取暴利等之间是一种相互寄生的关系，而农民环境抗争因可能破坏政企之间的利益关系而常常遭到地方政府的严厉打压。这一时期的政治机会结构出现了中央层面的机会开放与地方政府的机会封闭的内部冲突，中央重视环境保护、鼓励民众环境维权，而有些地方政府表面上重视环保而实则打压民众的环境抗争。这种冲突导致农民环境抗争不断增多却难以实现自己的利益诉求。

### （四）新时期农民环境抗争面临的有利法治环境

2012 年以后，中国政府高度重视生态环境保护。中共十八大将生态文明建设纳入中国特色社会主义事业五位一体总体布局，绿色

---

① 参见荀丽丽、包智明：《政府动员型环境政策及其地方实践——关于内蒙古 S 旗生态移民的社会学分析》，《中国社会科学》2007 年第 5 期。

发展和环境保护被摆到更加突出的位置。习近平主席对建设生态文明、加强环境保护提出了一系列新的重要理念、思想和战略，有关的讲话、论述、批示达60多次。李克强总理、张高丽副总理多次作出明确指示和要求。可以说，中国政府对生态文明建设和环境保护的认识不断深化，力度前所未有，进程加速推进。

2015年是中国环境发展历史上具有里程碑意义的一年。中共十八届五中全会通过“十三五”规划建议，围绕“四个全面”战略布局，提出未来五年中国经济社会发展的指导思想、基本原则、目标要求、发展理念和重大举措，将绿色发展作为五大发展理念之一，并独立成章，对生态文明建设和环境保护作出重大战略部署。早些时候，中国政府还发布两份重要的“姊妹篇”文件——《关于加快推进生态文明建设的意见》和《生态文明体制改革总体方案》。这三份纲领性文件彼此呼应、相互衔接，明确了中国未来五年乃至更长时期生态环境治理的理念、原则、目标和任务，是中国生态文明建设和绿色发展的顶层设计和路线图。

目前，中国的环保工作越来越依赖宏观政策，而保持宏观政策有效性的基础是法治化，使守法成为常态。这既是依法治国的必然要求，也是环境治理的改革方向。法治化的任务，一是健全环境法律体系，二是严格执行法律。通过法律的完善和执行，让环境违法行为受到应有处罚，使企业环境行为的外部性内部化，促进建立公平规范的市场竞争秩序。

“十二五”以来，以新修订的《环境保护法》和《大气污染防治法》为标志，中国环境保护的立法和执法取得重要进展。环保部把2015年确定为新《环境保护法》实施年，经过近一年的施行，环保法的权威性和震慑力不断增强。“十三五”时期，国家将进一步强化环境法治，实施好新《环境保护法》和《大气污染防治法》，加快推进水污染防治、土壤污染防治、环境影响评价、环境保护税、核安全、建设项目环境管理、环境监测等方面法律法规的制定和修订，并严格环境执法监管，探索环境行政执法与刑事司法有效衔接模式，强化公民环境诉权等司法保障，推动建立系统完备、高效有力的环境法治体系。

（五）结语

从社会变迁视角下考量政治机会与环境抗争的关系，可知这是一种单向度的约束与被约束的关系。国家为农民的利益申诉创造了制度管道、机会空间和行动路径，使用政治教育或法律约束的方式塑造农民的政治机会觉知，意图将其社会行动纳入合理的制度管道和机会空间。农民面对环境侵害时的态度和行为反应，从计划经济时期的集体沉默和柔性反抗，到经济转轨时期的以理抗争和以气抗争，再到市场经济时期的依法抗争和依势抗争，其抗争形式和应对的逻辑深深地嵌入于国家—社会二元结构，这是在国家的政治教育和法律约束下农民基于政治机会认知和抗争效益最大化预测所做出的选择。这无疑会受到农民对自身受害强度、烈度的体验和认知的影响，但更多取决于他们的政治机会认知，以及在此基础上产生的工具性社会行为。

从宏观结构与微观行动之间的相关性视角看，政治机会结构与农民环境抗争始终存在不同程度的紧张。无论是计划经济时期的完全封闭还是经济转轨时期、市场经济时期的逐渐开放，我国的政治机会结构都还未形成合理吸纳农民环境权益的机制和有效沟通国家与农民的渠道，农民环境抗争在制度管道内外都无法从根本上改变自身的生存环境，获得应有的利益补偿。新中国成立以来，发展主义取向的经济制度和权威主义的政治制度之间的高度同构性不仅成为农村环境问题不断恶化的动力源泉，也注定了农民环境抗争遗憾地成了“无效的表达”[①]。这会极大地降低农民对法律的信赖和政府的信任，致使环境危机向社会危机和政治危机转化，严重影响和制约了生态文明建设与和谐社会建设的推进。因此，要加快经济政治体制顶层设计改革，改善中央、地方与农民之间的利益关系，为农民环境权益的表达提供更为通畅无碍的政治机会空间，是顺利推进生态文明建设与和谐社会建设的当务之急和根本之途。

## 二、农民环境维权的困境

农民在环境维权方面面临着许多困难，而想要对农民环境维权存在的困难有一个更加深入的了解，首先需要对农民环境意识现状、农民环境权中相关权利的缺失、农民环境维权的途径等进行分析。

### （一）农民环境意识现状

由于我国农民的生活水平和受教育程度明显落后于城市居民，农民普遍对环境权缺乏了解，缺乏知识，维权意识差，因而履行环境保护义务的积极性不高。许多农民将环境状况简单地理解为卫生状况，认为环境状况只涉及垃圾和污水问题，有的甚至将环境状况理解为生活景况。农民在农业生产中一味追求经济效益，往往过度开发自然资源，不合理地使用农药、化肥，造成了严重的生态环境污染和破坏。改革开放初期，农村急于发展经济、脱贫致富，乡镇企业迅速发展。由于企业生产技术水平低、规模小、分布散，没有相应的防止污染设施，导致一家企业污染一条河、一个工厂毁掉一

---

① 参见陈占江、包智明：《制度变迁、利益分化与农民环境抗争——以湖南省 X 市 Z 地区为个案》，《中央民族大学学报》（哲学社会科学版）2013 年第 4 期。

大片土地的现象时常发生。[①] 近年来，尤其是教育程度更高的新生代农民对环境有了前所未有的重视，多数地方的村干部对于污染企业的引进也受到了环境容量约束。对于已有的污染企业，由于有土地的集体所有制作基础，政企难以真正分开，乡镇集体企业和乡镇政府及居民间的相互依赖关系难以改变。企业越是与当地人的利益交杂在一起，其污染问题就越难解决。

随着农村生活水平的提高，农民生活垃圾量大大增加，过去农村的生活垃圾成分简单，多数可作为农田肥料再利用，现在生活垃圾中塑料袋等塑料制品日益增多，成分复杂，难以简单地再利用。农村的建筑垃圾、养殖垃圾、加工产业垃圾也数量惊人，而农民对农家肥的使用热情降低，垃圾被大量废弃。目前，浙江大部分农村已经开始展开垃圾统一收集的工作，统一规划垃圾站设施，但收上来的垃圾也只是在村域外较远的地方堆放，垃圾分类很难实行，垃圾处理仍没有很好解决。没能从根本上解决问题，而且还造成二次污染。

### （二）农民环境权中相关权利的缺失

现有研究大多从法学视角来检视农民环境权，发现其相关权利存在大量的缺失，主要表现在五种子权利的缺失：

1. 农民平等环境使用权的缺失

作为环境法核心权利之一的环境使用权即环境资源开发利用权，主要是公民基于生存目的而对自然资源利用的权利以及从事与自然资源有关的财产性活动的权利。而土地资源开发利用权是所有这些

---

① 参见兰竹虹：《我国农民环境维权现状及对策》，《环境与可持续发展》2008 年第 3 期。

权利中最重要的和最基础的权利。[①] 有学者认为，由于环境资源权益主体的经济实力、科技水平不同，对自然资源的开发利用程度也存在差异，所以在资源利用与环境权享有上同样也有弱势群体的存在。[②] 有资料显示，我国农村每年有近万起农业污染事故，污染问题日益引起社会关注。相较于城市居民，农民在分配环境保护资源、阻止城市污染转移等方面处于劣势。这使得农民的环境使用权益更容易受到侵害。耕地、林地、鱼塘等是农民赖以生存的基本生产要素，在一些贫困地区，农业收入是许多农村家庭维持基本生活的唯一可能来源。然而，在一些地方无序城镇化、乱拆乱迁过程中，农民不时遭到诸如大规模违法征地、野蛮开发，以及过低的征地补偿、工业污染土壤等各种“合法”与非法的侵害。[③]

2. 农民平等环境知情权的缺失

环境知情权又称信息权，是国民获得本国乃至世界的环境状况、国家的环境管理状况以及自身的环境状况等有关信息的权利。这一权利既是国民参与环境管理的前提，又是环境保护的必要民主程序。胡美灵、肖建华（2009）根据对广东农村的调查，农民对当地环境状况的了解，占第一位的竟是“自己的感觉”，占第二位的是“媒体报纸”，占第三位的是“听别人说”，占第四位的是“政府告诉”，占第五位的是“村委会通知”。这说明农民获得环境信息的畅通有效

---

① 参见周训芳：《欧洲发达国家公民环境权的发展趋势》，《比较法研究》2004 年第 5 期。

② 参见周帮扬等：《农村工业污染成因及对策分析》，《江西农业大学学报》（社会科学版）2010 年第 2 期。

③ 参见胡美灵、肖建华：《论新农村建设中农民的平等环境权问题》，《山东社会科学》2009 年第 2 期。

途径不足。而从政府和村委会这两个地方获得的信息可能非常有限。[①] 我们的调查也发现，尽管政府信息公开程度不断提高，然部分地区出于受地方保护倾向或唯 GDP 的发展取向左右，政府部门往往不愿意公开环境质量状况，农民向政府申请环境污染损害信息仍有一定难度，由此导致无法对自己环境权益的参与、保障和救济。

3. 农民平等环境参与权的缺失

环境参与权具体包括参与国家环境管理的预测和决策过程，参与环境开发利用和管理过程以及环境保护制度的实施过程，参与环境科学技术的研究、示范和推广等，组成环境保护的团体参与环境保护的宣传教育和实施公益性环境保护行为，以及参与环境纠纷的调解等。[②] 从国际层面来看，已经签署了诸如《环境与发展宣言》《21 世纪议程》等一系列国际文件，并规定了公众参与制度，鼓励公众参与环境保护。从国内环境立法层面看，我国对公众环境保护社会参与做了鼓励性制度安排。但是，“GDP”发展取向的政府行为决定了当地的产业发展布局，民众往往是“沉默的大多数”心态，使得环境污染事件频发，在社会转型时期，农民受到环境损害之后暴力抗议亦成为常见的形式。

4. 农民平等环境请求权的缺失

环境请求权，是公民的环境权益受到损害以后向有关部门请求保护的权利。它既包括向国家环境行政机关主张权利，又包括向司法机关要求保护权利，具体为对行政行为的司法审查、行政复议和国家赔偿的请求权，对他人侵犯公民环境权的损害赔偿请求权和停

---

① 参见胡美灵、肖建华：《论新农村建设中农民的平等环境权问题》，《山东社会科学》2009 年第 2 期。

② 参见侯怀霞：《私法上的环境权及其救济问题研究》，上海：复旦大学出版社 2011 年版。

止不法侵害的请求权等。请求权的意义在于使环境权成为一项可以通过司法程序或准司法程序进行救济的权利，它将环境权的实施落到了实处。2012 年短短四个月间，全国接连爆发了三起环境群体性事件，而自 1996 年以来，这类事件以年均 29% 的速度递增，已成为引发社会矛盾、影响经济社会乃至政治稳定的重大问题。党的十八大将生态文明提升到了前所未有的高度，从中央到地方，也在密集探讨应对事件之良策。在各地发展实践中，政府出于本地经济发展的考量，对产生污染而创造利税的中小企业群采取听之任之的模糊态度，对大型企业更是各种庇护。长期的工农剪刀差、法制的不健全、社会保障制度的不足，使得农民在环境权益的分配、保障及实现上处于弱势地位，他们平等环境权的保护和救济需要进一步关注。

5. 农民平等环境诉权的缺失

环境诉权，又称为环境侵害保护及赔偿请求权，是指当存在环境侵害的潜在威胁或发生环境侵害并造成损害时，农民或其他相关人员请求国家有关部门依法保护其合法权益的一项权利。[①] 农民的环境诉权缺失的主要原因有两个：一是起诉主体空置，二是赔偿计算方式空缺。

所谓的主体空置，就是说有人要去行使这一权利，依此进行起诉，在实际操作中，由于乡村环境的公共性特征，个人缺乏投诉的动机，但是又几乎没有主体愿意主动去承担此项责任。因此，在农民的环境权受损时，大家主要都是采用听之任之的态度。在国外，此类案件通常都采用公共部门作为起诉方，但在我国，目前还没有相关的法律规定可以这样操作。起诉人一旦缺失，那么起诉也就无从谈起。即使有人担当起诉人的角色，诉求也不一定能得到满足。

---

① 参见白一之：《城镇化进程中的农民环境权保护的思考》，《农业经济》2014 年第 9 期。

因为该诉求的因果关系难以断定，赔偿标准和执行也不尽如人意。

（三）农民环境维权的途径

环境维权主要有诉讼和非诉讼两大途径。诉讼途径指环境权益受到侵害的个人、群体或企业通过运用法律的手段，主张自己的合法权益。进行合法的环境权益维护，其诉讼的途径主要包括民事诉讼、行政诉讼、刑事诉讼。但是由于若干原因，农民在自身环境权受损的时候基本上不会采用诉讼途径。首先，由于农民法律意识比较淡薄，在自己权益受损时没有求助法律的意识。其次，由于诉讼的时间成本和经济成本较高，农民也很难去完成诉讼。最后，农民对“与官斗，与大公司斗”带有自卑的心理，认为自身胜诉的可能性很小，因而也不会去诉诸法律。最近几年，原乡镇企业发达的一些农村地区，农民健康状况恶化之势及其后果日渐显现，农民敏感地将自身罹受的疾苦与周遭环境关联起来，对此抱怨和讨论逐渐多起来了。然而我们却发现：向有关部门和司法系统申诉健康权益损害赔偿的少之又少，而大部分农民则是将原因归结为技术层面，即证据收集难、疾病与污染正相关关系证明难等。对财产权益，农民往往缺乏对土地受到污染、饮用水和灌溉用水受到污染对其今后生产、生存长远影响的考虑，由此便放弃了法律的帮助。

非诉讼途径指诉讼外的和解、调解，环境法律知识的宣传、教育、培训，环境权益维护的咨询和解答，媒体第三方宣传报道等。农民对自然资源的依赖性很大，自然环境状况的好坏对于农民的生存和发展有着直接的影响，但农民在环境保护中却处于相对于污染者和城市居民的双重弱势地位。这种双重弱势地位使农民在与污染者协商、谈判和抗争中处于劣势，在分配环境保护资源、阻止城市污染转移等方面处于劣势，这使得农民的环境权益常常被忽视和侵害。[1] 事实上，农民应对侵害的方式有些消极和被动，很少作为受害者直接去与污染者交涉，或者采取法律手段保护自己的权益，而更多地选择向政府和村委会报告。

（四）农民环境维权存在的困难

在对农民环境意识现状、农民环境权中相关权利的缺失、农民环境维权的途径等进行分析之后，我们可以更加深刻地看到农民环境维权存在的困难。其中的困难主要表现在：

1. 政府在农村环境保护方面的严重缺位

据中华环保联合会的不完全统计，我国每年发生的环境侵权案件为2 000多件。公众的环境权益相当部分得不到保障，尤其是最基本的清洁水权、食品安全权等。一些地区因为环境污染和资源破坏而发生一系列的社会纠纷，给社会稳定造成忧患。环境管理体系是现代化进程的产物，过去我国是基于城市和部分点源防治而建立起来的，由于农村发展滞后，所以农村环境治理体系和治理能力不足。目前，我国的农村环境管理体系呈现的特点是：环境立法缺位，农村环境管理机构匮乏，环境保护职责权限分割且与污染的性质不匹配，基本没有形成环境监测和统计工作体系。[2]

2. 环境污染案件复杂和农民环境维权成本高

首先是起诉难。农民维权意识相对薄弱，法律思维能力和应用法律武器来保障合法权益的能力存在明显欠缺。当环境权益受损时，他们往往寄望于政府和村委会出面帮助解决，而“环境行政机关和

---

① 参见兰竹虹：《我国农民环境维权现状及对策》，《环境与可持续发展》2008年第3期。

② 参见苏杨：《农村现代化进程中的环境污染问题》，《浙江经济》2009年第24期。

村委会参与环境民事诉讼的诉讼地位和诉讼资格在法庭上常常遭到质疑”[①]。更何况高昂的诉讼费、律师费、鉴定费用，使农民难以支付。其次是举证难。据环保部门调查，我国有资质的环境污染第三方评估机构缺乏，由于环境污染损害具有滞后性和复杂性，加上评估机构缺乏统一的技术标准和鉴定方法，环境污染案件的因果关系认证难。[②] 不可忽视的是，环保部门慑于当地政府领导的压力常常不敢做出鉴定，受害者往往无法拿到用于索赔的鉴定证据，法院也少有立案调查。第三是胜诉难。污染企业大多是当地政府的利税来源，是地方政府有意扶持的对象，地方保护主义严重干扰了正常的环境执法。法院在审理这类环境案件时常常受到干涉，受害者的环境污染诉讼很难得到公正判决。第四是执行难。环境污染造成的损失往往很大，如果完全按照损害程度来赔偿，不少污染企业或工厂就只得关闭，使得法院强制执行难以操作。

## 三、农民环境维权的社会效应

农民的环境权维护是一个系统性的工程，其所涉及的范围比较广，维护农民环境权也是涉及多方利益的问题，将会产生广泛的社会效应。

### （一）法律方面的效应

农民环境权的维护首先就涉及法律，其在法律上的影响主要体现在对现有法律体系的完善、对其他法律的示范和促进公民法律意识觉醒这三个方面，应从这三个方面逐渐深入，逐步发展。

---

① 参见兰竹虹：《我国农民环境维权现状及对策》，《环境与可持续发展》2008 年第 3 期。

② 参见兰竹虹：《我国农民环境维权现状及对策》，《环境与可持续发展》2008 年第 3 期。

1. 促进现有法律体系的完善

中国虽然自古以来就有法律，但其主要是依据统治者个人意志而制定的，本质是维护国家的统治，并不在于对人民权利的保护。新中国成立后，借鉴国外的立法经验，我们表面上也有了自己的一套维护人民权利的法律。但是，由于我国的基本国情，我国现有的法律制度还存在着很大的问题。很多法律都没有明确的规定，只有含糊的说明。还有一些法律是“纸上”的法律，根本无法实施。

但是，在农民环境权的带动下，我国也开始借鉴西方的有益经验，最直接的例子就是在我国部分地区开始实施将公共部门作为环境权的起诉主体，这就是一种进步。这只是中国法律完善的第一步，在农民环境权的影响下，中国的法律体系还会有更多的变化，法学专家也会根据中国的实际情况去制定更加符合中国的法律。

2. 对其他法律的示范作用

农民的环境权是中国法律进步的一个典型代表，这个典型代表将使更多的法律进入大众的视野，与此相类似的一系列权利的保护将会逐渐地展开。更多的法律将会变得更有针对性和操作性，更易维护和监督。

3. 促进公民法律意识的觉醒

同中国的社会传统有关，中国公民的法律意识还是比较薄弱的。法律意识薄弱主要体现在以下几个方面：其一，中国人不懂法。绝大多数中国人对中国的法律并没有很深入的了解，只有在自己的权利受到侵害时才能想起还有法律这个武器，甚至在很多农村，农民当权利受到侵害时也没有意识到法律，甚至不知道自己的权利已经被侵害了。其二，中国人不用法。中国人在自己权利受到侵害之后，即使有一瞬间他们会想到使用法律，但在思量经济成本、时间成本之后，绝大部分人还是放弃了使用法律，而是通过“私人”的方式解决问题，甚至是采取违法的行为。其三，中国人不惧法。中国虽然有很多的法律，也规定了很多的惩罚措施，但是法律的威慑力值得怀疑。由于在中国有寻租的现象，法律的威慑力也有所减弱，不能很好地起到限制人们行为的作用。从这一点看，中国的法律需要完善。

农民环境权的维护，让农民意识到自己所拥有的权利。这不仅能够激发他们学习法律的热情，也能促进他们法律意识的觉醒，帮助他们拥有法律的思维，使他们知道法律对他们的重要性，让他们明白如何用法律来维护自己的权利。

### （二）绿色技术及产业方面的效应

农民环境权维护对我国绿色技术及产业的发展的影响主要是：

#### 1. 鼓励企业发展新型的绿色环保技术

新中国成立后，就一直致力于重化工业的发展，该种产业的经济效益比较明显，但是使用的燃料量大，污染明显。维护农民的环境权，势必要对产生污染的企业进行力度较大的处罚。为了降低这方面的惩罚成本，企业会尽量控制自身的污染排放，有能力的企业会开发适合自己的技术，以此来降低能耗，减少污染。

#### 2. 刺激绿色产业发展

中国原有的重化工业主要集中在城市，在城市逐渐重视环境问题的情况下，被迫进行产业转移，将污染较大的一些重化工业都迁移到了农村，带来了农村严重的环境污染问题，极大地损害了农民的环境权。现在，在推动农民环境权保护的浪潮下，原来的企业在农村的生存也出现了问题，它们遭到了村民的强烈反对。因此，必须淘汰一批能耗大、污染大的企业，进行产业升级。又由于现在推行的绿色小额信贷鼓励发展绿色产业，因此该产业将会逐渐地发展壮大。

### （三）政府管理方面的效应

农民环境权维护对政府管理工作的改善有着促进作用，主要表现在：

1. 促进政府绩效考核方式的转变

由于原来的政府绩效的衡量都是围绕国民生产总值进行的，因而本地政府在执政时，往往更加注重经济的发展，忽略环境的污染。在现在社会对农民环境权的重视之下，政府要做出表率作用，这样才能更好地推动对农民环境权的维护。而这需要政府内在的动力，也必然要推动政府改进绩效考核方式。要在现有的绩效衡量指标中添加上对环境的评估，以此激励政府工作人员更加重视环境工作。

2. 促进政府改进与农民对话的方式

中国原来的官本位思想，导致一些官员经常是用一种“高位”态度来看待农民。他们认为自己是高于农民的，因而没有采用一种平等的态度来看待农民。因而在农民环境权维护的过程中，很多农民都是在向上级政府反映情况得不到满意的答复之后采用群体性上访，情绪激烈的甚至会攻击政府，这就造成了政府和农民之间的矛盾。随着农民环境权维护的深入，政府越来越多地面临此类事件，在吸取了经验教训之后，政府在慢慢改变自己的方式方法，尽量用平等的态度来对待上访的农民。在有些言语激烈的场合，政府工作人员也更能克制自己，这种转变是中国政治进步的一种表现。

3. 促进政府人事设置上的完善

前面已经介绍，政府在环保部门的人事设置在乡、村一级是空缺的，这导致了这个体系的不完整。而环保体系在乡以下的空缺，使得乡以下的环境问题处于无人管的“空白地带”。随着社会对农民环境权保护的深入推进，完善环保体系在乡以下地区的人事配置是不可避免的。

## 四、农民环境维权若干典型案例

随着农民的法律意识及环境意识越来越强，农民越来越重视自身的环境权益，并积极采取行动来保护自身的环境权益。在现实生活中，有许许多多农民保护自身环境权的案例，他们采取的维权方式可以分为暴力抗议型、和平上访型、依法诉讼型、网络监督型等。

（一）暴力抗议型的维权

改革开放以来浙江取得了有目共睹的成就，然而代价是环境污染问题严重。尽管在2002年6月，浙江省第十一次党代会提出的建设“绿色浙江”被省委确定为浙江省在新阶段的战略目标。但是，三年来浙江却发生了多起因环境污染而造成的当地农民与军警冲突事件。而2005年对于浙江省的环保包括经济发展本身来说是一个重要的年份，因为民众不满的情绪瞬时被激荡出来，汇集成勃兴的力量，开始争取被剥夺的环境权利。其中东阳市画水镇农民的集体抗议与新昌县农民的集体抗议最引人注目。

**案例6.1　东阳市画水镇农民环境的抗争**

“还我土地，我要生存；还我土地，我要健康；还我土地，我要子孙；还我土地，我要吃饭；还我土地，我要环境。”这是浙江省东阳市画水镇农民面对当地化工企业所造成的极其严重的环境污染而不得已打出的标语。

画水镇有5.3万人口。原来这里依山傍水，素有“歌山画水”的美誉，现在却“山不再青，水不再美，农田不可以耕种，庄稼无法良好生长”。因为自2001年起，原画溪镇政府以租赁土地的形式，开始建设竹溪园区，园区占地约千亩，共有13家化工、印染和塑料企业，其中化工企业有8家。据当地村民反映，“化工厂、农药厂常常排出大量的废气、废水，发出难闻的气味，刺鼻又刺眼。特别在闷热天气，化学气体驱之不散，在严重的时候刺得孩子们睁不开眼睛”。

2001年，东农化工公司和当时的画溪镇政府及画溪五村达成土地租用协议时，时任五村党支部书记的王伟并没有去签字。当年9月，王伟来到金华市某药业公司，咨询了东农的情况之后，写了一封名为“给东农公司画像”（以下简称“画像”）的公开信。东农公司的前身是东农农药厂，原坐落于吴宁镇卢宅村东面，其生产的氟乐灵、三环唑、代森锰锌及中间体，在生产过程中都产生大量废水废渣，因此被当地村民驱赶。“画像”称，后东农欲搬至李宅蔡卢村，但被当地村民阻止；后又搬至巍山镇白塔村，因遭当地村民反对，将废水拉到旧厂址偷偷排放，后经当地媒体曝光，当时的浙江省省长柴岳松批字，予以停产。王伟和其他村民复印了150份“画像”，从金华寄到画溪镇五村和附近村庄。之后有600多名村民对此进行了签名呼吁；而王永飞等村民又复印了1 000份。当年10月，当地派出所着手调查“画像”来源，并通知知情人王某某前去谈话；王某某同其他村民约定，若一小时内不返回，大家就敲铜锣去解救他。结果一小时后村民前去“解救”时，半路遇见正返回的王某某，大家索性前去镇政府陈情。后在一家饭店看到正在吃饭的镇里领导许某，村民把许某拉出来要求解释。在将许某拉往竹溪化工园区的路上，村民冲散前来为许某解围的民警，并和许某发生肢体冲突，致使许某受轻伤。到了园区，村民强行将化工厂员工赶出宿舍，并毁坏了机器设备等设施，造成损失11万多元。之后，王伟等12人被捕。据《凤凰周刊》得到的一份东阳法院刑事判决书显示：2002年，王伟以“聚众扰乱社会秩序罪”被判刑3年，王永飞等其他村民以同一罪名被判1年或几个月不等刑期，其中2人缓刑。

村民称，2005年3月15日是东阳市政府市长接待日，当地村民前去反映污染问题时，未被有关领导接待。3月20日起，村民开始在化工园区邻近各村的出路口搭建了十多个毛竹棚，并由村中老人驻守，堵塞路口，强烈要求化工厂、农药厂搬迁。村民说：“3月28日，百多名执法人员和乡镇干部放火烧掉了大棚。而邻村村民募捐给我们的6 000多元钱，也不知是给烧掉了还是给没收了，没有下落。”之后，村民再次搭起毛竹棚。其间，邻市的一些义乌商人支持村民，免费供应面包、方便面。4月1日，东阳市政府出台“四条意见”，下发文件，决定从2005年4月2日起对画水镇竹溪工业功能区内的13家工业企业实施停产整治。

4月5日，画水镇团委、妇联、老龄委、残联发出一份倡议书，称要“坚决与少数扰乱社会正常秩序的不法分子做斗争，并积极劝说少数盲目跟风的人及时回头”。4月6日，画水镇委和镇政府发出“致全镇人民公开信”：严正警告“那些极少数不法分子悬崖勒马，积极主动地配合政府做好工作，否则，对策划、参与、继续制造事端、扰乱社会秩序者一律从重从快予以严惩”。4月6日，东阳市公安局发出通告：“限令滞留在画水镇竹溪工业功能区路口的群众尽快撤离现场，所设置的路障（毛竹棚、石头等）尽快拆除清理，立即停止一切违法行为。否则政府公安机关将采取措施予以强行带离现场、强制拆除清理。妨碍执行公务的，将承担一切后果。”4月9日晚间，当地镇政府派出10多名执法人员来到画溪村出路口，说夜里要刮风下雨，劝村里老人离开毛竹棚，但老人们没有听从。之后，地方政府采取了清理行动：4点多时，包括警车和公交公司的大巴车共有100多辆运送执法人员到达。据村民说，当时执法人员封锁了毛竹棚所在地，一排警察手持盾牌，组成方阵，阻止大量赶来的村民进入拆除现场，执法者设立了现场指挥部，市主要领导在现场指挥。多名目击村民称：“执法人员包括公安、城管及保安人员，另有花钱请的附近乡镇机关的人员，约计3 500人。”

地方政府对事件已有相当的心理准备，但事后看来，他们对形势的估计仍显不足。村民越聚越多，后来有两三万人，声势浩大。警方发现对峙下去可能会造成大规模冲突，开始主动撤离。但此时，外围的村民坐在路上阻止官方撤离，造成混乱。情绪激动的村民开始追打身穿警服或政府配给雨衣的执法人员，一些执法人员纷纷扔下警棍、橡皮棍、盾牌等，并脱去钢盔和制服，撤离现场。

这是一起典型的涉及企业、政府、村民三方利益的环境保护案例。在这一案例中政府不但没有做到维护农民合法的环境权，还采用了不理智的手段去对待村民的维权行为，国家公安机关也被迫参与其中。发展经济是无可厚非的，但应该充分考虑当地环境的保护。与此同时，村民自身由于法律知识的缺乏，用堵塞路口这种不合法的方式来维权，也是不够理智的。但村民的这种带有暴力色彩的抗议在很大程度上也是政府及企业的处理不当所致。在这样一个博弈的过程中，企业和政府没有充分考虑到农民的环境权益，使这种博弈趋向于“零和”而不是“双赢”。

**案例 6.2　新昌逾万名农民抗议药厂污染环境**

浙江京新药业股份有限公司（简称“京新药业”）坐落于浙江省新昌县青山工业区，是一家国家药品 GMP 认证、ISO14001 环境认证，拥有博士后工作站的国家重点高新技术企业。京新药业前身为浙江京新制药厂，始建于 1990 年。京新药业的半成品生产厂，位于浙江中部新昌县和嵊州市交界处，工厂后方即是受污染的新昌江。嵊州市境内的黄泥桥村距该厂最近处仅有几十米。

据一位村民反映，化工厂成立已 10 年，建厂生产 3 个月之后，当地村民发现井中的地下水已经不能饮用。后来的几年里，村民们陆续发现河里的鱼、虾、田螺甚至连青蛙都绝迹了，田里的庄稼开始大幅度减产，化工厂所排放出的气体让村民有一种“宁愿被打死也不愿被熏死”的感觉。村里的小伙子已经有好几年不能应征入伍了，原因是肝功能不达标。据反映，该村 35 ~40 岁的村民患肝病的超过 50%，而 40 ~45 岁以上的患肝病者高达 60%。2005 年 6 月 22

日，京新厂发生爆炸，1死4伤。事故触动了村民心中由来已久的恐慌和不满。7月4日，黄泥桥村大约50名村民到京新药厂反映污染问题，并要求厂家为村民进行体检并赔偿“营养费”。由于厂方领导一再推迟见面时间，村民情绪开始激动，并将接待室的玻璃门砸坏，由此引发村民与厂家的第一次冲突。

事件引起新昌县和嵊州市两地官员的重视，7月5日，在政府劝说沟通之后，化工厂于当晚紧急停产，村民们也返回家中。但是这一事件又引发新昌江下游同样遭污染侵害的嵊州村民的关注。化工厂紧急停产后，400多个反应炉中还存有1 000吨化学物品，有关专家认为这些原料如不经及时处理，容易引发燃烧和爆炸。于是政府同意工厂在7月15日8点开始用7天时间处理该批危险化学品。因误会厂方复工，四方农民围厂。政府公告发出之后，村民却以为是化工厂借口开工。7月15日上午，数百名黄泥桥村的村民聚集在化工厂门前要求工厂立即停止生产，并与保安以及前来维护治安的警察发生冲突。据称，当天加上从四面涌来的围观群众，化工厂门前有数千人。当晚，在当地官员劝说下，黄泥桥村的村民返回家中等待消息。不料，新昌江下游的村民们在得知7月15日发生的事情之后，决定声援黄泥桥村。“事情越大越好，因为只有这样才能真正引起政府重视。”这是当时村民们普遍的心态。16日晚，由于当地大范围停电，“无事可做”的村民开始从四面八方涌来，警察在104国道和新昌高速公路口设置关卡，仍然无法阻止村民的脚步。警方在化工厂门前安放巨型水泥管道充当隔离墙，防止村民冲进厂区造成意外。双方处于对峙状态，村民投掷石块，但警方为防事态扩大没有还击。后来台风袭来，暴雨驱散了人群，缓解了危机。接下来的几天里，化工厂附近村民有过几次小规模聚集，没有造成冲突。至21日上午7点，化工厂完成处理危险化学品之后，厂外已经没有村民聚集，警察也已撤离。据官方提供的材料称，整个事件中，警方表现克制，没有造成人员死亡。

案例中我们可以明显看出村民对政府和企业的不信任。在政府要求企业处理化学品时，村民却误认为是复工，没有任何询问，也不听劝告，在这方面村民是有错误的。在这一事件中，国家暴力机关的克制是很重要的，倘若发生了小的意外，则必然引发一次大的冲突事件。从这个案例也能侧面看出农民维护自己的环境权的意识在慢慢觉醒，只是在方式方法上还存在问题。这就要求相关政府在处理类似案件时保持清醒的认识，正确地引导农民，避免发生聚众事件。

近些年来，在浙江农民以暴力抗议当地环境污染的事件时有发生。这些暴力事件不仅挑战了以 GDP 为核心的发展观，而且凸显中国公共政策之缺失。上文中以发生于浙江省东阳市与新昌县的两起农民暴力抗议环境污染事件为个案，探讨商议性民主与公众参与环境治理的关系。东阳市与新昌县两起农民暴力抗议环境污染事件不仅反映了地方政府与农民在价值和利益上的冲突，而且表明在涉及本地的环境公共决策的制定与执行缺少农民利益的表达，显示出中国环境不正义之现状。

（二）和平上访型的维权

除了暴力抗议外，农民往往还会选择上访的方式来维护自身的环境权益。其实，“上访”在中国由来已久，在中国的许多文学作品里常常会有“告御状”的桥段，而在当代社会则演变为“上访”，尤其是“越级上访”。在农民的脑海里，或多或少仍受着传统观念的影响，认为“中央是恩人，省里是亲人，县里是好人，乡里是恶人，村里是仇人”，所以每当地方政府损害到自身利益而自己又没有办法伸张时，便会学着传统社会里的“告御状”，通过上访来维护自身权益。

### 案例6.3　企业污染迫农民上访维权①

历经三级上访，辽宁省锦州市太和区新民乡北壕村王彩芬等45人告当地企业江山化工有限公司违法排污问题，近日终于拿到了国家环保总局的行政复议结果：责令辽宁省环保局及锦州市环保局对违法企业依法进行处理。

2005年9月7日，王素华、李文成到锦州市太和区环保局上访，反映江山化工有限公司污染问题。王素华称，“其家中井水漂着厚厚的一层油类物质，并有刺鼻的气味，她母亲饮用后双眼蒙眬、全身不适。地下水浇灌菜地后致使蔬菜大面积腐烂，去年几乎全部绝产。因农田被污染不能种植，今年已损失四万多元。村里其他村民家中的蔬菜也遭受了同样的损失”。

王素华认为，这种结果是江山化工有限公司的化工残渣、废气、废水造成地下水和农田污染导致的。就此，他们已经向当地区、市、省环保局举报，但结果不了了之。

2015年5月18日，王彩芬等3人到国家环保总局上访，国家环保总局对此案进行了行政复议。

尽管辽宁省及锦州市环保部门的说法都表明，他们在这一案件中没有不作为的行为，对违法企业也依法进行了处罚。但是，国家环保总局仍认为，“没有证据表明辽宁省环保局对调查中发现的江山化工有限公司的生产废渣未经处理直接堆放、冷却水直接外排、泄漏的机油未经处理直接排放的违法行为做出了书面处理决定，也没有证据表明辽宁省环保局将案件材料移交当地市、区环保部门予以处理”，且“目前，尚无证据表明该项目（江山化工有限公司）配套环保设施已经原审批环境影响评价文件的环保部门验收”。

为此，国家环保总局责令辽宁省环保局依据《固体废物污染环

---

① 案例来源：中国水网，http：//www. h2o－China. com/news/166742. html。

境防治法》第六十八条、《水污染防治法》第四十六条、《水污染防治法实施细则》第三十九条法律规定，对调查中发现的违法行为做出书面处理决定，或者书面移交当地市、区环保部门予以处理；责令辽宁省环保局督促锦州市环保局对江山化工有限公司执行“三同时”制度的情况进行监督检查，并对发现的违法行为依法进行处理。

国家环保总局有关负责人说，王彩芬等45人如对这个复议决定不服，还可在收到复议决定书之日起15日内，依法向人民法院提起行政诉讼。

案例中村民的生活环境受到企业污染的严重损害，污染甚至严重影响到他们的经济收入。为了保护自身的环境权益以及经济利益，村民选择了“上访”。村民先是去区环保局上访，然后去市环保局上访，后又去省环保局上访，均没有收到什么效果。最后迫不得已，村民只有去国家环保总局上访，终于有了结果。随着农村经济的快速发展，新型城镇化的加速，越来越多的企业会迁入农村或者搬至农村附近，而很多企业的环保措施是不达标的，因此企业与农民的矛盾会随之增加。当企业污染损害到农民的环境权益时，农民会采取相应的措施来捍卫自身环境权，“上访”就是其中一种。

**案例6.4　环境保护成为农民信访重点**①

清镇市干河坝村地处贵阳煤气气源厂南侧。去年，这个村的集体上访惊动了贵阳市的主要领导，原因是该厂的荒煤气造成的环境污染问题。该村186户人家，距贵阳煤气气源厂3号焦炉最近的一户不足100米。焦炉炉顶在加煤和推焦时无组织排放的荒煤气以及因为检修或停电等原因造成的荒煤气排放，对干河坝村造成了严重

① 案例来源：多彩贵州网，http：//gzrb. gog. com. cn/system/2007/06/25/010075702. shtml。

污染。

无独有偶，几乎在同时，乌当区朱昌镇郝官村村民，也因白云区麦架镇屠宰场将污水排入麦架河造成该村人畜饮水污染而在上访。

最近，贵阳市信访局对去年的农民来信来访进行分类统计，结果惊奇地发现：环境保护问题已继土地问题成为农民信访中比较集中的一大问题。统计显示，此类来信来访共有96件1 459人次，占农民来信来访的22.9%。大部分事件有了较为圆满的结果。但是，信访干部们说，有些污染造成的后果却是难以逆转的。如修文县六桶乡清水沟煤矿开采造成的环保问题一事：该矿20世纪90年代初开办，后几经转让。开采之初，没有造成多大毁坏，在后来开采人的手中被随意扩大生产，造成地表开裂下沉，水源干枯，农田不能耕种，农户房屋开裂，引起23户农民集体上访。在信访部门的干预下，矿主虽然对受损农户进行了赔偿，但信访干部同时表示，煤矿开采造成的环境损失却难以挽回。村民主要反映煤矿开采导致农田塌陷，农房损坏，水源断绝枯竭，城镇生活污水、工厂废物、生活垃圾污染环境等。

"我们在处理农民上访事件中，发现环保问题变得越来越多。"贵阳市信访局的一位工作人员这样说。"这也不怪农民，如荒煤气污染这件事，目前国内炼焦行业没有较成熟的技术来治理荒煤气排放问题，每次发生荒煤气泄漏时，村民都被迫紧急疏散，村民心里形成极大的恐惧。"

贵阳市领导十分重视此事，决定对干河坝村实行整体搬迁。

"环境保护问题上升为农民信访第二大问题，一方面表明当前农民的环境保护意识在增强，另一方面也说明农村环境保护问题不容乐观，值得关注。"贵阳市信访局一位干部说。

从这个案例中，可以看到"上访"已经成为农民解决环境问题、维护自身环境权益的重要手段。正如信访局工作人员说的那样，这表现出农民环境保护意识的增强以及农村环境保护问题的日益严重，也表现出农民其他环境维权渠道的不畅。正是这种“不畅”迫使农民比较容易选择通过“上访”来维护自身的环境权益。

### （三）依法诉讼型的维权

此外，随着农民的法律意识增强，当自身的环境权益遭受损害时，越来越多的农民会选择通过法律途径来解决。甚至很多时候会出现“民告官”，这是一个很值得注意的现象。这种现象的增加表明我国在法制建设方面虽然还有许多不足，但也取得了一些成绩。十八届四中全会提出要加快推进“依法治国”，所以依法诉讼必将成为农民维护自身环境权益的一条越来越重要的途径。

#### 案例6.5　杭州村民状告环保厅①

杭州富阳造纸产业发达，春江街道的造纸企业尤为集中，去年春江街道产值197亿元，纳税11.5亿元。但对于当地的居民而言，这些企业却并不那么受欢迎。

当地春江街道管辖的民主村竹桥头自然村现居住人口250人，被春江造纸工业园区的造纸企业四面包围。日前，54名村民将浙江省环保厅告上了法庭，要求法院认定浙江省环保厅委托富阳市环保局对造纸工业园区内华胜、华天、文博3家造纸企业的环境报告书做出的审批意见不合法。

记者在竹桥头看到，这个村一面朝向马路，三面被墙包围，东面的杭州华胜纸业有限公司（以下简称“华胜纸业”）、西面的文博纸业有限公司（以下简称“文博纸业”）、北面的春森纸业与村庄只

---

① 案例来源：每经网，http：//www.nbd.com.cn/articles/2012－02－21/635138.html。

有一路之隔，南面的华天纸业有限公司（以下简称“华天纸业”）距离村庄不足10米，西面的安强纸业距离村庄不超过20米。记者绕着村庄走了一圈，明显感觉到震动。

村民孙先生告诉记者，春江工业园区里有百余家造纸厂，工厂普遍实行24小时3班制操作。在竹桥头81号某村民家，记者看到，为防噪音，卧室安装了双层玻璃。在竹桥头89号的庭院里，从上往下数第一级阶梯与第二级阶梯之间裂缝达2厘米。竹桥头90号正对着华天纸业，记者发现，一至三楼每间房间均有不同程度的开裂。“晚上特别吵，晚上都住我女儿在富阳城区的房子里。”屋主俞女士无奈地说。

在竹桥头村里有两株千年香樟，一株枯死在春森纸业的围墙内，另一株被村民用砖瓦包围起来了。

竹桥头33号一家老房子的客厅漆黑一片，推开客厅的窗，墙外就是春森纸业庞大的废品堆积地和车间，五六名工人正蹲着分拣废品。

包围竹桥头的3家造纸企业华胜纸业、华天纸业、文博纸业，成立时间在2002年至2004年间。目前，这3家企业已在竹桥头村建成投产了，从村民反映的情况看，这3家企业的环评可能存在问题。

起诉浙江省环保厅的54名村民认为，富阳市环保局对华胜纸业、华天纸业、文博纸业3家企业的环境报告书做出的审批意见不合法，由于审批意见是省环保厅委托富阳市环保局做出的，法律责任应该由省环保厅承担，因此村民将浙江省环保厅列为被告。2012年2月7日审理后，杭州西湖区法院未当庭宣判。

就环评报告审批意见究竟合法与否，记者询问了浙江省环保厅杨姓负责人，对方表示由于已进入法律程序，对媒体表态恐会妨碍案件判决，所以不予表态；富阳市环保局春江街道环保所高所长也认为，现在要等待法院审判。

目前，不少竹桥头村民们担心的是在噪音等环境污染下，如何尽快搬迁。根据记者掌握的资料，2011 年 4 月至 2012 年 1 月，竹桥头村民先后三次向富阳市法院和杭州市中院起诉富阳市规划局，要求撤销被告核发（2000）01314 号等建设用地规划许可证的行为。

原告代理人袁裕来律师对记者表示，造纸企业的建造符合规划，问题在于规划内容实施的顺序出现了问题：村庄搬迁之前，造纸企业先建造了。富阳市环保局对华胜纸业等公司的环评参照工业区的适用标准不合理，现在还有村民住着，得考虑噪音等对人的影响。

原告认为，应该在竹桥头村迁移后才能许可建造涉案项目；涉案建设工程规划许可证的核发并没有按《杭州市城市规划管理条例》第二十七条的规定明确规划设计条件。

富阳市规划局分管春江街道的童姓负责人对此的解释是："不是说规划好后马上就要拆迁，我们的规划长达 20 年，竹桥头搬还是不搬要根据主流环境决定，如果有别的项目进来，需要用到这片土地，就会有拆迁计划，才能有安置用地，否则就按照村庄原来的规划按正常程序进行审批。如果规定什么时候搬，就是强拆了。"

"如果我们住在竹桥头，也无法忍受。"春江街道办事处夏书记和汪主任坦言，"我们对这件事也很着急。"夏书记对记者表示，富阳市政府〔2011〕47 号文件《江南新城会议纪要》拟将竹桥头整体搬迁到富源路以北。

对于现在部分竹桥头村民来说，搬还是不搬，这也是一个问题。

记者了解到，该村的搬迁事项已列入了政府日程。夏书记向记者出示了富阳市江南新城建设投资有限公司《关于江南新城开发建设总体工作情况的汇报》，其在 2012 年工作计划中提到"做好新项目的前期工作：抓紧做好民主村二期农居拆迁包括竹桥头自然村农民拆迁的调查、摸底评估、腾空、拆迁等相关工作，尽快进行民主村二期农居点建设"。

春江街道办事处汪主任也表示，预计竹桥头拆迁安置需2.8亿元经费。但目前村民意见不一，有同意搬迁的，也有不同意的，不同意的村民要求撤销企业环评让企业搬迁。

至于部分村民不同意村庄搬迁的原因，夏书记坦言原因有四：一是预计拆迁经费2.8亿元，但上诉居民认为偏低；二是部分村民在家私下加工欧美废纸，注水后卖给企业以赚取利润；三是村民租房给外来打工者，租金颇丰；四是农村居民往往不愿意离开故土。

在这种情况下，竹桥头村与造纸企业的纠纷或许还将持续一段时间。

### 案例6.6　农民状告安徽环保厅

2008年1月17日，安徽省环境保护厅做出了《关于安徽舒美特化纤股份有限公司安徽望江年产6万吨粘胶短纤维项目环境影响报告书批复的函》的审批行政行为。

宋新元是安庆市望江县古港村西塔组的一个农民，因家附近有一家化工企业，他认为该企业污染了周边环境，而省环保厅审批的环评函让该项目立即上马。

2012年11月，宋新元认为安徽省环保厅的行政行为程序违法，直接向国家环境保护部提交了行政复议申请书，请求撤销《环境影响报告书批复》。

2013年1月30日，国家环境保护部驳回了宋新元的行政复议请求，维持了安徽省环保厅所做的上述批复。

2013年2月26日，宋新元一纸诉状将安徽省环保厅告上法庭。宋新元在起诉书中称，被告做出的审批行政行为程序违法、运用法律严重错误，应予撤销。蜀山区法院曾两次开庭审理此案。

6月5日，记者从蜀山区法院获悉，法院做出最终判决，不支持宋新元撤销被告做出的《环境影响报告书批复》的要求，驳回了其诉讼请求。

对于上述宣判结果，宋新元表示他早就有了心理准备。但是，他还是会坚持自己的想法，将环境维权道路走到底。宋新元称，他会继续上诉。

以上两个案例有非常相似的地方，都是农民起诉本省的环保厅，属于行政诉讼。当农民认为政府相关部门的行政不当损害了自身合法权益时，农民选择起诉政府的方式来维护自身的合法权益。在与农民环境权有关的利益主体中，政府是其中一个重要的利益主体。如果政府对企业排污监管不当，或故意维护企业，放宽对企业排污的限制，则往往会损害农民环境权。此时，一般农民会选择上访的途径来解决问题，将自己所遭受的损失表达出来，并希望政府尽快对涉事企业进行严格管理。如果政府的答复不能让农民满意，那么农民还会选择行政诉讼来维护自身的环境权益。

（四）网络监督型的维权

随着互联网在全世界的普及，人们的生活已经渐渐离不开网络。虽然网络是一个虚拟的世界，但是同样具有不可估计的舆论力量。尤其是随着社交软件的使用日益频繁，人与人之间的交流越来越容易，信息的传递也越来越快，于是越来越多的网民开始运用互联网来保护农村环境，维护自身的环境权益。

### 案例 6.7　网民掀“随手拍家乡污染”浪潮[①]

春节刚过完，有网友在微博上披露，在山东潍坊，化工厂、造纸厂等污染企业，将污水通过高压水泵压到 1 000 米深的地下，致命

---

① 范传贵：《网民掀“随手拍家乡污染”浪潮　政府部门无回应》，《法制日报》，2013 年 2 月 19 日。

性污染了地下水。这一现象随即引起了网络媒体和传统媒体跟进报道，形成了网上网下一阵声讨地下水污染的呼声。

而早在春节以前，有环保网站就已在微博上发起了一场“随手拍家乡污染”“随手拍河流污染”的微公益活动。山东潍坊事件曝光后，又有环保公益人士发起了“中国水污染独立调查”活动，号召回家过年的网友拿起手机和相机，将回乡所见污染情况拍照发布到微博上曝光。与以往污染曝光活动不同的是，由于这次参与“随手拍家乡污染”活动的多为返乡过年的网友，最终曝光结果更有针对性地指向了少受关注的农村污染，几乎演化成一场“随手拍农村污染”活动。

一段时间以来，城镇环境污染问题因影响人群的特殊性而逐渐得到决策层的重视，而农村所面临的各类环境问题却仍处于关注未能覆盖、监管难以抵达的事件性应对阶段。曝光一事，就关注一事；曝光一地，就重视一地；曝光一时，就整顿一时。未能得到普遍、持续的约束或治理。以至于在《2010 年中国环境状况公报》上，有着这样的表述：“现在农村环境问题日益显现，总体形势十分严峻。”

在这一背景下，2012 年，中央一号文件《关于加快推进农业科技创新持续增强农产品供给保障能力的若干意见》首次提出，要把农村环境整治作为环保工作的重点，加快农业面源污染治理和农村污水、垃圾处理，搞好生态建设，改善农村人居环境。

几年的从业经历中，记者曾采访过多起引发恶劣后果的农村污染事件。在这些涉及农村地区的采访中，遍布各地的河流、垃圾污染也常常让记者触目惊心，深感治污形势严峻。

这些年随着互联网的发展，网络越来越成为民众参政议政的一个平台。许多类似案例中的环境保护活动就是由草根发起，在网络上宣传，并通过网络进行参与的。这具有参与范围广、成本低等特点。可以预见，在未来的一段时间里，互联网将在保护环境权上发挥更为重要的作用。但是网络只是一个平台，如何有效解决网络上反映的问题则是更加需要认真考虑的。近年来，虽然在很多地方政府的网站上都设立了民意反馈的专栏，网民可以将自己发现的问题发表出来，但是很多政府网站并没有真正发挥保护环境的作用，要么是长时间没有网民反馈意见，要么是即使收到网民的反馈，政府也只是简单地敷衍一下。在未来，人们使用互联网会更加频繁，要充分利用互联网这个工具，发挥它在环境保护方面的作用。

### 案例 6.8 网友热议：农村生活垃圾往哪里倒?

最近记者的微信朋友圈有点热闹，起因是清明节来临，一朋友回乡祭祖，顺便想在山好水美的农村踏青游玩。没想到农村乱扔乱倒的垃圾大煞风景，伤了朋友的心。回来后，朋友便在微信朋友圈发一通感慨。一石激起千层浪，朋友们纷纷发表评论，尤其是以前家在农村的朋友，更是感叹现在农村乱扔乱倒垃圾的现象，破坏了记忆中美好农村的形象。

近日，记者随机走访了市中区、井研县、夹江县等地，就农村垃圾倾倒问题进行调查。

在夹江县甘江镇席湾村的马村河，记者见到河两岸垃圾成片，水面漂浮着厚厚一层污物，散发出阵阵异味。腐烂的菜叶、塑料袋、易拉罐、一次性纸杯等生活垃圾随处可见，河道里甚至漂浮着死猪。“都往河里扔，我们也朝河里扔了，反正要冲走。”“村里没有垃圾池、垃圾桶，就只好朝河里扔了。”该村一些村民说。

井研县金峰乡中心小学对面，大约 100 米远的树林深处，已经形成了一个较大的垃圾堆放点，粗略估计，垃圾重量有 20 吨左右。记者远远就闻到刺鼻的臭味，蚊蝇飞来飞去。

金峰乡金峰村村民周翠花说：“乡上的垃圾清运车直接运到那里

倒的，有好多年了。”

“你们觉得直接倒在树林里对吗?”记者问。

“不对有什么办法，不倒在那里倒在哪里？——我们也想有车把它运走，臭得很，影响这里的环境。”周翠花无奈地说。

记者还了解到，整个金峰乡只有一位垃圾清扫人员，保洁人员配备不足。

市中区九龙乡双狮村村民郭强也告诉记者，村里没有环卫设施，也没有环卫工人，“有些能烧就烧了，有些就倒在竹林里或者沟沟坎坎这些隐蔽点的地方”。

高新区车子镇杜家场村，垃圾房由于没有及时清理，垃圾已经堆到了路面上，散发阵阵臭味，与周边环境极不和谐。

记者走访中发现，农村垃圾主要集中倒在山沟、竹林、树林里，最普遍的是沿河、沿渠倾倒，有些甚至直接倒入河中。村民聚居相对集中的地方，这种现象尤为突出。而造成乡下垃圾乱扔乱倒现象的一部分原因是确实存在一部分村民素质不高，缺乏环保意识，而最主要的原因是拥有垃圾处理设施的村庄数量有限，农村保洁人员配备不足，垃圾收运不及时。

如何有效解决农村生活垃圾？带着问题，记者随后来到市城乡环境综合治理领导小组办公室。该办副调研员刘才云告诉记者，针对此现象，“我市将真投入、添设施、强队伍、重宣传，形成人人参与的局面，给农村垃圾一个好‘归宿’”。

刘才云介绍说，我市将在4月30日前，完善垃圾收运处理设施。引导农村居民自备垃圾收容器；每个村民小组配建3～5个垃圾收集箱或垃圾收集池；每个村庄按标准改造或新建1个大型垃圾收集池，配置1辆密闭式垃圾收集运输车辆；每个镇乡配建1个垃圾中转站，配备1辆密闭式生活垃圾专用运输车辆，至少有1个再生资源回收站。配足清扫保洁队伍，配备保洁人员的行政村达到行政村总数的95%。每个村民小组至少配备1名保洁员，建立保洁人员花名册和台账，完善并落实保洁制度和考核制度。

各县（市、区）将按照“本级财政为主、省市补贴和个人缴费为辅”的原则，制定出台农村生活垃圾治理资金投入管理办法。同时，建立“村民适度缴费，村集体补助，本级财政补贴”的农村生活垃圾治理经费长效机制。放开城镇和农村生活垃圾处理设施建设和运营市场，吸引社会资金参与治理，鼓励社会帮扶、捐赠治理。

刘才云介绍说，各镇乡将指导农户与村委会在4月底前，签订2015年度城乡环境综合治理门前三包责任书，要求签订率达95%以上，城乡环境综合治理群众知晓率达到95%以上。

据悉，为切实治理农村生活垃圾，我市将实行部门联动，形成齐抓共管的局面，确保5月农村生活垃圾治理村庄比率达到95%以上，并健全和完善长效治理机制，确保农村生活垃圾“扫得起来，运得出去，处理得掉，保持得住”。

在该案例中，朋友圈等社交平台成为网民议论环境问题的平台，通过网络的宣传，将生活中出现的问题告知媒体界人士，由他们进行深入的调查。这可以成为维护农民环境权的一个模式。从该案例中我们也能发现，现在农村的环境问题不仅仅在于环境的破坏，还在于破坏之后要如何修复。现在网络的作用仅限于反映民意，希望在未来，网络能够对问题的解决提供有效的帮助。但是，必须看到，当前在农村使用网络的基本都是进城务工人员，他们在城市生活中慢慢学会使用微信、微博等网络平台，借此来发表自己的观点或看法。但是，常年生活在农村的以种地为生的农民，他们由于年龄问题，不会使用网络来发表自己的意见。如何帮助他们在网络发声，让网络像电视机一样融入他们的生活，是值得思考的问题。

# 第七章　坚持以农民环境权为中心改善农村环境

农民是美丽乡村建设的主体，是乡村生态环境的最直接相关者，促进农民环境权的实现，必须突出农民是环境权主体的理念，明确政府的定位和企业的社会责任。当下，在农村的环境权利体系中，政府、企业、农民是最主要的利益相关者，其中，农民处于相对弱势地位，众多的农村环境侵害事件表明，农民承受着乡村经济增长带来的严重污染，却较少分享到乡村经济发展的实际利益和成果，农民环境权利与义务出现明显的失衡。尽快改变农村恶化的生态环境，确保每一个人生活在健康、安全和舒适的环境中，必须确立以农民环境权为中心的环保理念。

## 一、农村生态保护和农民环境权改善的主要原则

根据新的《中华人民共和国环境保护法》第五条的规定，环境保护的基本原则是“保护优先、预防为主、综合治理、公众参与、损害担责”。农村环境保护和农民环境权的改善无疑也应遵循这一普遍的基本原则，但农村生态建设和农民环境权的发展也有其特殊的原则，主要有以下几个方面。

### （一）坚持消除贫困与实现可持续发展相统一的原则

消除贫困，改善民生，实现共同富裕，是社会主义的本质要求。改革开放以来，我国扶贫开发工作取得举世瞩目的成就，走出了一条中国特色扶贫开发道路。但是，贫困地区发展滞后问题没有根本改变，贫困人口生产生活仍然十分困难。据国家统计局发布的数据，

按照年人均收入 2 300 元（2010 年不变价）的农村扶贫标准计算，2014 年中国农村贫困人口为 7 017 万人。[①] 农村生态环境退化与农民贫困有着密切的关联，有资料表明，发展中国家环境退化的其中一个原因即是贫困阶层为了生计而不得不违背生态规律、过度开发自然环境。我国的贫困人口大多分布在中西部生态环境脆弱地区，他们中多数靠天吃饭，粗放地开展农业生产经营活动，过度垦殖，终致其陷入灾害—贫困循环往复并不断加深的境地。我们更应该注意到，“摆脱贫困与维护良好的环境之间，并没有必然的矛盾。现实中两者可能存在的冲突，常常是人们技术选择的结果，是某种摆脱贫困的方式导致的或是某种环境的方式造成的矛盾，而人们原本可选择其他的方式避开两者在近期可能存在的矛盾，而且使两者呈现几乎总是相互促进的良性循环”[②]。《中国 21 世纪议程》[③] 指出：“对于贫困地区而言，消除贫困与可持续是统一的整体或一个问题的两个方面。不消除贫困就难以持续发展，不有效改善贫困地区的基础设施条件、提高人的素质、改善生态环境和可持续发展开发利用资源，也不可能从根本上消除贫困。”这实际上就非常清楚地阐述了贫困与可持续发展两者的关系。

坚持消除贫困与实现可持续发展相统一的原则，首先，要消除传统的贫困必须改正破坏自然生态、影响可持续发展的思维方式和行动指向，努力避免先污染破坏增长经济而后治理改善的路子。事

---

① 参见王希：《2014 年我国农村贫困人口比上年减少 1 232 万人》，新华网，http：//news. xinhuanet. com/politics/2015 -02/26/c_ 1114447148. htm。

② 参见李小云等主编：《环境与贫困——中国实践与国际经验》，北京：社会科学文献出版社 2005 年版，第 12 页。

③ 1992 年联合国环境与发展大会通过了《21 世纪议程》，中国政府做出了履行《21 世纪议程》等文件的庄严承诺。1994 年 3 月 25 日，《中国 21 世纪议程》经国务院第十六次常务会议审议通过。

实反复教训我们，这确实是一条得不偿失的道路。其次，要有良好的制度设计并使之得以有效地实施。对此，李小云等主编的《环境与贫困——中国实践与国际经验》一书基于对国际经验的充分阐释做了较精到的解读，“减轻穷人身上的规章制度枷锁：控制穷人使用森林资源的规章制度通常是既过分又缺乏一致性的，例如，对社区森林施行强制砍伐令却不针对商业森林；对穷人利用森林资源管理过度，而为了更加大的利益却可以藐视规章制度，这种做法破坏了规章与法律。当穷人在制定规章方面有足够的权力时，他们通常会有效地修订这些规章制度并强制执行它们”①。因此，制度的设计既要有效率维度的考量，更要有正义维度的考量。我们在设计农民环境权的实现、保障和相关救济制度时，既要借鉴国外先进的环境权立法和管理经验，拓展思路，理性安排，更应关照中国城乡的现实差距和农民在环境权中的弱势特征，创新农村环境法制保障体系、司法模式和执法方式，强化社会救济方式等。最后，教育引导是促进农民更加关注和有序表达环境权益诉求的必要途径。“教育机会不公平，农村人力资本的缺失，使掠夺性地开发和利用资源成为农村摆脱贫困的必然选择……贫困是否导致环境恶化取决于穷人做出反应并采取行动的能力和可以得到的解决贫困的方案。知识经济时代……教育是人力资本形成的最基本和最重要的途径，直接影响到农村人口的持续发展的能力。”② 教育引导农民关注关心环境权益，还应使之确立“每个人都是自己权益的最佳监护人和代言人”的理念，引导他们在自身的环境权益受损时，应积极寻求有效的救济途径，使自己

---

① 参见李小云等主编：《环境与贫困——中国实践与国际经验》，北京：社会科学文献出版社 2005 年版，第 162 页。

② 参见刘岚：《城乡和谐视角下的农村环境问题探析》，《产业与科技论坛》2007 年第 1 期。

成为有序参与环境权益维护和救济的主体。

### （二）坚持统筹城乡一体化发展的原则

贯彻落实科学发展观，必须坚持以民为本，统筹兼顾，全面、协调、可持续发展。改善农村环境和维护农民环境权益需要坚持统筹城乡一体化发展的原则。城乡差别是自有城乡以来人类社会发展的普遍现象。实践证明，城乡差别的消极影响处于主要地位，因此，消灭城乡差别成为人类的共同理想和社会主义的价值目标。[①] 一是城乡居民收入差距。近年来，在国家采取多种惠农措施的情况下，城乡收入比例一直维持在3∶1以上（2013年为3.03∶1；2014年，城乡收入差距已经缩小到3倍以内，但这样的城乡收入比例在世界上也是少有的，超出了绝大多数发展中国家）。如果把城市居民收入中一些非货币因素，如住房、教育、医疗、社会保障等各种社会福利考虑在内，城乡居民的收入差距可能更高。二是城乡教育差距。城镇高中、中专、大专、本科、研究生学历人口的比例分别是乡村的3.4倍、6.1倍、13.3倍、43.8倍、68.1倍。三是城乡医疗差距。由于公共卫生供给短缺，医疗价格大幅度攀升，农村不少地方出现了因病致贫、因病返贫的现象。四是城乡消费差距。农业生产资料价格高，生活资料的质量低，假冒伪劣横行。从总体上看，目前农村居民的消费水平较城市居民的消费水平，整整落后10年。五是城乡就业差距。城市劳动人口的登记失业率为5%，农村劳动人口的失业率没有人计算得出，抛开进城务工的1.3亿劳动力不算，留在农村的4亿劳动力的利用率也只有50%左右。六是城乡政府公共投入

---

① 参见吴学凡：《新时期中国城乡差别问题》，北京：社会科学文献出版社2009年版。

差距。国家财政用于农业的支出占财政支出的比重不断下降。[①]

城乡环境治理水平的差距巨大，以垃圾处理为例，我国城市的大部分地区都实现了垃圾的统一收集、处理，而农村垃圾处置则大部分处于“放任自流”状态，因少有收集系统，随地倾倒、堆放现象十分普遍，乡村内外空地成了“天然垃圾场”，缩小城乡差距，建设清洁乡村，亟须一场“垃圾革命”。[②] 与此同时，随着城市人群环保意识的迅速增强和各地文明城市创建的需要，大批污染企业迁出城市而向乡村转移，然而，全国4万多个乡镇、约60万个行政村，绝大多数没有环保基础设施，全国农村每年产生90多亿吨生活污水、2.8亿吨生活垃圾，其中大部分都属于未经处理直接排放；乡镇地区工业废水、废气及工业固废处理率比县及县以上地区分别低36%、42.9%和12%，差距巨大。[③] 我们不得不面对事实，我国历史上形成的城乡政治经济文化领域的二元结构，在生态环境治理与保护领域再次深刻地得以体现。没有乡村的生态安全，就没有城市的生态安全，环境友好型社会更无从谈起。对于我国环境治理方面一直存在的“重城市、轻农村；重工业、轻农业；重点源、轻面源”的问题，我们不能无视，必须牢固确立城乡环境治理与保护一盘棋的理念，坚持城乡并重、城乡一体，统筹城乡规划，统筹城乡环境设施、法制保障、经费投入体系以及环境监管体系，加快实施农村生态与环境保护工程，加快农村环境污染治理的步伐，切实改变

---

① 参见扎西卓玛：《扶贫开发，一项艰巨而长期的任务》，中共中央党校网，http：//www.ccps.gov.cn/designated_topics/pxbxxzsjjhzt/201312/t20131225_44827.html。

② 参见：《垃圾处理折射我国城乡差距　乡村呼唤“垃圾革命”》，新华网，http：//www.hn.xinhuanet.com/2013－07/23/c_116650094.htm。

③ 参见钱永涛：《农村环境保护监管亟待加强》，《中国环境报》，2013年4月30日。

“院里洁净美，院外脏乱差”“只见新房，不见新村”的现象，缩小城乡环境差距，以实现和维护城乡环境正义。

### （三）坚持政府主导、社会协同、公众参与、法治保障的原则

政府主导、社会协同、公众参与、法治保障是加强和创新社会治理的基本要求，也是保护农村生态环境和维护农民环境权应当坚持的基本原则。“政府是社会管理的组织者和指挥者，并扮演着服务者的角色，是社会管理的主导力量，而公众参与是基础、社会协同是依托、法治保障是根本。社会管理要坚持政府主导，就要充分发挥政府在制定社会管理、创新法律法规、配置公共资源、提供公共产品和服务、分解社会矛盾等方面的重要作用。”[①] 改善农村生态环境，建设美丽乡村，必须强化政府的主导作用。在乡村环境治理领域，政府怎样主导？这主要体现在规划、扶持、导向、制度建设等方面。换言之，政府在乡村环境治理中要当好“规划师”“投资家”“掌舵手”和“责任人”。[②]

正确认识和处理政府与社会的关系，是加强和创新乡村环境治理、维护农民环境权的基本措施。所谓社会协同，就是在政府治理能力较强而社会发育程度较低的现实情形下，政府在社会治理中发挥主导作用，但出于有效治理需要，政府同时保护并尊重社会的主体地位以及社会自身的运作机制和规律，并通过建立健全各种制度化的沟通渠道和参与平台，推动落实各项相应的制度建设和政策措施，直至将其纳入已有法律体系，从而充分发挥社会力量在社会治

① 参见赵园园：《实现政府主导型的社会管理创新研究》，《中共福建省委党校学报》2013 年第 1 期。

② 参见陈健春：《坚持政府主导，加强统筹协调》，中国共产党新闻网，http：//cpc. people. com. cn/GB/68742/71093/71094/4922852. html。

理中的作用。[①] 社会协同是加快形成能够促进善治的乡村环境治理体制的必然选择，必须形成全社会重视农村环境问题的良好思维方式和行为习惯。需要建立和完善公众参与机制，鼓励和引导社会力量参与、支持农村环境保护和农民环境权益改善。

有效的公众参与，首先得确保农民获得农村环境保护和自身及群体环境权益改善的有效信息；其次得确保农民参与涉及村落环境问题以及其切身利益的事项的决策权的行使，对涉及影响农村生态环境保护和农民环境权益发展的发展规划、建设项目、资金安排等，要充分保障农民群众的知情权、参与权和监督权，尊重并广泛吸纳农民群众的意见；最后，创新载体、丰富内容，开展多层次、多形式的农村环境保护知识宣传教育，引导农民群众树立生态文明理念，提高环保意识，发挥好其自身在美丽乡村建设中的主体性作用，主动适应和推广健康文明的生产、生活与消费方式。[②]

法治保障体现在有健全的农村环境和农民环境权益保护救济相关法律制度体系。目前，农村环境立法存在不少空白，环境政策体系不完善，仅有的一些法律制度又存在立法位阶低、操作性不强等突出问题，因此首先需要继续制定有关法律法规，完善我国的环境政策体系以及各相关部门建立新政策的联合研究机制，努力构建体现农村环境治理和农民环境权益发展需求的“环境新政”。其次，从当下中国乡村生态环境的现状来看，如果不执行“环境保护优先”，其所带来的经济增长的负面影响比正面影响要大得多，应当进一步确立“环境保护优先”的方针。再次，加强农村环境执法检查和行

---

① 参见郁建兴、任泽涛：《当代中国社会建设中的协同治理：一个分析框架》，《学术月刊》2012 年第 8 期。

② 参见李淑文：《环境正义视角下农民环境权研究》，北京：知识产权出版社 2014 年版，第 301 ~ 302 页。

政执法，要从根本上扭转有法不依的现象。[①] 最后，应保障农民的环境权利得到有效的救济，特别是对涉及农民环境权益的行政复议、行政诉讼、民事诉讼以及其他纠纷，相关国家机关要通过完善法律援助、减免诉讼费用等方式给予支持。[②]

## 二、实现和发展农民环境权的路径探讨

### （一）明确政府之责，推进环境正义

农民环境权问题本质是环境正义问题，是社会公平理论在环境问题上的体现。[③] 作为享有环境管理权和承担环境监管之责的政府，应致力于推进和维护农村环境公平正义，重点在于对农民群众相对缺失的环境权进行恰当的权利救济。这种政府的环境权利救济总体上可以分为宏观、中观、微观三个层面。在宏观层面上，重点是要推进有利于农民环境权益维护和发展的环境法律制度及法律环境的建设；在中观层面上，重点是发展农村环境政策，深化对农村和农民的环境赋权；在微观层面上，培育和发展农村环境保护与生态文明建设的公益组织、维权组织等，促进农村环境管理。

推进环境治理从“城乡二元”走向“城乡一体”，建立城乡环境规划和环境设施一体化体系是政府环境保护政策的应然走向。加强农村生态环境治理，保护和发展农民环境权益，必须加强统筹城乡，消除城乡环境不公，优化农村产业结构和布局，促进城乡环境规划一体化、政策一体化和设施一体化，实现城乡在环境政策和环

---

① 参见张宏武、时临云：《从日本环境问题对策的变迁看我国的环境政策》，《改革与战略》2008 年第 10 期。

② 参见李淑文：《环境正义视角下农民环境权研究》，北京：知识产权出版社 2014 年版，第 302 页。

③ 参见李淑文：《环境正义视角下农民环境权研究》，北京：知识产权出版社 2014 年版，第 178 页。

境监管资源配置上的平等、产业发展上的互补和国民待遇上的一致，让农民与市民一样在环境保护和治理中受益，共享文明与实惠。我们应当注意到，环境治理和修复是一个长期复杂的系统工程，要进一步明确农村环境隐患排查、治理和防控的责任主体、组织实施机构，以及技术和管理规范，健全农村污染排放标准，坚持农村水环境建设与农村自然资源相结合、与农田水利建设相结合、与乡（镇）村的政绩评价相结合，因村制宜探索优化环境治理方式。

**案例 7.1　四川今年探索在农村购买环境公共服务①**

近日召开的全省幸福美丽新村建设推进工作会议确定由省环保厅牵头“五大行动”中的环境整治行动，促进农村人居环境长效改善。新村建设环境整治有何重点？省环保厅近期将采取哪些举措？6月17日，记者专访了省环保厅厅长姜晓亭。

农村环境整治行动三点发力

记者：幸福美丽新村的环境整治有何重点？

姜晓亭：按照幸福美丽新村建设要求，我们将以净化、绿化、美化为追求，由治理脏乱差入手，会同有关部门共同编制《四川省幸福美丽新村建设环境整治规划方案》，预计年内出台。同时将加强和农业、水利、住建等部门的“十三五”专项规划编制相衔接，制订切实可行的实施方案。

农村环境整治行动将从三个重点发力。首先是充分改善农村人居环境，使村内的垃圾得到有效处置、污水得到有效合理的处理、农民饮水安全得到保障。其次，有效改善农业生产环境，重点体现在畜禽养殖的粪污及农膜、地膜、秸秆等废弃物得到有效合理的综

① 案例来源：四川新闻网，http：//scnews. newssc. org/system/20150618/000573873. html。

合利用，农村土地要减少和免于污染。最后，要建立农村环境保护的长效机制，形成村规民约和生态制度，使农村环保基础设施的运行、维护、管理等问题得到有效解决。

全省有4万多个村庄。按照这一思路，到2020年全省30%的村庄（12 000余个村庄）要通过环境整治成为国家级环境整治达标村。我们还将细化环境整治实施目标，按照可量化的考核指标如乡镇污水处理率等，有效推动新村建设。预计明年起，将给各市（州）下达任务，包括建成幸福美丽新村的总数量和年度创建数量。

禁养区全面禁止畜禽养殖行为

记者：为按期完成新村环境整治目标，近期将采取哪些措施？

姜晓亭：近期，我们将与相关职能部门对接新村环境整治的具体措施和工程项目，制定农村环保基础设施的运行管理及监管办法。

畜禽养殖污染，是幸福美丽新村建设要解决的重点问题。我们正在开展全省畜禽养殖污染情况排查，重点清查禁养区的畜禽养殖企业，各地年内要拿出禁养区关停畜禽养殖企业时间表，逐步全面禁止畜禽养殖行为。省环保厅和省农业厅将制订《四川省畜禽养殖产业“十三五”发展规划》，进一步合理安排畜禽养殖产业的布局、规模、结构问题，让畜禽养殖业的发展和生态承载能力相适应。

我们正在开展农村地区饮用水水源整治，针对30个乡镇劣Ⅴ类饮用水水源地的整治，年内将完成整治任务，让相关区域群众的饮水问题得到解决。8月底前将清查完毕四川饮用水水源的水质现状，优化各地饮用水水源保护区区划。

幸福美丽新村环境整治，要健全饮用水水源保护、垃圾和污水处理、沼气等公共设施的长效管护制度。今年内，我们将探索在农村购买环境公共服务，引入市场化运作机制，采用管理与维护分离的方式，聘用专业维护公司，为长期保持农村人居环境改善的效果打下基础。坚持以农民为主体，推行村内事“村民议村民定、村民建村民管”实施机制，充分尊重村民的知情权、参与权、决策权和监督管理权，让他们主动改善居住环境，建设美好家园。

现在很多的农村环境问题，政府都负有一定的责任。政府也有职责尽自己的全力去改善农村环境。但是由于资源、人力、物力、财力、时间、空间等一系列因素的影响，政府没有办法单独解决相关的问题。于是就有了政府向外购买环境公共服务的举措。现在的农村发展的大趋势就是公共服务由第三方提供，政府只需花钱购买即可。既可以有效解决相关问题，又可以减轻政府工作压力。只不过以往政府购买的公共服务更多地涉及养老、医疗、教育、农业产业这些内容，几乎不涉及农村环境治理。此次四川政府用购买公共服务的方式来解决农村环境问题，维护农民环境权益，这种方法是开拓性的，很有借鉴意义。

### （二）明晰企业环境责任，促进环境权益公平

“经济增长不能以牺牲弱者的利益为代价，否则社会体制就是不正义的”①，“环境正义保障环境不正义的受害者能够受到完全的赔偿、伤害的修缮以及良好的医疗服务”②。作为享有合理开发利用农村环境权的企业，应对农民环境权利进行及时补偿。新环保法加大了污染企业的违法成本，大幅提高了生态环境保护的地位，对于形成农村环保新格局有着较强的推动作用。最高人民法院《关于审理环境侵权责任纠纷案件适用法律若干问题的解释》明确规定：“因污染环境造成损害，不论污染者有无过错，污染者应当承担侵权责任。”当然，新环保法中仍有诸多方面的规定有待进一步细化。

---

①　转引自贾凤姿、杨驭越：《城乡环境公正缺失与农民生态权益》，《大连海事大学学报》（社会科学版）2010 年第 4 期。

②　参见曾建平：《环境公正三题》，《中共中央党校学报》2007 年第6 期。

农村和农民在环境保护中处于弱势地位，“国家为了农业的发展、平衡农民和其他群体的利益，需要将给予农业一定补偿的价值取向变为国家和法的价值取向，从而将农业生态补偿的正当利益以权利的形式确定下来”[①]。无论是对各级政府还是对企业而言，对农村实施生态环境补偿都是维护农民环境权益和实现城乡环境公正的重要环节。应在总结借鉴已有实践经验的基础上，发挥好政府农村环保专项资金的带动作用，进一步优化整合各类乡村环境建设资金，并形成政府、企业、社会多元化资金筹集和良性运行机制。参照李淑文的观点，按“受益者”补偿原则，我们还可以演绎出突破农村环境治理资金约束瓶颈的经济学之道，即通过工业反哺农业、城市回馈农村来寻求农村环境污染治理、生态环境保护和人居条件改善的资金融通整合渠道，探索建立由污染者付费的农村环境治理和农民环境权侵害赔偿（补偿）基金制度，为促进农民实现有效的环境权益损害救济提供制度倾斜及相应保障。[②]

**案例 7.2　赤壁严控污染向农村转移　查处 7 家废旧塑料加工厂**[③]

6 月 10 日，赤壁市赤马港办事处周画岭村三组群众聚在一起，看到环保、工商、电力等部门执法人员将塑料加工厂的主要生产设备查封扣押并断线断电后，大家拍手称快。

塑料再生回收行业本符合国家产业政策，但由于其准入门槛低，占地小、投资少，生产简易，一家几口人就可以开办。前几年，这

---

① 参见李长健、邵江婷、董芳芳：《农民权益保护视角下的农业生态补偿法律研究》，《重庆科技学院学报》（社会科学版）2009 年第 2 期。

② 参见李淑文：《环境正义视角下农民环境权研究》，北京：知识产权出版社 2014 年版，第 183 页。

③ 案例来源：咸宁新闻网，http：//news. xnnews. com. cn/xyxw/news_ cb/201506/t20150615_ 2213005. htm。

样的小厂在赤壁城区一度非常繁荣，高达30多家。为减少生产成本，这些小作坊式塑料加工厂没有建设环保设施，生产的废水废气等对周边群众生活环境造成了严重影响。2012年，赤壁市就曾组织专项整治，关停了城区废旧塑料加工厂。

受利益驱使，一些小企业主偷偷将设备转移到田间地头等偏远的角落，间断式生产、夜间生产，以逃避监管，严重破坏农村环境。

近年来，赤壁市大力开展美丽乡村建设，在全面整治农村环境的同时，严控城市污染向农村转移。6月10日，该市组织环保、工商、电力、公安等部门组成联合执法组，对全市违法塑料加工厂进行一次全面突击整治，对转移到农村的7家废旧塑料加工厂全部实行断电，并现场拆除、扣押电机等主要生产设备26台套，查封半成品200余吨。

环保部门负责人介绍，下一步，他们将采取日常巡查和专项行动相结合的方式加强农村环境整治，对排污企业采取高压态势，发现一家，查处一家。同时，积极加强与工商、电力等相关职能部门沟通配合，发挥联合执法效力，让这类排污企业在赤壁没有市场，严防污染向农村转移。

对农村环境造成污染的企业，有很大一部分是由于城市环境污染整治而被迫搬迁的企业。这些企业对农村的大气、水源造成严重的污染。在原来大力发展乡村经济时，引进这些企业是很受欢迎的，可以解决村民的就业问题，也可以促进农村地区的发展。但是，随着农村环境问题日益突出，农民环境权利日益受到重视，这种污染严重的企业在农村也失去了土壤。政府正在下大力气整顿这些企业，将农村的环保工作放在首位，更好地履行政府职责，维护农民合法的环境权益。同时，企业自身也应该进行自查，看能否从技术上解决自己的环境污染问题，对已经造成的污染不回避，不推脱，配合政府一起解决相关问题。

## （三）促进农民生态环境保护意识自觉，改变农民生产生活方式

政府、企业和农民是农民环境权的三大利益主体，只有政府和企业是无法维护农民生态环境权益的，更重要的还是农民自己的主体意识的激发。农民对环境应该有一个明确的认识，这种认识并不是单纯地知道要保护环境，而应该是循序渐进的对农村环境的理解过程。正如农民的文化自觉一样，农民生态环境保护意识也要经历一个自觉的过程，从认识乡村环境对其生产生活的影响，到知道哪些行为会影响乡村环境，最后能够自觉地保护环境，同他人危害环境的做法做斗争，且明白自身如何维护自己的环境权利。这种生态环境意识的自觉不是一朝一夕可以完成的，也不是借助外力可以达到的，而是要让农民自己发现，自己明白，慢慢地在生产生活中摸索出相关的东西，只有这种内生的意识才能帮助农民更好、更坚定地保护环境，更有效、更主动地维护自己的环境权益。

在农民环境意识自觉的过程中，农民就会意识到现有的传统的农业生产生活方式对乡村环境的污染作用，也就会主动改变这些生产生活方式。众所周知，农民自身生产生活制造的垃圾在整个农村垃圾的总量中占有比较高的比例。而这些垃圾在当前的技术条件下是无法避免的，因此，只有农民自身改变生活方式和生产方式，才能适当减少相关垃圾的产生。在生活上，政府应该尽快普及垃圾分类处理知识，创造相关条件让农民使用清洁能源，淘汰原有的以木材为基础的能源体系，同时对家禽粪便采取更合理的处理方式。在生产上，农民应尽量少使用对土壤造成污染的化肥农药，更多地采用无污染的清洁肥料。这些生产生活方式的改变，固然离不开农民自己的自发自觉，也需要政府提供外部的实施条件，更好地促进农民生产生活方式的改变。

## 案例 7.3　转方式调结构加快“十三五”现代农业发展

随着经济进入新常态，我国农业发展的内外部环境也在发生深刻变化：一是资源环境透支严重，发展方式须尽快转变；二是消费结构变化，产业结构须做相应调整；三是受国际市场影响加深，支持调控政策要进一步完善；四是增长动因改变，转型升级具备一定基础。今后我们不能再追求“十二连增”甚至“二十连增”了，必须加快推进农业的转型升级。

预测 2020 年我国粮食总需求约 7.2 亿吨，最大产能约 6.5 亿吨。但为了给调结构、转方式、保生态留出空间，“十三五”可将粮食年产量保持在 6.1 亿吨水平，不足部分通过进口补充，2020 年粮食（含大豆）自给率可保持在 85% 左右。同时，要做到“四保”：一要保三大谷物。稻米和小麦自给率要保持在 95% 以上，玉米自给率要保持在 90% 左右，确保“口粮绝对安全，谷物基本自给”。二要保生产能力。严格保护耕地，提升耕地质量，加大基础设施投资，提高科技创新水平。三要保产业安全。在消化目前库存压力的基础上，每年新增进口粮食要控制在 1 100 万吨以内，2020 年进口粮食总量应控制在 1.1 亿吨左右，防止进口冲击。四要保进口安全。适当分散进口，加快农业走出去步伐，增加“权益产能”。

优化产业结构，提高农业效益。一要优化种养结构，增加动物性产品供应，逐步实现粮草兼顾、农牧结合、循环发展；二要完善现代农业产业体系，推动产加销衔接、一二三产融合；三要调整农业生产力布局，推动区域布局再平衡，减少原料和产品的往返运输，降低成本，减少碳足迹。

转变发展方式，促进农业可持续发展。一是推广节约型农业技术，实现化肥、农药使用数量零增长，提高水资源利用效率；二是全面推进标准化，提高农产品质量安全水平；三是构建新型经营体系，提高竞争力。

调整政策目标，完善支持调控方式。政策导向是鼓励农民加大投入，支持方向要实现“两个转变”，即引导生产方式向更加节水、节肥、节药、优质、安全、生态、高效的可持续方向转变，引导经营方式向规模化、标准化、专业化、品牌化、组织化、信息化的现代农业方向转变，培养农民形成“资源节约型、环境友好型、经营智慧型”生产经营模式。同时，要深化农产品价格形成机制改革，完善市场调控体系；深化农业农村改革，为现代农业发展提供良好的政策和制度保障。

现在的农业生产绝不仅仅是小规模生产或机械化生产可以总结的了，现在的农业生产方式，主要强调根据地区实际，采用适当的经营规模。在农业生产过程中，采用高科技手段，将更少的生产资料适当地用于土地，给每粒种子适当养分，让它们能够正常生长。这种生产方式，节水、节能，对环境的污染小，更有益于食品安全，能够更高效地发展农业。现在这样的农业生产方式越来越普及，可以看出农业生产方式正在向着更高级的阶段迈进。

### （四）遏制环境问题中的“政治经济一体化格局”

农民的环境抗争一般都由环境污染所致，然而其生成机制和严重程度却与社会变迁和体制转轨紧密相连。美国学者施奈伯格较早地从人类自身建构的政治经济体制的不公正角度提供了阐释环境破坏与环境冲突的思路，提出环境污染与社会冲突的根源在于资本主义的“生产的传动机制”①。与之相似，我国学者张玉林用“政治经济一体化开发机制”或“政治经济一体化权力格局”描述了转型时期中国行政权力与经济组织密切结合的状况，并将其作为当下农村

① 参见［加］约翰·汉尼根著，洪大用等译：《环境社会学》，北京：中国人民大学出版社 2009 年版，第 22 页。

地区环境污染及由此导致的环境冲突的主要原因。[①] 朱力、龙永红等学者更进一步指出，由环境破坏与污染导致的非正义实质上是基层政府同排污企业互为利用的结果。[②] 为此，遏制“政府经济一体化开发机制”，打破“政治经济一体化权力格局”或已成为矫治环境不正义和有效维护农民环境权益的必然选择。

政治权力与经济开发的结合并一体化格局在我国由来已久，并在改革开放之后获得了新的推动，生成了更多的形式，在具体的运作过程中，不仅表现为政治精英与经济精英的一体化，最明显的是政府官员同时担任经济组织的负责人，二位一体；而且也表现为政治精英虽不直接扮演经济精英角色，却凭借依凭其政治权力通过各种方式在背后强力支持经济组织追求利润最大化，最终形成“权力—利益的结构之网”[③]。当然，我们也不能简单否定，这种政治权力与经济开发一体化格局的生成，确实在一定时期内体现出了极高的效率，对区域经济的快速增长起到了极大的推动作用，但其中的巨大代价和负面作用也是显而易见的，并可能完全吞噬其已产生的正面效益。基于此，一方面，各级政府特别是县乡基层政府、村级组织和广大干部应切实确立科学可持续发展理念，摆脱唯 GDP 论，改变经济增长本位的政绩观和干部评价标准，引入生态损害和环境治理考核指标，使政府部门和干部在环境污染问题中做一个公正客观的仲裁者和监管者，严格遵循环境问题中“污染者支付、受害者获赔、最大

---

① 参见朱海忠：《环境污染与农民环境抗争——基于苏北 N 村事件的分析》，北京：社会科学文献出版社 2013 年版，第 78 页。

② 参见朱力、龙永红：《中国环境正义问题的凸显与调控》，《南京大学学报》（哲学·人文科学·社会科学版）2012 年第 1 期。

③ 参见朱海忠：《环境污染与农民环境抗争——基于苏北 N 村事件的分析》，北京：社会科学文献出版社 2013 年版，第 79 页。

限度修复”的原则，执行好相关环境法规。[①] 另一方面，必须逐步引入社会力量，引导和培育草根环境维权组织的健康有序发展、不断壮大，促进乡村环境治理结构从单一主体治理向多元主体治理转变，建立农村环境治理和农民环境权问题的地方社会协商机制，规范和拓宽农民组织化的利益表达渠道；同时，还应努力引导和充分发挥好各种社会舆论及网络媒体等的传播、监督功能，最终构成政治—经济—社会的三角平衡关系，冲破“权力—利益的结构之网”，或许只有这样才能使政治权力与经济开发一体化格局得以有效遏制和逐步瓦解。

### （五）健全环境信息公开和农民实质性参与机制

一般而言，导致乡村民众对环境事务参与不足或“非参与”的主要因素无非就两种：一种是主观上不为，即缺乏参与意识和参与意愿；二是客观上不能，即信息不通、渠道不畅，无章可循、无法参与。有学者指出，“近年来中国实施的一系列生态环境保护政策都是建立在农村社会之外的知识基础上的，不管是退耕还林，抑或新农村的环境整治，都在按照外来的标准进行评判和决策”[②]。“无论是在环境立法还是在环境执法上都存在明显的城市中心主义，在农村的环境管理与治理中，农民不是主体，而只是环境政策被动的执行者，农村社会的本土知识与智慧被排斥在政府行为之外。”[③] 实现农村环境的制度正义，必须消除导致民众“非参与”的诱因，完善环境信息公开和农民实质性参与机制。

---

① 参见朱力、龙永红：《中国环境正义问题的凸显与调控》，《南京大学学报》（哲学·人文科学·社会科学版）2012 年第 1 期。

② 参见王晓毅：《沦为附庸的乡村与环境恶化》，《学海》2010 年第 2 期。

③ 参见朱力、龙永红：《中国环境正义问题的凸显与调控》，《南京大学学报》（哲学·人文科学·社会科学版）2012 年第 1 期。

1. 推进环境信息公开和环境决策咨询法制化

分析各类因环境问题引发的群体性事件，无论是从官方的事后总结，还是从民众的情绪反映来看，我们都不难发现，信息不公开、信息不完全、信息不对称是导致农民环境抗争并引发社会冲突的重要诱因。从我们的调查来看，农民最希望地方政府和村委会能及时、全面、客观地传递环境状况信息。就目前来看，在“告知”“咨询”“安抚”等层面上，可以说村民基本上还是处于被动状态。对于告知什么、告知多少、咨询什么、怎样咨询，以及意见有无采纳、安抚哪些人、如何安抚等，往往也是由地方公权部门决定的，而地方政府出于对自身利益的考量，在吸收民众参与方面很多时候也只是做做样子罢了。[①] 为此，应该通过健全法制对“告知”和“咨询”做出细致的规定，明确政府部门和企业的告知义务，将农村环境信息公开、环境决策咨询等制度化、法律化，确立和保护乡村群众完整可靠的环境信息知情权、建议权和参与权，以最大限度减小信息不对称的可能性和影响力。同时，还应注重培育第三方信息传递和监督渠道，既促进政府信息公开，又及时搜集和反馈民意，增强官民互信与互动。

2. 畅通和健全公众实质性参与农村环境事务的有效机制

一是要根据《中华人民共和国村民委员会组织法》的规定，进一步发挥好农村基层组织作用，认真履行“负责办理本村的公共事务和公益事业，调解民间纠纷，协助维护社会治安，向人民政府反映村民的意见、要求和提出建议”[②] 等职责，其中自然也包括代表和维护村民的环境权益的职责，适时为村民提供相应的组织支援。

---

① 参见朱海忠：《环境污染与农民环境抗争——基于苏北 N 村事件的分析》，北京：社会科学文献出版社 2013 年版，第 250 页。

② 参见《中华人民共和国村民委员会组织法》第二条第二款。

二是要畅通现有渠道，如环保部门的投诉信箱、县（市）长热线、12369 环保热线、环境影响评价听证会等，特别是要避免对现有渠道的故意忽略甚至堵塞、失效、产生负效应的情况；同时，地方政府还应积极探索方便乡村民众有效参与的新渠道，比如，重视和引导民间环境维权组织的意见，为民间组织和公众参与提供舆论条件，探索允许民间环保组织创设媒体及其他各类传播载体的指导监督机制，有序、有效扩大公众参与的社会影响力。三是拓展农民环境维权的司法救济途径。我国的司法援助制度其重点也在城市而非农村，农民环境维权的司法途径成本高、效率低是一个必须重视的问题。目前，尽管也有一些民间环境保护组织能够在财政和法律方面为农民提供援助，但远不能满足频繁涌现的农村环境污染问题与农民环境维权的现实需要。我国农村人口多，贫困人口比例较高，对农民提供司法救济实质上是一个重要的民生问题，关乎农村社会的和谐稳定。从政府层面来讲，应该在司法救济资源的配置上更多地向农村倾斜，同时完善农村地区环境纠纷协商、调解和仲裁制度，降低农民环境维权成本；从社会层面来讲，应当鼓励社会团体、高校和法律职业工作者、司法机构更多地向农民提供法律服务，并以此作为培育农民法治思维和以法维权理念的重要渠道。此外，还应借鉴发达国家经验，建立健全环境权受害者的赔偿援助机制和生计援助机制等，帮助受害者获得损害赔偿，以及提供就业帮助、健康补助和帮助社区重建等。

### 案例 7.4　点赞引导农民参与农田环保[①]

据 12 月 14 日《人民日报》报道，冬闲时节，江西抚州市临川

① 案例来源：光明新闻网，http：//news. gmw. cn/newspaper/2014 - 12/19/content_103027323. htm。

区油顿村农民章国强却没闲着。每天一大早，他就提着编织袋，来到村里的田间地头寻找被丢弃的农药瓶、塑料袋等农田垃圾。

临川区因势利导，在农村广泛组建“农田环保协会”，开展农业环保知识下乡和“农田环保卫士”评选。这些举措进一步激发农民参与农田环保的热情。截至目前，该区共有180多个农村义务“农田环保协会”，涌现2 600多名“农田环保卫士”。我为该区引导农民参与农田环保的做法拍手叫好。

近年来，在我们农村的一些乡村田野沟渠、路边、田头，随时可以发现废弃的农药瓶、肥料袋等塑料垃圾，这些垃圾影响农村环境和农业生产、农民增收。更为严重的是废弃塑料滞留在农田里，破坏土壤的透气性能，降低土壤的蓄水能力，影响水稻、小麦对水分、养分的吸收，导致粮食产量逐步下降。建设新农村，保护农村生态环境，各地政府、环保部门和村委会要对农村存在的废弃塑料垃圾包围农田的问题予以重视，向农民大力宣传搞好农田环保对环境和农田保护的重要意义，引导和动员他们积极参与农田环保公益事业，及时对农田遗留的垃圾进行清理，还乡村田野宜人的环境，再现“田园风光”。

近年来，随着对农村环境的重视提高，农民也自发地意识到环境的重要性，并且充分发挥了农民的自治精神，创办了许多农民环保组织，如本案例中的农田环保协会便是一例。有了自发的治理环境的农民组织，再加上政府对农民保护环境行为的有效引导，为保护环境的组织提供有效参与环境保护的渠道，这样能更好、更充分地使农民参与到保护乡村环境的事务中来。

3. 鼓励村民自治机构参与农村环境保护

村民自治机构在村民的日常生活中起着极大的作用，在村民心中是“准政府”机构，他们对村民的影响比较广泛，可以借助村民自治委员会的影响，来促进对农民环境权的维护。村民自治委员会主要起承上启下的作用：对上，接受上级政府的政策安排，负责具体的环境政策的实施；对下，负责组织村民实行政策，监督政策效果并向上级汇报。可以说，村民自治机构是农民环境权维护的一个重要抓手，可以利用他们的力量，更好地维护农村环境。同时，作为地方性机构，参与到农村环境保护中来也是他们的基本利益需求，是他们必须参与的领域。

（六）塑造环境主体的正义品格

造成农村环境不公和农民环境弱势群体地位的原因主要有外在因素（如立法缺失、政府缺位、城乡二元体制等）、农民自身因素和农民与生存环境的特殊重要关系等因素。环境正义品格是克服环境不公与环境危机的内在动力，环境资源作为一种公共物品，政府、企业、社会组织与个体都应具备各尽其责的公平正义品格。①

第一，从农民自身来看，农民环境科学知识较为匮乏，环境权利意识较为淡薄，对政策、法规缺乏应有的了解，易受侵害，且自我保护意识不足导致难以救济，再加上农民的相对经济弱势，一定意义上看，这些因素是导致农民处于一般环境弱势境地的根本原因。农民环境权的争取和实现的首要条件即农民具备对环境权利的认知。与市民维权相比，普通农民的环境抗争基本上还是停留在利益诉求的层面。但通过对最近几年发生的农民环境污染抗争事件的分析，可以发现，乡村精英阶层在环境维权抗争中的诉求已经不再止步于利益诉求，而是转向了“争一口气”的正义诉求和权利诉求。透视其中也不难发现，这种突破在很大程度上就依托于乡村社会精英对环境保护法律知识的知晓。所以，矫治农村环境不正义，农民必须

---

① 参见朱力、龙永红：《中国环境正义问题的凸显与调控》，《南京大学学报》（哲学·人文科学·社会科学版）2012 年第 1 期。

自强。调查表明，已有越来越多的农民逐渐习惯于从电视、报纸、广播、网络等各类传统和新兴媒体中获取信息，学习借鉴相关案例。政府、媒体、民间环保组织以及地方上的农民学校和其他教育培训机构应更加重视对农民群众的环境教育，提高乡村民众的环境意识和公民意识，培育和提升他们参与乡村环境事务的意识和能力，引导他们发挥在维护自身环境权益中的主体性作用。

第二，农民环境权利的有效实现还需要塑造社会空间正义，要努力创造条件，鼓励和推动草根环境维权组织合法化。其意义在于：既可以增强农民话语权，平衡政府—企业—社会三角关系；还可以通过组织承接制度和政策的压力，减弱个人直接承受压力和损害的程度，将个体的不公正感化解为集体共同承担的情感，进而有利于缓解个人与社会的直接冲突。[①] 各级政府在推进地方社会治理创新的过程中，应更加注重对各类环保公益团体或组织的培育和建设，积极引导发挥好这一类社会组织在农村环境治理和乡村社会环境矛盾化解中的独特作用，自下而上地推进社会公平、环境公正、生态正义的价值诉求和环境法规在广大乡村的执行力，唤醒民众抵制不可持续的消费方式与生产模式的生态文化自觉，反思、批判无限制的开发主义，[②] 从根本上促进农村生态环境与经济社会的协调发展，建设美丽乡村，创建美好生活。

第三，如前文所述，改革开放后，我国乡村经济社会领域的巨大变化包括环境恶化、农民环境权受损的趋势与这一时期制度的变迁是密切相关的。当下，改善农村环境和农民环境权则需要积极推

① 参见折晓叶：《合作与非对抗性抵制——弱者的“韧武器”》，《社会学研究》2008 年第 3 期。

② 参见朱力、龙永红：《中国环境正义问题的凸显与调控》，《南京大学学报》（哲学·人文科学·社会科学版）2012 年第 1 期。

动环境友好型社会的制度变迁。然而，“制度与组织的交互作用决定了制度变迁的方向”，制度变迁需要政治行动，需要相关行动者的利益表达、政治参与等活动。[①] 着眼当下，迫切需要加强村级党组织、村委会、农民经济合作组织等农村基层组织建设，使农民环境利益诉求渠道在基层更加畅通有效，在涉及群体及自身环境权益时获得实际的表达权。同时，要推动生态社会动员，使农村环境问题得到全社会的普遍重视，将民间力量有效地调动和融合起来。从世界范围看，近年来环境运动在推进生态社会教育方面做出了巨大的努力，也获得了极大的成效和可资借鉴的经验，比如，我国甘肃省民勤县民间治理沙漠的“拯救民勤”志愿者协会长期以来投入环境保护、宣传、教育，荒漠化治理实践，环境影像记录，环境科学研究，荒漠化治理新技术推广，生态农业的推动与实践等工作，同时集合NGO、网络力量、当地人群，在吉林巴丹沙漠边缘植树造林，与越来越恶劣的生态环境相抗争，积极发挥民间组织的优势，担负起民间力量的责任，架构起了生态治理领域民间与政府之间沟通协作的桥梁，也促进了生态社会教育的深入和增强了公众参与的广泛性、积极性。

### （七）走生态现代化新农村之路

20 世纪 70 年代，美国学者施奈伯格曾在其论文中提出“社会—环境辩证关系”的理论，即经济增长是一种社会需要，但经济扩张必然导致生态破坏，生态破坏必然为以后的经济扩张设下潜在的限

---

① 乐波：《制度变迁视角下的农村环境问题》，《江西社会科学》2011 年第 10 期。

制，[①] 而且指出了解决环境问题的根本途径在于"生态合题"[②]。此后，20 世纪 80 年代初，德国学者约瑟夫·胡伯和马丁·雅尼克等从社会学的视角提出解决生态危机的必由之路是工业社会的转型，创建了生态现代化理论，从治理的角度对环境危机做出积极回应，该理论成为西欧环境政治实践的新议程。[③] 通过这一理论实践，我们看到了西方工业社会正在变化的经济—生态关系。

生态现代化理论的核心主张是：生态危机可以通过修正态度、法律、政策、企业行为和个人生活方式来解决，不需要进行根本性的结构变革。[④] 总体而言，这一理论是基于西方发达国家的生态环境保护实践与经济社会发展关系做出的理论归纳，它未必就能完全适应我国乡村环境保护和治理的实际，但其中所蕴含的调整经济增长与环境保护之间关系的理念应当是美丽乡村建设要努力的方向，对于我们解决好当下的农村环境问题是有重要意义的。遵循生态现代化的理论主张和关照重点，联系我国乡村环境问题的实际，矫正农村环境不正义，应当以"促转型、转方式"为重点，走生态现代化新农村之路。

首先，要在农村严格执行建设项目环境准入制度，严把广大农村地区的环境准入关，禁止高污染、高能耗、不符合国家产业政策的项目上马，坚决防止发达地区和城市淘汰的落后企业向农村转移，

---

① 转引自朱海忠：《环境污染与农民环境抗争——基于苏北 N 村事件的分析》，北京：社会科学文献出版社 2013 年版，第 241 页。

② 史奈伯格认为，综合经济发展和生态保护之间的平衡问题，可以得出三种合题：经济合题、有计划匮乏合题与生态合题。其中生态合题是指通过严格限制或放慢经济扩张，仅仅利用可再生资源维持生产与消费的一种平衡状态。

③ 参见黄英娜、叶平：《20 世纪末西方生态现代化思想述评》，《国外社会科学》2001 年第 4 期。

④ 参见朱海忠：《环境污染与农民环境抗争——基于苏北 N 村事件的分析》，北京：社会科学文献出版社 2013 年版，第 242 页。

杜绝污染向农村转移，防止“十五小”和“新五小”企业[1]在农村死灰复燃。

其次，要以发展生态农业为主线，突出科技在生态转化过程中的作用，推广清洁生产技术、淘汰落后生产工艺和产品，通过技术创新使环境问题的解决从补救性策略向预防性策略转化，促进农村产业结构调整和农业生产布局优化，大力发展高产、优质、高效、安全农业和相关绿色产业，努力建立环境友好型经济发展模式。

最后，要强调企业的环境责任，改变“环保只会增加成本”的短视理念和杀鸡取卵式的粗放型生产经营行为，充分认识生态现代化的重要性，树立“绿水青山就是金山银山”和“防止污染是最大效益”的理念。同时，政府应积极作为，特别是在政策决策时要注重激励“低废”“无废”技术的开发，以“预防性”技术投资代替“末端治理”技术投资；积极建构企业“多价值考评”体系，使企业的生态环境成本内部化，倒逼企业提高生态效率，发展循环经济，并使之成为农村环境污染治理和环境危机预防的重要实施方式。

---

① “十五小”和“新五小”企业，指1996年《国务院关于加强环境保护若干问题的决定》明令取缔关停的十五种重污染小企业，以及国家经贸委限期淘汰和关闭的破坏资源、污染环境、产品质量低劣、技术装备落后、不符合安全生产条件的企业。“十五小”企业分别是：①年产5 000吨以下的造纸厂；②年产折合牛皮3万张以下的制革厂；③年产500吨以下的染料厂；④采用“坑式”“萍乡式”“天地罐”“敞开式”等落后方式炼焦的企业；⑤土法炼硫企业；⑥土法炼砷企业；⑦土法炼汞企业；⑧土法炼铅锌企业；⑨土法炼油企业；⑩土法选金企业；⑪小农药企业；⑫小漂染企业；⑬小电镀企业；⑭土法生产石棉制品的企业；⑮土法生产放射性制品的企业。“新五小”企业分别是：①大电网覆盖范围内、单机容量在10万千瓦及以下的常规燃煤火电机组（资源综合利用机组除外）；其他机型是清理整顿的：②小炼油厂；③小水泥厂；④小煤矿厂；⑤小钢铁厂。

## 案例 7.5　邢台县前南峪村：山区农村实现绿色化城镇化现代化成功实践①

众多山区农村如何推进绿色化、城镇化、现代化，“三化”如何融为一体、相辅相成、有序促进？我们从太行山深处的前南峪村看到了成功的路子和喜人的前景。

来到前南峪，到处是郁郁葱葱的树木，一望无垠的林海。7 平方千米村域内，8 300 亩山场种植着 480 万株树木。沿着林间小路漫步，观看苍翠的林木，呼吸着清新的空气，仿佛置身于舒适的氧吧，令人心旷神怡。前南峪当之无愧地被国家林业局命名为“国家级森林公园”，被权威人士赞誉为“太行山最绿的地方”。

勤劳的前南峪人，不仅追求绿，而且向往美。既坚持不懈地绿化荒山，又持之以恒地美化庄园，把全村打造成美丽的独具特色的大花园。向络绎不绝的游人，既销售令人喜爱的果品，又出售让人陶醉的风光。来到前南峪村口，便进入金丝垂柳构成的绿色长廊。在长廊两侧，看到两个遥相呼应的花园，花园附近有两个碧波荡漾的人工湖。离湖面不远，是一座 930 亩的大果园，这个果园连接着山场上 5 300 亩的更大果园。大果园周围，青山巍巍，峡谷幽深，瀑布高悬，美不胜收，令人流连忘返。

在林海和花园之间的山脚下，坐落着一座富有城镇化气息的村庄。笔直的柏油路两旁，整齐地排列着两层小楼。设施齐全的幼儿园、小学、医务室，商品丰富的便民超市一应俱全。文化广场经常开展村民喜闻乐见的文娱活动，寓教于乐，陶冶情操。村民们自豪

---

① 案例来源：凤凰网，http：//news. ifeng. com/a/20150615/43976736 _ 0. shtml. 原载于《承德日报》，肖万钧、段应碧、尹成杰：《山区农村实现绿色化、城镇化、现代化的成功实践——河北省邢台县前南峪村调查》，2015 年 7 月 4 日。

地说，村里的生活条件一点不比城里差，生态环境比城里好得多。以前村里人想往城里搬，现在城里人想来村里住。

前南峪村以骄人的业绩，荣获“全国先进基层党组织”“全国文明村镇”“全国民主法治示范村”“中国绿色村庄”“中国幸福村”“环境保护全球500佳提名奖”等30多项国家级荣誉。

改革开放前，前南峪是个远近闻名的穷山村，这些年为什么发生这样大的变化，他们是怎样走过来的，有哪些值得借鉴的路子？

路子之一：改造恶劣的自然环境，实现生态效益、经济效益、社会效益高度统一。

前南峪村人均6分耕地，7亩山场。要由穷变富，显然不能局限于经营狭小的耕地，必须开发广阔的山场。

前南峪的山是由岩石构成的光山秃岭。人们形容“山是和尚头，下雨遍地流。冲毁河滩地，十年九不收”。1963年一场暴雨，把山上冲个精光，村庄有些房屋也被冲塌。残酷的事实告诉人们，治理荒山必须按流域，一条沟一条沟地从上往下治理。山上植树种草，涵养水源。山坡修梯田，拦截径流。山脚修谷坊坝，蓄积水土。工程措施与生物措施结合，保持水土，绿化荒山。他们把这种做法叫作建设经济沟。

在光秃秃的石头山上建经济沟，必须在坚硬的岩石上用钢钎开凿至少1米深的坑，装上炸药，用雷管引爆，把岩石崩成碎块，用于垒造梯田坝沿，再栽上树木。漫山遍野的岩石，这样一块一块地治理，要付出多么艰辛的劳动，可想而知。

全村男女老少每天清早顶着星星上山，夜晚顶着星星回村。许多妇女长年累月背石头，把后脑勺上的头发都磨光了，如同“鬼剃头”，这成为前南峪妇女光荣的标记。引爆雷管放炮是最危险的活儿，手脚麻利的年轻人争着干，有4位年轻的村民献出了宝贵的生命，12位村民落下了终身残疾。全体村民每年从大年初二干到腊月三十，正月初一歇一天，喘口气，又开始新一年的征程。这样寒来暑往，一直干了十年。用坏了数以万计的钢钎大锤，仅包扎伤口的胶布、纱布就用了一吨半。在岩石上凿出 6 万多个大坑，动用 740 万立方米的土石方，如果按一米见方垒起来，可以筑造一道从北京到广州的万里长城。多年来在荒山上种植了 3 900 亩生态林，4 400 亩经济林。1996 年的一场暴雨后，附近村都严重减产，前南峪却受灾不见灾，仍然林茂粮丰。他们创造的生态经济沟模式，被国家科委专家委员会鉴定为国际同类项目领先水平。

路子之二：在改善生态环境的基础上，促进一、二、三产业协调发展，形成以高效农业为基础，以绿色环保产业为骨干，以旅游服务业为桥梁，农工商综合经营的经济格局。

前南峪的第一产业，主要是林果业。到 20 世纪 70 年代末，全村板栗树已种到 13 000 棵，但产量很低，每棵平均产量只有 1 公斤。提高板栗产量，是脱贫致富的重要途径。当时，支部书记郭成志带着干粮，千里迢迢到位于冀东的省果树研究所聘请专家。一次请不到去两次，两次请不到去三次。终于请来了出席全国科技大会的板栗专家，住到前南峪的山上，郭成志陪着在山上吃住，选拔 20 名有文化的年轻村民跟班学习。对板栗管理采取一整套改革措施。目前全村板栗已种到 20 万棵，产量由过去的 7 万公斤，增加到 40 万公斤。人们从板栗增收尝到了甜头。接着又调整产品结构，从国内外引进 30 多个名优特新果树品种。全村果品年收入由原来的 4 万元，增加到 686 万元，而且呈现持续增长的势头。

前南峪的第二产业，是从矿产加工业起步的。利用山上的矿藏，先后办起了 12 家企业，到 20 世纪 90 年代中期，工业企业产值已接近 1 亿元。有些企业在带来巨大收益的同时，也带来对环境的污染。这些企业停办，一年减少 800 多万元利润，实在舍不得。从干部到村民，经过反复讨论，终于痛下决心，关掉污染企业。前南峪人的可贵之处是，不仅勇于抛弃污染环境的老路，而且善于开创绿色环保的新路。利用当地资源，投资3 000万元，办起配备现代设施的板栗加工厂和冷藏库。与天津科技大学合作，开发出板栗小包装系列产品，形成产供销一条龙的板栗加工销售出口基地。

前南峪的第三产业主要是旅游服务业。他们利用抗大旧址，修建抗大纪念碑、抗大陈列馆、抗大碑林，发展红色旅游，让游客在这里感受深刻的革命传统教育。利用村内外优美的自然环境，打造在城里难以见到的各种景点，发展绿色旅游。适应旅游业的发展，建造了三星级宾馆。随着新农村的建设，有些人口少的农户，利用多余的房间，开设家庭旅馆。游客住进去，独门独院，非常清净，吃着农家饭菜，既可口，又便宜。这样的家庭旅馆已发展到72家，全村旅游业仅门票收入就有860万元。

随着一、二、三产业的长足发展，特别是二、三产业的崛起，全村经济实现跨越式增长。2014年同1978年相比，总收入从16万元增加到19 860万元，增长1 241倍。公共积累从24万元增加到9 800万元，增长408倍。人均纯收入从57元增加到10 600元，增长185倍。

路子之三：一、二、三产业都采用先进科学技术，奋力向现代化迈进。

富有远见的前南峪人，始终坚持“科学技术是第一生产力”，先后与中国农科院、中国林科院、中国农大、河北农大等26所科研单位和大专院校建立了技术协作关系。依托雄厚的技术力量，推进基础设施、应用技术、经营管理的现代化。

前南峪在推进农业现代化的进程中，从本村实际出发，选准最佳着力点，解决最迫切、最关键的问题，着实令人感佩。

着力点之一，引进国内外最优良的品种和最先进的技术，建设农业科技园区。园区高起点、高标准建设。通过国际技术合作组织，从8个国家引进了22个优良的果树新品种。引进的葡萄有澳大利亚的青提，美国的红提、黑提。引进的桃有澳洲的秋红、金花白桃、油桃、杏扁桃。还引进了乌克兰大樱桃、新西兰红梨、日本红富士苹果、日本甜柿、澳大利亚桑葚、美国树莓等。有些品种在世界上亦是很珍奇的。

着力点之二，最大限度地利用自然资源，尤其是稀缺的水土资源，创造更多的财富。缺水是前南峪经济发展最大的制约因素。他们通过各项工程，把天上的水蓄起来，把地面的水拦起来。同时引进世界上最先进的以色列节水设施，发展喷灌、滴灌、管灌，节水灌溉面积达到3 000多亩。过去一方水只能浇10棵树，现在至少可浇30多棵树。

着力点之三，提升产品质量，开拓产品市场。一是发展有机农业。所有的果树都不施用化肥，全部施用农家肥。所有农家肥都经过发酵，再施用到地里，使土壤不含有害物质。二是用品牌开拓市场。全村有6大类30种产品，在国家工商局注册了“前南峪”商标，有的产品正在争取成为省级乃至国家级驰名商标。三是发展电子商务。80%以上的农户都购置了电脑，成为邢台市第一个互联网村。村里建立了前南峪网、前南峪旅游网两个网站，目前，正在参与建设全县统一的电子商务网站，6月底即可建成运用。村里要买要卖的商品，在网上洽谈交易，各种产品可望销往全国乃至世界。

路子之四：选拔牢记宗旨、勇于创新、清正廉洁的带头人。

访问前南峪的村民，大家都异口同声地说，前南峪有今天，多亏了有郭成志这样的带头人。大家对郭成志的敬佩之情，溢于言表。

郭成志心里总是想着改变前南峪的贫困面貌，他干活勤恳，待人厚道，乐于助人。1966年被选为村支部副书记兼民兵连连长，1977年被选为支部书记，在村里当干部长达49年。中间县委要他到县里当管农业的副县长，村民成群结队地到县乡请愿，不愿让他离开村，于是他当了不驻会的县人大副主任，仍在村里工作。在近半个世纪的岁月里，他一直和前南峪村民生活在一起，拼搏在一起。

在调查中我们欣喜地看到，前南峪道路正在成为广大山区农村奔小康必走的路子，更多的村正沿着这条路子尽快地绿起来、富起来、美起来。

前南峪所在的邢台县，全县157万亩宜林山场，已有102万亩建成生态经济沟，森林覆盖率达到44%，被评为全国绿化先进县、国家级生态县。同时，二、三产业亦有长足发展，正向生态经济强县迈进。邢台县所在的邢台市，70%的山村都启动了不同内容、不同规模的山场治理工程。三五年内，全市1 210条山沟都将披上绿装。林产品加工业等二、三产业，也将较快地发展起来。原来担心山区可能拖奔小康的后腿，现在看来很可能走在平原的前面。

本案例是农村地区在明确自身所处条件下，利用相关优势资源，在充分保护本地环境的前提下进行现代化建设的典型案例。这种绿色无污染的经济发展方式，与传统的依靠工业进行的农村发展有很大的不同。一方面，它保护了原有的乡村环境，使环境免于破坏；另一方面，它促进创造新的更美的环境，在原有的环境基础上，通过发展旅游业、种植业来促进新的环境景观的诞生，使农村环境由单一的保护向更深层次的环境创造发展。改善了原有的农村经济结构，促进了农村经济转型，极大地解放了农村的生产力，让农村经济得以快速发展。

（八）用新型城镇化来促进农村环境保护

新型城镇化是以城乡统筹、城乡一体、产城互动、节约集约、生态宜居、和谐发展为基本特征的城镇化，是大中小城市、小城镇、新型农村社区协调发展、互促共进的城镇化。新型城镇化与传统城镇化相比，最明显的区别是，新型城镇化强调的是人的城镇化，注重保护农民利益，与现代农业相辅相成。[①] 从这个角度来说，农民环境权的维护，农村生态环境的保护，本身就是新型城镇化的应有内涵。根据中国共产党第十八次全国代表大会报告、《中共中央关于全面深化改革若干重大问题的决定》、中央城镇化工作会议精神、《中华人民共和国国民经济和社会发展第十二个五年规划纲要》和《全国主体功能区规划》编制而成的国家新型城镇化规划（2014—2020年）强调，新型城镇化不能建成钢筋水泥，要落实低碳宜居。

通过新型城镇化，将原本受环境污染的乡村转变为城镇，对其进行合理的规划安排，重新发展适宜的产业，通过人的城镇化来改变生产生活习惯，通过政府的资金、政策倾斜来发展环境保护事业，通过相关组织和个人的共同努力，来更好地维护农民的环境权。

### 案例 7.6　五彩田园绘出新型社区[②]

广西现代特色农业（核心）示范区以全新的理念进行创建，强调着力发展壮大新型农业经营主体、输入现代农业生产要素、构建新型农业经营体系，高起点规划、高标准建设、高水平管理，建设一批要素集中、产业集聚、技术集成、经营集约的现代特色农业示范区。今年初，自治区政府公布了 12 个广西现代特色农业（核心）示范区。目前，广西现代特色农业（核心）示范区建设成效显现，“政府引导、财政支持、市场运作”的示范区运行体制机制已初步形成。

6 月以来，位于玉林市玉东新区茂林镇鹿塘社区的“五彩田园”高科技农业展示馆人气爆棚。在占地 3 万多平方米的展馆里，游客

---

① 参见：中国政府网，http：//www. gov. cn/zhuanti/xxczh/index. htm。

② 案例来源：天津网，http：//www. tianjinwe. com/rollnews/201506/t20150617_1501148. html。

们对拇指大小的西瓜、黄瓜，白色的茄子，各种颜色的水稻等新奇品种啧啧称奇……

高科技农业展示馆为农业休闲体验模式，由“瓜彩世界”“农艺高科”“玉蔬林风”“五谷丰登”4个展馆组成。除了高科技农业展示馆，在广西“五彩田园”现代特色农业（核心）示范区，规划用地430亩，以“荷”为主题的“荷塘月色”，以及规划用地230亩，集樱花大道、自行车道、樱花广场、婚纱摄影基地、园林景观等于一体的“樱花园”等项目也深受游客欢迎。

仅用不到一年的时间，这个规划建设1个小镇、5个核心园、25个特色园，覆盖10个行政村，面积52平方千米的特色农业项目，实现了规划编制、产业布局、项目落地的基本拉开和成型，不仅顺利通过自治区考核，而且在全区首批授牌的12个（核心）示范区中排名第2位。

目前，示范区已初步展现出“两区同建、全域5A、国际慢城”的建设理念——现代特色农业产业园区和新型社区同步建设，全域按照5A标准，打造成国际性的休闲旅游胜地。

“村民到家门口的项目里上班，每天有80多元的收入。”鹿塘社区支书朱有其介绍，鹿塘社区现有耕地面积2 145亩，95%以上的土地已流转出去。据统计，五彩田园开业后，鹿塘社区居民每年地租收入达410万元以上，工资收入超350万元，去年社区居民人均收入突破1万元，预计今年上半年社区居民人均现金收入达9 619元，同比增长16.5%。

新型社区同步建设。投资160万元，集阅览室、农家书屋、棋牌室等文化娱乐设施于一体的社区公共服务中心已竣工，投资200万元的农村社区风貌改造和投资700多万元的河流、池塘整治建设正在有序推进。随着新型社区的建设，鹿塘社区居民享受到了与城市居民同样的养老、医疗、教育等待遇，过上了城里人的生活。

玉东新区负责人告诉记者，“五彩田园”的建设目标，就是要实现五个“出彩”——现代特色农业出彩、新型城镇化出彩、农村综合改革出彩、农村生态环境出彩、农民幸福生活出彩，力争打造成广西乃至全国“现代特色农业的典范、新型城镇化的典范、农村综合改革的典范、美丽乡村的典范、城乡统筹发展的典范”。

新型城镇化是有别于传统城镇化的，从另一个角度说，新型城镇化是传统城镇化的升级版。传统城镇化只注重交通、住房等硬指标，而忽略了环境、文化的软指标，新型城镇化就弥补了这一不足。新型城镇化不是一味地模仿城市，而是立足于农村的实际情况，根据现实条件发展农村。从这一案例中我们可以明显地看到新型城镇化对环境的促进作用，从而证明新型城镇化是保护农村环境的一条可以尝试的道路。

# 参考文献

## 一、外文著作

1. Rachel Carson. *Silent Spring*. Science Press, 2015.

2. Joseph L. Sax. The Public Trust Doctrine in Natural Resources Law: Effective Judicial Intervention. *Michigan Law Review*, 1970.

3. Francioni F.. International Human Rights in an Environmental Horizon. *European Journal of International Law*, Vol. 21, No. 1, 2010.

4. [美] 查尔斯·蒂利、西德尼·塔罗著，李义中译：《抗争政治》，南京：译林出版社 2010 年版。

5. [美] 乔纳森·特纳著，邱泽奇等译：《社会学理论的结构》，北京：华夏出版社 2001 年版。

6. [美] 詹姆斯·C. 斯科特著，郑广怀、张敏、何江穗译：《弱者的武器》，南京：译林出版社 2011 年版。

7. [美] 戴维·波普诺著，李强等译：《社会学》，北京：中国人民大学出版社 1999 年版。

8. [日] 大须贺明著，林浩译：《生存权论》，北京：法律出版社 2001 年版。

## 二、中文著作

1. 徐祥民、田其云等：《环境权——环境法学的基础研究》，北京：北京大学出版社 2004 年版。

2. 吕忠梅、高利红、余耀军：《环境资源法学》，北京：科学出版社 2004 年版。

3. 姬振海主编：《环境权益论》，北京：人民出版社 2009 年版。

4. 蔡守秋：《环境政策法律问题研究》，武汉：武汉大学出版社 1999 年版。

5. 陈泉生、张梓太：《宪法与行政法的生态化》，北京：法律出版社 2001 年版。

6. 李挚萍：《经济法的生态化——经济与环境协调发展的法律机制探讨》，北京：法律出版社 2003 年版。

7. 晋海：《城乡环境正义的追求与实现》，北京：中国方正出版社 2008 年版。

8. 余俊：《环境权的文化之维》，北京：法律出版社 2010 年版。

9. 李挚萍、陈春生等：《农村环境管制与农民环境权保护》，北京：北京大学出版社 2009 年版。

10. 周训芳：《环境权论》，北京：法律出版社 2003 年版。

11. 吴卫星：《环境权研究——公法学的视角》，北京：法律出版社 2007 年版。

12. 刘育喆、王楷：《经济权利的宪法保护》，载张庆福主编：《宪政论丛》（第 4 卷），北京：法律出版社 2004 年版。

13. 费孝通：《乡土中国》，北京：人民出版社 2008 年版。

14. 费孝通著，惠鸣海译：《中国绅士》，北京：中国社会科学出版社 2006 年版。

15. 费孝通、吴晗等：《皇权与绅权》，长沙：岳麓书社 2012 年版。

16. 应星：《“气”与抗争政治——当代中国乡村社会稳定问题研究》，北京：社会科学文献出版社 2011 年版。

17. 邹谠：《二十世纪中国政治——从宏观历史与微观行动的角度看》，香港：牛津大学出版社（中国）有限公司 1994 年版。

18. 吴岗：《善待家园——中国生态灾害忧思录》，杭州：浙江人民出版社 2003 年版。

19. 张咏、郝英群：《农村环境保护》，北京：中国环境科学出版社2003年版。

20. 金瑞林：《环境与资源保护法学》，北京：高等教育出版社1999年版。

21. 侯钧生主编：《西方社会学理论教程》，天津：南开大学出版社2001年版。

22. 韦克难等：《社会学概论》，成都：四川人民出版社2006年版。

23. 宋林飞：《西方社会学理论》，南京：南京大学出版社1997年版。

24. 朱海忠：《环境污染与农民环境抗争——基于苏北N村事件的分析》，北京：社会科学文献出版社2013年版。

25. 夏光等：《中日环境政策比较研究》，北京：中国环境科学出版社2000年版。

26. 陈敏豪：《生态文化与文明前景》，武汉：武汉出版社1995年版。

27. 方慧容：《“无事件境”与生活世界中的“真实”——西村农民土地改革时期社会生活的记忆》，载杨念群主编：《空间·记忆·社会转型——“新社会史”研究论文精选集》，上海：上海人民出版社2001年版。

28. 张英洪：《农民权利论》，北京：中国经济出版社2007年版。

29. 李淑文：《环境正义视角下农民环境权研究》，北京：知识产权出版社2014年版。

30. 李小云等主编：《环境与贫困——中国实践与国际经验》，北京：社会科学文献出版社2005年版。

31. 胡美灵：《当代中国农民权利的嬗变》，北京：知识产权出版社2008年版。

## 三、学位论文

1. 张继鹏：《我国农村环境管理体系研究》，山东农业大学硕士学位论文，2009 年。

2. 闵芳呈：《农民环境权法律保护研究》，兰州大学硕士学位论文，2008 年。

3. 王俊强：《新农村建设背景下的农村生态环境问题研究》，武汉科技大学硕士学位论文，2013 年。

4. 余泉：《环境权弱势群体——农民的环境权保护》，华中师范大学硕士学位论文，2008 年。

5. 杨冬香：《论我国农民环境权的保护》，昆明理工大学硕士学位论文，2011 年。

6. 殷勇：《论农民环境权的宪法保护——以城市污染转移为视角》，苏州大学硕士学位论文，2011 年。

7. 崔芬丽：《我国农民环境权的法律保护研究》，南京农业大学硕士学位论文，2010 年。

8. 冷文涛：《环境污染侵权视角下的农民权益保护》，湖南大学硕士学位论文，2012 年。

9. 延妍：《试论我国农村环境的现状、问题及对策》，大连交通大学硕士学位论文，2010 年。

10. 陈恺立：《新农村建设中的农村环境问题与政府行为分析》，西北农林科技大学硕士学位论文，2011 年。

## 四、学术论文

1. 罗典荣、陈茂云：《环境权初探》，《法学研究》1988 年第 3 期。

2. 陈泉生：《环境时代与宪法环境权的创设》，《福州大学学报》（哲学社会科学版）2001 年第 4 期。

3. 宗芳：《管窥生态文明建设视域下的农民环境权保护》，《生态经济》2014 年第 2 期。

4. 冯涛：《农村环境保护与农民参与权的制度保护》，《理论与改革》2007 年第 4 期。

5. 李挚萍：《社会转型中农民环境权益的保护——以广东农村为例》，《中山大学学报》（社会科学版）2007 年第 4 期。

6. 邹雄：《环境权新论》，《东南学术》2005 年第 3 期。

7. 徐祥民：《从全球视野看环境法的本位》，《环境资源法论丛》2003 年第 00 期。

8. 吴献萍、胡美灵：《新农村建设与农民环境权法律保护》，《昆明理工大学学报》（社会科学版）2007 年第 5 期。

9. 李淑文：《环境正义视角下“农民环境权”概念体系的创建》，《农村经济》2013 年第 8 期。

10. 王雪娇：《论农村环境污染的法律救济——以建立完善环境公益诉讼为视角》，《农业环境与发展》2010 年第 6 期。

11. 王锋、杨阳、郭文芹：《关于农村环境侵权问题的思考——以江苏省海门市桥闸村为例》，《农村经济与科技》2009 年第 6 期。

12. 张燕、陈胜：《绿色小额信贷——我国农民环境权保护之新路径探讨》，《全国博士生论坛“现代化进程中的农村与农民问题”论文集》，2012 年。

13. 盛勇：《农民环境权实现的多维度考量》，《黑河学刊》2010 年第 1 期。

14. 刘建新：《安溪县农村饮水安全问题及解决对策》，《水利科技》2010 年第 3 期。

15. 丘煌、张忠潮：《论环境正义与农民环境权》，《广东农业科学》2009 年第 11 期。

16. 吴献萍：《我国农民环境权法律保护的不足及其完善》，《文史博览》（理论）2007 年第 10 期。

17. 王华梅：《城市污染转移视角下的农民环境权保护》，《前进》2008 年第 8 期。

18. 白一之：《城镇化进程中的农民环境权保护的思考》，《农业经济》2014 年第 9 期。

19. 蒋华林、陈彪：《和谐新农村视阈下的农民环境权现实对接与本体法制化研究》，《北方民族大学学报》（哲学社会科学版）2009 年第 2 期。

20. 陈占江：《规范、秩序与社会转型——一桩皖北农村情杀事件的法律人类学分析》，《中国农村观察》2009 年第 1 期。

21. 陈占江、包智明：《制度变迁、利益分化与农民环境抗争——以湖南省 X 市 Z 地区为个案》，《中央民族大学学报》（哲学社会科学版）2013 年第 4 期。

22. 荀丽丽、包智明：《政府动员型环境政策及其地方实践——关于内蒙古 S 旗生态移民的社会学分析》，《中国社会科学》2007 年第 5 期。

23. 汤天滋：《中日环境政策及环境管理制度比较研究》，《现代日本经济》2007 年第 6 期。

24. 陈泉生：《环境时代与宪法环境权的创设》，《福州大学学报》（哲学社会科学版）2001 年第 4 期。

25. 徐丽媛：《新农村建设与农民环境权的保护》，《农业考古》2006 年第 3 期。

26. 黄季焜、刘莹：《农村环境污染情况及影响因素分析——来自全国百村的实证分析》，《管理学报》2010 年第 11 期。

27. 陆学艺、杨桂宏：《破除城乡二元结构体制是解决“三农”问题的根本途径》，《中国农业大学学报》（社会科学版）2013 年第 3 期。

28. 蒋新：《论环境保护非政府组织——第三支力量的崛起》，《生态经济》2006 年第 7 期。

29. 吴爽：《生态文明视阈下农民环境权保护的法律应对》，《农村经济》2014 年第 3 期。

30. 于华江、唐俊:《农民环境权保护视角下的乡村环境治理》,《中国农业大学学报》(社会科学版) 2012 年第 4 期。

31. 张燕、陈胜、侯娟:《绿色小额信贷助推我国农民环境权实现的探析》,《华中农业大学学报》(社会科学版) 2013 年第 3 期。

32. 张祝平:《论农民环境权实现的困境及发展走向》,《社会科学研究》2014 年第 6 期。

33. 张祝平:《农村水环境社会治理与城乡环境正义诉求》,《浙江工商大学学报》2015 年第 2 期。

34. 张祝平:《论城郊农村水环境问题与优化路径选择——以浙北城郊 D 村一域为例》,《三峡大学学报》(人文社会科学版) 2015 年第 4 期。

35. 李学:《城乡二元结构问题的制度分析与对策反思》,《公共管理学报》2006 年第 4 期。

36. 李文潮:《技术伦理与形而上学——试论尤纳斯〈责任原理〉》,《自然辩证法研究》2003 年第 2 期。

37. 阳相翼:《论作为环境弱势群体的农民环境权的实现》,《辽宁行政学院学报》2012 年第 12 期。

38. 刘啸霆、曾红颖:《生态伦理学的逻辑反思与发展伦理学》,《自然辩证法研究》2001 年第 8 期。

39. 肖显静:《生态政治何以可能》,《科学技术与辩证法》2000 年第 6 期。

40. 谢高地、曹淑艳:《发展转型的生态经济化和经济生态化过程》,《资源科学》2010 年第 4 期。

41. 余中元、李波、张新时:《社会生态系统及脆弱性驱动机制分析》,《生态学报》2014 第 7 期。

42. 沈勇:《精神生态与伦理规范》,《广西教育学院学报》2005 年第 2 期。

43. 李宾、张象枢：《基于城乡二元结构的农村环境问题成因研究》，《生态经济》2012 年第 4 期。

44. 许振江：《从中央一号文件看农村生态环境变迁（1978—2013)》，《中共四川省委党校学报》2014 年第 1 期。

45. 周珂、王权典：《我国生态安全应对加入 WTO 挑战的法律研究》，《重庆大学学报》（社会科学版）2003 年第 1 期。

46. 董志凯：《我国农村基础设施投资的变迁（1950—2006 年)》，《中国经济史研究》2008 年第 3 期。

47. 乐波：《制度变迁视角下的农村环境问题》，《江西社会科学》2011 年第 10 期。

48. 中共陕西省委党校课题组：《陕西失地农民权益保障情况调查》，《理论导刊》2006 年第 8 期。

49. 薛晓明：《弱势群体概念之辨析》，《生产力研究》2003 年第 6 期。

50. 陆新元、熊跃辉、曹立平、张胜：《对当前农村环境保护问题的研究》，《环境科学研究》2006 年第 2 期。

51. 陈静：《从孔德的有机体类比到帕森斯分析功能主义——功能主义理论脉络梳理》，《时代文学》（下半月）2014 年第 5 期。

52. 李素华：《论环境弱势群体——农民环境权利的实现》，《经济研究导刊》2009 年第 34 期。

# 后　记

当下，我国环境权的实践进步还主要表现在城市，农村生态资源破坏、环境污染加剧侵害农民环境权仍然是棘手的问题。农民对政府高度依赖又信任不足的现象，农民脱贫致富的强烈愿望与农村环境监管能力的不足，城市中心主义的束缚与农民维权意愿的不足，使农民环境权的实现困境重重，并直接影响了农村的民生改善、社会稳定与和谐，制约了农村的可持续发展和现代化水平。农民是环境权中的弱势群体，实现农民环境权的前提是让农民的环境权在权利层面得到确认，国家有责任和义务在制度上保障农民基本环境权的实现。

本书是我们主持的浙江省哲学社会科学规划课题“农民环境权问题的历史演进及影响研究”（课题编号：14NDJC041YB）成果之一。在课题研究过程中，我们收集了大量国家发布的统计数据和一些学者的调查资料，剖析若干环境维权典型案例；同时，我们还在杭州、宁波、温州、台州、丽水等地的农村选择了1 500个左右的样本进行了问卷调查和个案采访，并对相关的实证资料进行概括和提炼研究，将理论和实践相结合，试图从历史的视角、以实证的方法，对农民环境权的当代演变及其影响进行梳理，对其内涵进一步做出界定，对农民环境权的实现提出理论设想和对策建议。其间，课题组在专业核心刊物上公开发表了系列论文，得到了学界的认可。我们以为，这将有助于环境权理论学说的进一步丰富和发展，同时为推进政府治理以及相关法律与政策体系的完善提供经验事实和可靠依据，应当是有实践价值的。

本书在写作过程中，参考运用了国内外理论界关于农民环境权问题的相关研究成果，并尽量在文中和参考文献中给予标注，但难免存在疏漏，敬请见谅，并致谢！课题组成员刘凤凰、任伟玮、李阳等也分别参与了本书第一、二、三章的资料搜集和部分内容的撰写工作；第四至七章主要由课题组成员楼海波等依据课题组确定的写作思路和提纲进行编写。

本书的出版得到了杭州市社会科学院出版资金的支持，暨南大学出版社陈绪泉先生为此书的顺利出版付出了艰辛的努力，在此谨表感谢！

作 者

2015 年 10 月